브로큰
레버리지

경 제 성 장 의 막 차 는 떠 났 다

브로큰
레버리지

이상훈 지음

책들의정원

탈출하는 일본, 진입하는 한국

도쿄의 관문인 하네다공항과 나리타공항은 게이큐선, 아사쿠사선, 게이세이선 철도로 한 번에 이어진다. 운영사와 노선 이름은 구간마다 다르지만 사실상 하나의 노선처럼 직결 운행을 한다. 공항과 공항을 잇는 사실상의 공항철도다.

도쿄에 사는 필자는 사무실에 출근할 때 이 노선을 이용한다. 그런데 지난해 코로나19가 풀리고 외국인 관광이 재개되면서 열차에 탈 때마다 GMP(김포공항), ICN(인천공항) 알파벳이 쓰여 있는 태그를 채 떼지 않은 한국인 여행객들을 매일 만난다. 이 노선이 도쿄 지하철인지, 서울 지하철인지 헷갈릴 정도다. 2년 가까이 도쿄에 살면서 한국 여행객과 마주치지 않은 날은 단 하루도 없다고 장담할 수 있다.

한국과 일본을 '가깝고도 먼 나라'라고 가리키는 건 옛말이다. 이제 한국과 일본은 그냥 가까운 나라다. 제주도에 가는 것보다 더 가벼운 마음으로 일본 여행을 떠난다. 최근 한일 관계가 개선되면서 일본 여행에 대한 부담감도 사라졌다. 2023년 1~11월 일본을 찾은 한국인이 618만 명으로 일본 전체 외국인 관광객의 27.7%다. 역대 최다 기록이라는 2018년 753만 명 방문 기록을 깨는 건 시간문제다.

일본을 찾는 한국인 여행객들은 엔저와 낮은 물가에 즐거운 비명을 지른다. 명품 가방 두어 개, 애플 맥북 노트북 정도만 사도 왕복 항공권 값을 뽑고도 남는다. 스타벅스 커피숍에 가도, ZARA나 GAP, 유니클로 같은 옷 가게를 가도 일본이 뭐든 싸다. 외국인 관광객에게는 소비세 10%를 돌려주니 일본은 외국인에게 1년 내내 바겐세일을 하는 나라다.

도쿄, 오사카는 물론 웬만한 지방 도시를 가도 외국인 관광객이 차고 넘친다. 아웃렛, 백화점에 가면 일본인보다 외국인을 더 많이 볼 수 있다. 도심에는 수십 층짜리 초고층 아파트와 한눈에 봐도 새로 지은 것 같은 최첨단 인텔리전스 오피스 빌딩이 화려한 스카이라인을 그린다. 이런 모습을 보는 한국인들은 되묻는다. "일본 경제 어렵다더니 어떻게 된 거야?"

한때 일본 경제가 내일 당장이라도 망할 것처럼 묘사한 언론 기사와 책이 줄을 이은 적이 있다. 1990년대 초반 이후 버블 경제가 꺼지고 이른바 '잃어버린 30년'이 시작되면서 일본은 월급도 제자리, 집값은 폭락, 주식 시장은 한기가 돌던 불황 그 자체였다. 그런 일본은 더이상 배울 게 없어 보였다. 디플레이션에서 헤어 나오지 못하면서 주요 선진국 중에 가장 낮은 성장률을 기록하는 일본은 금방이라도 쓰러질 것 같았다. 중국에 따라잡힌 일본의 국내총생산(GDP)은 인구가 일본의 3분의 2(8300만 명)인 독일에도 뒤처지며 2023년 세계 4위가 됐다. 구매력 평가(PPP) 기준 1인당 국민소득은 2018년에 이미 한국에 따라잡혔다.

2012년 아베 2차 정권 출범 이후 시작된 '아베노믹스'는 언젠가 부작용이 터질 잘못된 정책으로만 비난받았다. 기업 이익은 커지고 주가가 올랐는데도, 일자리가 증가하고 하락하던 집값이 다시 상승하기 시작했는데도 국내에서는 마치 따라 하면 큰일 날 정책인 것처럼 손가락질했다. 마침 한일 관계가 최악으로 치달을 때였다. 일본에 대해 좋지 않은 감정이 더해지면서 일본은 배울 가치가 없는 나라로 치부됐다. 일본에 대해 관심을 갖고 일본어 공부를 하던 필자에게 한 회사 선배는 이런 말을 했다. "망해가는 나라 가서 뭐 하려고?"

하지만 일본의 '잃어버린 30년'은 조금씩 달라지고 있다. 30년간 오르지 않던 물가가 조금씩 오르면서 디플레이션의 악몽에서 깨어나고 있다. 10년 가까이 계속된 아베노믹스에도 꿈쩍 않던 일본의 임금도 오르기 시작했다. 최저임금의 사상 첫 '1000엔 돌파'를 눈앞에 두고 있고 대기업들은 앞다투어 임금을 인상하고 있다. 주가지수는 이미 30년 전 수준까지 올랐다. '하우스 푸어'의 상징으로 여겨졌던 버블 붕괴 이후의 일본 부동산은 수도권과 지방 주요 대도시의 요충지를 중심으로 들썩이는 모습을 보이고 있다. 장기 침체 속의 반짝 반등이냐, 본격적인 경제 회복의 시작이냐를 두고 여전히 논란이지만, 과거 30여 년간 갈 길을 잃고 '세계에서 가장 못 사는 선진국'이라는 불명예를 뒤집어썼던 과거의 일본과는 분명 달라졌다. 급기야 30년 만에 한국보다 경제 성장률이 높을 것으로 관측되면서 한국인들은 일본을 재평가하고 있다. 예전만 못하다고 해도 여전히 세계 3, 4위 규모의 거대한 선진국 일본 경제가 길고 길었던 불황을 이겨내고 다시 성장 엔진을 가동하는 것인가. 이제 막 불황기에 들어서기 시작하는 한국에게는 어떤 함의를 던지고 있을까?

이제는 한국 경제가 일본 경제가 겪었던 '잃어버린 30년'을 따라가면서 절체절명의 위기에 빠지는 것은 아닌지 위기감에 휩싸여 있다. G7 선진국 반열에 올라섰다고 자부하던 때가 엊그제 같은데 불과 몇 년도 안 돼 G7과의 격차가 벌어지고 있다. 반도체, 자동차 이후 뚜렷한 '차세대 먹거리 산업'을 발굴하지 못하는 현실, 각종 기득권의 장벽에 가로막혀 진척되지 않는 산업 구조개편, 늘어만 가는 국가부채, 점점 심해지는 저출산 고령화 등 한국이 풀어야 할 숙제는 다양하다. 대부분 일본이 앞서 겪었거나 지금도 해결하기 위해 고민하는 것들이다.

1인당 국민소득 3만 달러를 넘은 뒤 좀처럼 성장하지 않는 모습을 보면서 지난 30년간 일본이 겪은 장기 저성장 침체가 한국에서 재현되는 게 아닐까 하는 두려움이 가득하다. 아니, 일본보다 더 큰 위기에 빠지지 않을까 우려하는 목소리도 나온다. 일본은 고도 성장기에 쌓아놓은 자산이 경기 침체기에도 세계 최고 수준으로 많았다. 각 기업, 특히 제조업의 기술 경쟁력 역시 세계 최고 수준이었다. 코로나19 대응 때 드러났다시피 매뉴얼이 없으면 우왕좌왕하지만, 일단 위기를 겪은 뒤 시간을 두고 해결책을 찾으면 그 뒤로는 무서울 정도로 매뉴얼에 따라 얽힌 매듭을 풀 수 있다. 그런 면에서 한국은 일본보다 더 큰 위기를 앞두고 있다고 볼 수 있다. 기술 경쟁력은 아직도 일본을 앞서지 못했고 내수 시장, 경제 규모 모두 일본에 뒤처진다. 저출산 고령화는 세계에서 가장 빠른 속도로 진행되고 있다.

오랫동안 경제 분야를 취재하고, 특히 일본 경제에 관심을 갖고 들여다봐 온 필자는 일본의 버블 붕괴 이후 계속됐던 장기 경기 침체의 실상과 불황을 탈출하고 새롭게 전열을 정비하는 모습을 지켜볼 수 있었다. 코로나19 터널을 빠져나온 일본을 매일 눈으로 보며 피부로 느껴 왔다. 일본의 사례는 한국이 참고할 만한 '매뉴얼'이자 반면교사의 대상이 될 수 있다고 확신했다. 제2차 세계대전 패전 이후 새로운 전후戰後 질서가 형성된 이래 가장 오랫동안 불황의 늪에 빠졌던 일본은 배울 만한 매뉴얼이 없어 고생했다. 하지만 한국은 다행히도(?) 우리와 비슷한 불황을 앞서 겪고 이를 헤쳐 나오는 이웃 나라의 모습을 지켜보며 반면교사 및 롤모델로 삼을 수 있다는 메리트를 갖고 있다.

이 책은 일본 경제가 버블 붕괴 이후 얼마나 심각한 불황에 빠졌고 이를 어떻게 극복하고 있는지를 보여주고자 한다. 일본의 현장을 발로 뛰며 취재하는 기자로서 매일 접하는 날것 그대로의 일본을 담기 위해 노력했다. 일본 경제의 흐름을 나열식으로 설명하는 방식은 되도록 피하려고 했다. 대신 일본인들이 불황에서 살아남기 위해 어떻게 나름의 탈출구를 모색했는지, 어떻게 불황을 버티면서 나름의 생존 비결을 갖게 됐는지를 보여주려고 한다. 일본의 불황 및 최근의 경기 개선만을 보여주지 않고, 이를 통해 우리는 무엇을 배울 수 있는지를 들여다보고자 한다. 불황의 초입에 들어서는 우리가 어떻게 이 위기를 버텨야 하는지, 어떻게 해야 장기 경기 침체에 들어서도 살아남을 수 있을지를 부동산, 소비, 주식, 취업, 노후 등 다양한 측면에서 연구했다.

한국에서는 일본의 버블 붕괴 이후 나타난 부동산 가격 폭락을 근거로 '부동산 망국론'을 편다. 그렇다면 일본처럼 한국 부동산도 조만간 망할 테니 내 집 마련에는 관심을 끊고 부동산에서 눈을 돌려야 할까. 그보다 우리는 한때 어려움을 겪었던 일본 부동산이 폭락 이후 오히려 오랜 기간 안정적 흐름을 이어갔다는 점에 주목해야 한다. 일본 국민은 부동산으로 어떻게 돈을 벌까 궁리하는 대신, 언제 어떻게 내 집을 장만해야 가장 합리적인 지출이 될지를 고민한다. 일본에서 월급은 30년 가까이 제자리에서 벗어나지 못한 '고정값'이 됐지만, 일본 소비재 기업과 일본인들은 이런 상황에서 어떻게든 살아남기 위해 다양한 원가 절감과 신기하기까지 한 절약술로 불황을 버텨냈다.

한때 '취업 빙하기'라는 말까지 나올 정도로 얼어붙었던 고용 시장은 이제 일손이 없어 대졸 예정자를 모셔가는 상황이 됐다. 그렇다면 저출산 고령화로 불황에 접어든 한국은 어떨까? 조만간 일본처럼 될 테니 시간만 지나면 알아서 취업난이 해결되고 일자리가 넘치는 나라가 될까? 그런 환상에 빠져서 개개인이 손 놓고 아무 노력도 하지 않아서는 안 되는 이유를 보여주고자 한다. 과거 고도 성장기 때 일본이 한국의 모델이었듯, 불황을 견디고 그 속에서 살길을 모색하는 과정에서도 일본 경제는 충분히 살피고 배울 만한 가치가 있다.

여는 말

주변의 많은 도움이 없었으면 책을 쓸 엄두를 내지 못했을 것이다. 재능과 실력이 부족한데도 현장을 믿고 맡기는 동아일보는 든든한 울타리다. 취재를 물심양면 지원하고 힘이 돼 주는 선후배 동료, 특히 편집국 국제부 멤버들에게 이 자리를 빌려 심심한 감사의 뜻을 전하고 싶다. '책들의정원' 양현경 편집자는 원고의 큰 틀을 잡아주는 셰르파 역할을 했다. 낯선 나라에서 언제나 든든한 힘이 되는 가족에게 사랑을 표한다.

2024년 1월

도쿄에서 이상훈

차례

1부 '잃어버린 30년'의 시발점은 부동산 몰락

1부

×

'잃어버린 30년'의 시발점은 부동산 몰락

"내가 그때 집 사자고 했잖아!"

×
××
×

'우리도 일본처럼 집값 떨어질까봐 그랬지…'

"그때 제가 잘못한 결정 하나로 부부 사이가 이렇게 됐네요."

경기 안양시에 사는 45세 회사원 M 씨는 착잡한 표정을 지으며 멍하니 허공을 바라봤다. 결혼 13년 차인 M 씨는 아내와 집에서 말 한마디 제대로 하지 않는다. 집에서 같은 식탁에 마주 앉아 밥을 먹어본 게 언제인지 기억도 나지 않는다. 1년 전부터는 자연스럽게 각방을 쓰고 있다. 이유는 하나다. 내 집 마련 타이밍을 놓쳐서다.

M 씨의 부동산 실패(?) 스토리는 지난 10여 년간 한국 부동산 시장의 흐름과 궤를 함께한다. 32살 때인 2010년 결혼한 M 씨는 같은 직장 동료들처럼 경기도 신도시인 군포시 산본 신도시의 20평 아파트 전세

　　　　　　　　'잃어버린 30년'의 시발점은 부동산 몰락

로 신혼 생활을 시작했다. 당시 전세금 1억2000만 원은 결혼 전 모아놓은 자금과 은행 대출, 부모님의 도움으로 큰 어려움 없이 마련했다. 소개팅으로 만난 아내와의 신혼 생활은 평범했지만 행복했다. 선배들이 그랬듯 열심히 저축해 적당한 아파트를 청약받으면 언젠가는 내 집 마련의 꿈도 이룰 것이라 생각했다. 구체적으로 언제까지 내 집을 사겠다는 목표는 정해놓지 않았다. 막연하게 '미래 언젠가'였을 뿐이다. 이것이 결국 부부 사이를 갈라놓을 씨앗이 될 줄은 꿈에도 생각하지 못했다.

결혼 전 분당 신도시에 살았던 아내는 분당 아파트를 사자고 했다. M 씨도 찬성했다. 그런데 결혼 뒤 분당 아파트 가격은 제자리걸음을 하거나 떨어지기도 했다. M 씨 부부가 사고 싶었던 분당 정자동의 H 아파트 32평은 결혼하던 해인 2010년 5억4000만 원이었는데 2015년에는 5억3000만 원으로 가격이 오히려 떨어졌다. 정자동의 40평 이상 대형 아파트 가격은 더 낮아졌다.

분당은 그래도 사정이 괜찮은 편이었다. 용인에서는 5억5000만 원에 달하던 아파트값이 3억 원대 후반까지 떨어지기도 했다. 서울도 예외는 아니었다. M 씨 회사와 가까웠던 서대문역 인근 재개발 아파트 K단지에서는 33평 분양가가 7억9000만 원이었는데 미분양이 발생하자 건설사가 7억 원까지 은행 대출을 알선해 준다며 이른바 '떨이'에 나섰다. M 씨 동료들은 "강남도 아니고, 학군도 안 좋은 그런 동네 아파트를 왜 사냐"며 관심도 두지 않았다.

당시는 박근혜 정부 최경환 경제부총리 겸 기획재정부 장관이 부동산 대출 규제를 두고 '한겨울에 여름옷을 입는 격'이라고 비판할 때였다. 주택담보대출 비율(LTV)을 90%까지 완화하겠다는 말이 나오기도 했다. '공급 과잉에 따른 집값 폭락', '무리하게 청약시장 뛰어들면 하우스 푸어 전락' 같은 기사가 심심찮게 언론을 장식했다. 당시 정부가 부동산 대출 규제를 완화하자 언론들은 "빚내서 집 사라는 거냐"며 정부를 맹공했다.

내 집 마련을 위해 열심히 부동산을 공부하던 M 씨의 생각이 달라진 건 이때쯤이었다. 마침 일본에서 1990년대 버블 붕괴로 수도권 집값이 폭락했다는 내용을 접하게 됐다.

'한국도 일본처럼 집값이 꺼질 때가 왔어. 고도 경제 성장도, 경기 침체도 10~20년 간격을 두고 일본을 따라갔잖아? 요즘 경기도 안 좋다는데, 일본처럼 집값이 반 토막이 될 날이 머지않았어. 실제로 결혼한 뒤 집값이 오른 적이 한 번도 없잖아? 내 집 장만에 집착하는 건 집값이 폭등하던 우리 부모님 세대 때 생각이야. 요즘은 대출 얻어 집 샀다가 하우스 푸어 되기 십상이야. 일본에서는 가격 떨어지는 내 집 갖는 대신 월세 살면서 부담 없이 산다고 하잖아. 곧 일본처럼 될 거야. 집 사면 바보 되는 거라고.'

M 씨는 아내를 설득하기 시작했다. "우리가 부동산 투기하는 것도

아니고, 내 집 한 채는 있어야 하는 것 아니냐"고 말하는 아내에게 "앞으로는 일본처럼 한국도 집값이 폭락하는 시대가 올 거야. 무리해서 집 장만했다가는 평생 대출 갚느라 허리도 제대로 못 펼 거야"라고 설득했다.

아내는 반은 설득당하고 반은 체념했다. 집주인에게 건넨 전세금에 결혼 후 모아놓은 저축, 펀드 등 이런저런 돈을 끌어모으면 수중에 마련할 수 있는 현금은 3억 원 남짓이었다. 양가 부모님이 조금씩 도와주는 걸 감안한다고 해도 분당에 30평대를 사려면 3억 원 이상, 40평대를 사려면 4억5000만 원의 은행 대출을 받아야 했다. 30년 거치로 4억5000만 원을 대출받으면 30년간 매년 180만 원 넘게 원금과 이자를 갚아야 한다는 계산이 나왔다. 남편 말대로 일본처럼 집값이 반 토막이라도 났다가는 팔지도 못하는 집을 평생 끌어안고 노인이 될 때까지 대출금을 갚아야 한다는 생각이 들었다.

손에 잡히지 않을 만큼 멀어진 '내 집'

그렇게 아파트 구매를 미루는 사이 주변에서는 평소 듣지 못했던 얘기가 들리기 시작했다. 결혼한 뒤로 줄곧 동료, 친구들한테 "아파트가 팔리지 않는다", "샀던 가격보다 떨어져서 고민이다"라는 얘기만 들어 왔건만, 2017년을 전후해 집값이 조금씩 오르기 시작했다는 말이 들렸다. M 씨가 살던 평촌 신도시의 아파트값도 소폭이나마 올랐다. 그래봤자 30평 대가 몇천만 원 정도 오른 것이지만, 신문에는 연일 아파트 가격이 오르고 있다는 기사가 나왔다.

평소 자주 들어가는 네이버 부동산 카페에서는 앞으로 집값이 오를지 말지를 두고 회원들끼리 격론이 붙었다. 마침 당시 문재인 정부 출범 직후 정부가 들썩이기 시작하는 부동산 가격을 잡겠다고 호언장담할 때였다. '지금이라도 사야 하는 것 아닌가'라는 생각이 들기 시작했지만, 불과 2~3개월 전보다 수천만 원 오른 가격을 보니 '조금 기다리면 다시 예전 가격을 찾지 않을까' 하는 생각이 들었다. M 씨 아내는 주변 친구들이 대출을 얻어 아파트를 샀다며 우리도 집을 사야 하는 것 아니냐고 말했지만, M 씨는 "괜히 서두르다가 손해만 본다. 조금 더 기다려 보자"며 아내를 다독였다.

해가 바뀌자 부동산 시장은 M 씨의 예상과는 정반대로 돌아갔다. 결혼 후 아이를 낳을 때만 해도 5억 원도 안 했고, 2017년에 조금 올라 불안감을 느끼기 시작했을 때도 6억 원 남짓하던 분당 정자동의 아파트가 불과 1년 만에 7억5000만 원까지 올랐다. 2018년 말이 되자 8억 원을 가볍게 찍어버렸다. M 씨 아내의 대학 동창이 2017년 말 10억 원에 산 경기 과천시의 45평 아파트가 불과 1년 만에 18억 원까지 뛴 게 아내의 단톡방에서 화제가 됐다. M 씨 부부의 다툼이 잦아진 건 대략 그때부터다.

'잃어버린 30년'의 시발점은 부동산 몰락

"일본처럼 된다면서? 5억짜리 아파트가 2년 만에 8억이 됐다고."

"나라고 이렇게 될 줄 알았어? 지금은 정상이 아닌 것 같으니 조금 기다려 보자."

"조금만 기다리자, 조금만 보자고 한 게 벌써 8년째야. 주변에 아직도 내 집 하나 없는 사람은 나밖에 없어."

"정부가 부동산 대책을 내놓는다잖아. 열기가 잡히지 않겠어?"

"당신은 아직도 그런 말을 믿어? 당신이 무슨 경제학자야? 일본처럼 된다고? 지금 상황이 어떤지 똑바로 보라고."

"그렇다고 저렇게 오른 집을 당장 어떻게 사? 은행에서 대출도 안 해줄 거야."

"우리 같은 사람을 요즘 뭐라고 하는지 알아? 벼락거지래, 벼락거지. 가만히 있다가 집 하나 없는 거지가 됐다고."

부부가 싸우는 동안에도 집값은 속절없이 올랐다. 2010년대 초반 5억 원도 안 하던 정자동의 '그 아파트'는 2021년 13억 원을 돌파했다. 처가를 가는 길에 '그 아파트' 앞을 지날 때마다 인생의 패배자가 된 느낌마저 들었다. 그 사이에도 주변 사람들이 이런저런 방법으로 내 집 장만을 했다는 소식이 들려 왔다. 무주택자는 이제 M 씨 자신 말고는 주변에 찾아보기도 힘들게 됐다. 나만 집을 못 샀다는 스트레스는 갈수록 커져 갔다. 일찍 집을 산 사람들은 집을 보유하고 있는 동안 10

억 원 넘게 오른 경우도 드물지 않았다. 주변 동료, 동창들과 사회생활은 비슷한 시기에 시작했고 그때나 지금이나 월급은 크게 차이가 없는데 앞으로는 이 격차를 영원히 따라잡기 어려울 것 같다는 생각이 M 씨와 아내를 짓누르고 있었다.

한국 아파트는
감가상각도 피해간다

×
×
×

내가 살던 집값이 떨어졌는데 좋아하는 이유

23년 차 회사원인 일본인 여성 Y 씨는 요코하마에 거주하고 있다. 대기업 회사원인 남편, 그리고 고양이와 함께 살면서 도쿄 시내까지 전철로 출퇴근한다. 결혼한 뒤 회사를 그만두고 해외 주재원이 된 남편을 따라 8년간 인도네시아, 싱가포르에 살다가 귀국한 뒤 재취업에 성공했다. 남편 수입이 괜찮은 데다 여유로운 생활을 하고 싶어서 주 3일만 출근한다. 1개월에 10일만 일해 월급은 20만 엔(180만 원) 정도밖에 되지 않지만 크게 불만은 없다.

Y 씨는 10여 년 전 남편 명의로 요코하마에 구입한 아파트에 살고 있다. 그의 꿈은 마당이 있는 단독주택에 사는 것. 지금 사는 집을 팔

면 얼마나 받을 수 있을까 해서 부동산 중개업소에 알아봤다가 깜짝 놀랐다. 아파트에 처음 입주했을 때인 2005년에 치렀던 분양가보다 300만 엔이 떨어졌기 때문이다.

가격이 떨어졌다는 말에 한국의 아파트를 생각하고 "산 값보다 가격이 떨어졌으니 손해를 봤겠다"고 위로의 말을 건네자 Y 씨는 고개를 갸우뚱했다.

"무슨 말씀이세요? 18년이나 살았는데 300만 엔밖에 안 떨어졌잖아요? 1년에 30만 엔도 안 내는 집세를 내고 산 셈인데 돈을 번 거나 마찬가지잖아요. 가족들이 다들 '그렇게 좋은 조건에 팔 수 있냐'며 부러워하던걸요. 이 정도 가격을 받을 수 있다면 진짜 집을 팔지 진지하게 고민해 보려고요."

신축 맨션으로 분양을 받으면서 Y 씨 부부는 3700만 엔을 냈다. 18년이 지난 지금 이 아파트의 가격은 3450만 엔. 도쿄 도심, 요코하마 중심지 같은 수도권 요지의 경우 분양가보다 조금 비싸거나 분양가 수준에 집을 파는 경우가 있긴 하지만 일본에서는 시간이 지날수록 가격이 떨어지는 게 보통이라 이 정도 값을 받는 건 이득이라고 생각한다.

일본에서 오래된 집이 저렴한 이유는 간단하다. 중고니까. 새 차보다 중고차 값이 싼 것처럼 집도 새 집보다 오래된 집의 가격이 싼 게 당연하다는 게 일본식 생각이다. 한국에는 '중고 아파트'라는 단어가 없지만, 일본에서는 '중고 맨션'이라는 말이 부동산 업계에서 일상적

'잃어버린 30년'의 시발점은 부동산 몰락

인 용어로 쓰인다. 주요 부동산 업체가 부동산 시장 통계를 작성할 때도 신축 아파트 가격 동향과 중고 맨션 동향을 각각 나눠서 분석한다. '부동산 경기가 살아나면서 신축 아파트뿐 아니라 중고 맨션 가격도 상승하고 있다'는 식의 기사가 언론에 자주 등장한다.

하나의 상징이 된 은마아파트

대체로 물건은 새것보다 중고품의 값이 싸다. 한국 부동산 시장에서도 일부는 통하는 말이다. 지상 주차장만 있는 낡은 아파트보다 지하 주차장이 있는 요즘 아파트가, 이왕이면 지하 주차장과 엘리베이터가 연결된 신축 아파트가, 모든 차도를 지하에 설치하고 지상은 공원으로 꾸민 최신식 아파트가 인기가 높다. 서울에서 지은 지 5년 이하 아파트 가격 상승률이 20년 초과 구축 아파트값 상승률의 4배 이상이고, 특히 강남3구 신축 아파트 가격 상승률은 서울 전체 신축 아파트값 상승률의 3배에 달한다는 조사 결과도 있다.[1] 한국의 '신축 아파트 선호 현상'을 잘 보여주는 대표적 통계다.

하지만 신축 아파트 선호 현상과 구축 아파트의 값이 떨어지는 건 엄밀히 따지면 다른 얘기다. 한국은 새 아파트를 선호하고 새 아파트

---

1   〈나 홀로 상승하는 신축 아파트… "하락 주춤해지자 신축 선호 뚜렷"〉, 조선비즈, 2023. 6. 12.

값 상승률이 구축 상승률보다 높긴 해도, 해가 지날수록 기존 아파트 값이 떨어지는 경우는 쉽게 찾아보기 힘들다. 특히 수도권에서는 흔하지 않다. 사람들이 선호하는 주요 신도시나 서울의 강남3구, 목동 등에서는 지은 지 30년 된 아파트의 가격도 부동산 시장 상승기에는 몇억씩 올라간다.

좀 더 디테일하게 들여다보자. 한국이라고 모든 오래된 집이 오르는 건 아니다. 오를 만한 지역에서 입지가 좋은 오래된 집이 오른다는 말이 정확하다. 서울 강남구 압구정동의 50년 가까이 된 현대아파트, 45년 이상 된 강남구 대치동 은마아파트, 지어진 지 30년을 넘긴 경기도 1기 신도시 등이 대표적이다. 하드웨어로서 철근 콘크리트 구조물의 가치는 사실상 제로(0)에 가깝지만 아파트가 위치한 땅의 가치가 올랐기 때문에 집값이 오르는 것이다. 이 지역의 땅값이 왜 오르는지는 굳이 이 책에서 설명하지 않아도 누구나 쉽게 이해할 수 있다. 집을 산다는 건 정확히 말하면 집이 지어진 땅과 그 위에 지어진 건축물을 사는 것이다.

한국에서 집값, 혹은 땅의 가치가 오르는 이유를 하나로 딱 잘라서 말하기 어렵다. 우선 수요는 많은데 공급은 좀처럼 없으니 가격이 오른다. 2020년 이후 서울 기준 주택보급률은 90%대 후반이지만, 이는 서울특별시 안에 있는 모든 주택을 통틀어서 매긴 통계에 불과하다. 압구정동 아파트도 한 채고 강북 지역의 허름한 빌라, 변두리 지역에 빈집으로 방치돼 있는 슬레이트 지붕 단독주택도 각각 한 채다. 주택 보급률 95%라는 통계만 보면 집이 충분한 것 같지만, 사람들이 갖고 싶어 하고 주목하는 특정 지역의 집, 특히 아파트는 여전히 한정된 재화다. 교육 여건, 교통, 직주 근접성 등을 종합적으로 따졌을 때 강남을 비롯해 서울 주요 지역의 가격이 비싼 건 자연스러운 시장 논리다.

평소 부동산에 큰 관심을 두지 않은 사람 눈에는 마치 모든 집값이 오르는 것 같지만 그렇지 않다. 철저하게 오르는 곳 위주로 오른다. 서울에서도 변두리 지역의 단독주택, 연립주택, 빌라 등은 가격 상승은커녕 거래도 제대로 되지 않는다. 2023년 3월 기준 아파트 거래량이 1년 전보다 92% 늘어나는 동안 연립 및 다세대 등 빌라 거래량은 87% 감소했다. 서울 집값이 오른다는 말은 '서울 아파트값이 오른다', 더 정확하게는 '서울의 주목받는 지역 아파트 위주로 가격이 오르고 주택 및 다세대 주택은 여전히 소외받고 있다'고 표현하는 게 정확하다.

한국의 오래된 집 가격이 오르는 또 다른 큰 이유는 재건축, 재개발 이슈다. 한국에서 낡은 아파트, 오래된 집은 웬만한 대도시이거나 입지가 괜찮으면 언제라도 최첨단 신축 아파트로 바뀔 가능성과 호재를 품고 있다고 해도 과언이 아니다.

주차장조차 제대로 갖춰지지 않은 강남구 대치동 은마아파트 가격이 오르는 이유는 언젠가 재건축이 되면 서울 강남 요지에 최신식 아파트 수천 채가 우뚝 설 것이기 때문이다. 서울 강남구 개포동, 경기 과천시 등에서 수십 년 된 주공아파트가 헐리고 대기업 브랜드의 명품 초고층 아파트가 차곡차곡 들어선 걸 보면 금방 이해할 수 있다. 서울 흑석 뉴타운, 은평 뉴타운처럼 기반시설이 좋지 않았던 동네를 밀어내고 전체를 아파트 단지로 꾸미는 재개발도 여전히 꾸준히 이뤄지고 있다.

아무리 작은 단지라도 2~3개 동에 수백 세대는 기본으로 안고 있는 한국 아파트 단지 특성상 재건축이 이뤄지면 소비자가 선호하는 수백 세대의 화려한 최첨단 신축 아파트가 도심 한복판에 등장한다. 서울 및 대도시의 노른자위 자리에 있던, 길이 좁고 낡은 주택 및 다세대가 가득했던 달동네는 몇 년의 개발을 거치면 세계 어디에 내놔도 손색없을 최첨단 미니 신도시로 탈바꿈한다. 이런 개발을 수십 년에 걸쳐 직접 눈으로 본 한국 사람들이 오래된 집, 낡은 도심 지역에 갖는 재개발 재건축에 대한 욕망은 굳이 길게 설명할 필요가 없다.

재개발·재건축의 파급 효과

한국의 공공기관과 유사한 일본 정부 지정 공익재단인 동일본부동산 유통기구(레인즈·REINS)의 2022년 통계에 따르면 지어진 지 5년 미만 아파트의 1m²당 가격(등록 기준)은 123만 엔이다. 지어진 지 6~10년 된 아파트는 105만 엔, 11~15년 된 아파트는 91만 엔으로 가격이 뚝뚝 떨어졌다. 지어진 지 31년 이상 된 아파트는 52만 엔으로 신축 아파트의 절반에도 미치지 못했다. 신축 아파트 선호 현상이야 한국이나 일본이나 크게 다르지 않으니 그런가보다 싶지만, 아파트가 오래됐다고 중고차처럼 값이 뚝뚝 떨어지는 현상은 한국인들의 부동산 감각으로는 이해하기 어렵다.

일본에서 중고 맨션의 가격이 갈수록 낮아지는 이유는 여러 가지가 있겠지만, 가장 큰 이유는 재건축, 재개발에 대한 기대감이 한국보다 낮기 때문이다.

우선 한국은 아파트 단지 주민의 75% 동의를 받아야 재건축에 들

| 일본 중고 맨션의 가격 추이

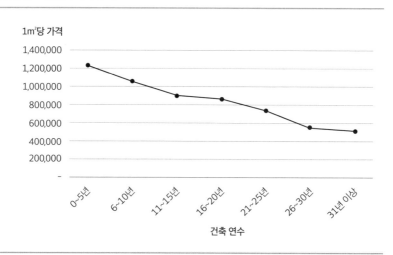

어갈 수 있지만, 일본은 80%의 동의가 필요하다. 하지만 이 숫자만으로 설명하긴 어렵다. 한국도 2016년 이전에는 80% 이상의 동의가 필요했다. 일본 정부는 조만간 동의율 규제를 75%로 낮추는 방안을 검토 중이다. 하지만 규제가 풀린다고 한국처럼 재건축 재개발이 원활하게 이뤄질 것으로 기대하는 사람은 매우 드물다.

일본은 한국처럼 이사를 많이 다니지 않는다. 이사를 다니며 집을 늘려야 돈을 번다는 생각이 강한 한국과 달리 일본은 이사를 자주 다니는 사람을 가리켜 '이사 거지(힛코시빈보·引越し貧乏)'라고 부른다. 그 정도로 이사를 다니면 돈을 모을 수 없다는 생각이 강하다. 이해가 어렵다면 자동차를 떠올리면 된다. 자동차를 바꾸지 않고 10년 넘게 타는 사람과, 매년 각종 고급차 및 수입차를 샀다 팔거나 리스 및 장기렌트로 차를 굴리는 사람 중 누가 돈을 더 쉽게 모을 수 있을까? 생각하면 감이 금방 올 것이다.

일본에서는 웬만큼 입지가 좋은 지역이 아니고서는 집은 갖고 있을수록 많건 적건 가치가 떨어지는 일종의 소비재다. 이삿짐센터를 부르는 비용, 부동산 중개업소에 지불하는 돈, 집값이 하락하는 데 따르는 감가상각 등 모든 게 손해 보는 돈이다. 일본에서는 집을 구하면 우리의 보증금 격인 시키킹敷金과 한국에는 없는 레이킹礼金으로 각각 월세의 1~2달분을 내야 한다. 레이킹은 집주인에게 감사를 표현하는 풍습에 따른 돈이라 이사를 갈 때 한 푼도 돌려받지 못한다. 시키킹은 원칙적으로 돌려받긴 하지만 살면서 집에 조금이라도 흠집이 생기면 이에 대한 수리비를 칼같이 제한다. 시키킹의 절반 정도를 돌려받으면 다행이고, 경우에 따라선 한 푼도 돌려받지 못할 때도 있다.

이처럼 이사를 다니는 데 따르는 경제적 부담이 크니 일본 사람들은 웬만해선 이사를 가지 않는다. 한국에선 대출을 받거나 영혼까지 끌어모으는 '영끌'을 해서 좋은 동네로 이사를 간 뒤 시간이 지나면 결국 집값이 오르는 걸 당연한 공식처럼 생각한다. 하지만 일본은 시간이 지나면 높은 확률로 자신이 보유한 집값이 떨어지기 때문에 더 좋은 집을 살 돈을 모아놓지 않는 한 이사를 갈 생각을 좀처럼 하지 않는다. 오래된 아파트에서 떠나는 사람이 없으니 젊은 사람이나 투자를 노리는 사람이 이사를 오는 일도 드물다.

자연스럽게 아파트가 낡아가는 것과 함께 주민들도 고령화된다. 나이가 들면 연금으로 살아가야 하니 목돈이 들어가는 재건축은 엄두를 내지 못한다. 재건축에 필요한 동의율 75%를 확보하는 일은 매우 어렵다. 슬럼화된 아파트는 동네 전체의 가치를 떨어뜨린다. 이런 아파트 여러 채가 몰려 있다면 이런 현상은 더욱 가속화된다.

한국의 오래된 아파트 중에는 수백 세대 규모의 대단지가 많고 5층 안팎의 저층 아파트도 많다. 저층 아파트라면 고층으로 지어 100세대가 있던 지역을 150세대로 만들 수 있고 분양 수익도 기대할 수 있다. 낡은 집을 새 집으로 바꾸는 데 따른 가치 상승과 정해진 땅에 더 많은 집을 짓는 데 따른 수익을 동시에 얻을 수 있다. 일본은 이게 어렵다. 일본은 한국 같은 대규모 단지보다 1개 동짜리 '나 홀로 아파트'가 대부분이다. 그러다 보니 이미 용적률 및 높이 규제를 꽉 채워서 지은 노후 아파트가 상당하다. 일본 국토교통성에 따르면 1970년 이전에 지어진 아파트의 60%는 지금보다 높이 및 용적률 규제를 느슨하게 적용받아 재건축을 하면 오히려 세대 수를 줄여야 한다. 이렇게 되면 세대당 부담해야 하는 재건축 비용이 늘어난다. 가뜩이나 높은 재건축 재개발의 허들이 더 높아지는 셈이다.

그러다 보니 일본에서는 재건축 재개발 자체가 거의 이뤄지지 않는다. 일본 국토교통성에 따르면 2021년 말 기준 전국의 분양 아파트는 686만 호, 이중 40년 이상 된 아파트는 115만 6000호에 달한다. 하지만 재건축 건수는 270건에 그쳤다.[2] 도쿄 총리관저 인근에 2023년 들어선 아자부다이힐스처럼 도심 한가운데 낡은 주택 밀집 지역을 재개발해 수백 미터 높이의 초호화 초고층 아파트를 짓는 재개발 사례가 주목받고 있지만, 어디까지나 도쿄 중심지 땅값이 비싸 외국계 기업, 국제학교의 수요가 창출될 수 있는 극히 일부 지역에 국한된 얘기다. 도쿄 도심에서 차로 10~20분만 나가도 수십 년 된 낡은 아파트나 금방이라도 무너질 것 같은 슬레이트 지붕의 단독주택들을 곳곳에서 볼 수

<hr>

2 〈급증하는 노후 아파트, 진행되지 않는 재건축〉, 아사히신문, 2022. 8. 18.

있다.

한국에서도 종종 소개되는 일본의 '빈집' 증가 현상은 이런 낡은 집을 중심으로 나타난다. 2018년 기준 일본 전국에 산재한 빈집은 846만 채다. 빈집 비율이 13.6%로 일본 전체 주택 10채 중 1채 이상은 빈집으로 방치됐다는 뜻이다. 빈집 상당수는 농촌 및 지방 소도시에 있지만, 도쿄에도 80만 채 이상의 빈집이 있다. 고도 성장기 외곽 지역이나 교통이 불편한 지역에 지어진 낡은 단독주택 및 수십 년 된 아파트가 빈집이 되는 경우가 많다. 한국 같으면 재개발, 재건축이 추진될 여지가 많아 보이는 곳들이지만 앞서 언급했듯 일본은 이런 유인이 낮기 때문에 빈집 방치가 사회적 문제로 떠오르고 있다.

일본에서는 1990년대 버블 붕괴 이후 부동산 가치가 20년 넘게 내리막길에 접어들면서 '집은 갖고 있으면 오르는 것'이라는 믿음 자체가 깨졌다. 인구 절반이 서울 수도권에 몰려 살면서 나타나는 주택 부족 현상도 일본에서는 덜하다. 한국보다 오래된 저출산 고령화 현상으로 오래된 집은 갖고 있으면 관리비만 나가는 짐이라는 생각이 강하다. 지진 등 재해가 많은 일본 특성상 오래된 집은 내진 설계 등이 제대로 안 돼 안전하지 않다는 인식이 강한 것도 중고 아파트의 가격이 오르지 않는 이유로 꼽힌다.

가장 근본적인 이유는 결국 일본 경제가 지난 30년간 성장하지 못했다는 데 있다. 한국의 국내총생산(GDP)이 1991년 3306억 달러에서 2022년 1조6739억 달러로 406% 가까이 늘어날 동안 일본은 3조 6480억 달러에서 4조2311억 달러로 16% 늘어나는 데 그쳤다. 31년간 400% 넘게 경제 규모가 커진 나라와 20%도 성장하지 못한 나라의 차이가 가장 선명하게 드러나는 부분이 바로 부동산 가격, 그중에서도 집값이다. 앞서 언급한 M 씨가 착각한 부분이 바로 여기다. 한국이 일본과 같은 장기 저성장의 늪에 빠지면 집값이 오르지 않을 것으로 기대했지만, 한국은 지난 30년간 일본보다 낮은 성장률을 기록한 적이 없었다. 한국은 아직 진짜 '장기 저성장'을 겪어본 적이 없다는 뜻이다.

'잃어버린 30년'의 시발점은 부동산 몰락

부동산 불패 신화가
깨지는 과정

✕
✕✕
✕

도쿄를 팔면 미국을 살 수 있었다

대체 일본에서는 지난 30년간 무슨 일이 있었던 것일까. 한국 부동산 시장이 일본의 전철을 밟을지, 앞으로 장기 저성장 국면에 접어들 한국에서 부동산에 어떻게 접근해야 할지 판단하려면 일본의 지난 30년을 돌아볼 필요가 있다.

1960년대에는 연간 10%, 1980년에 들어서도 4~5%대 성장을 이어 온 일본은 미국의 뒤를 이어 명실상부한 세계 2위 경제 대국으로 자리를 굳혔다. 앞서 언급했던 1980년대 일본의 주식 시가총액 순위에서 일본 기업들은 세계 50대 기업 명단에 미국보다도 많은 이름을 올렸다.

당시 낮은 엔화 가치(엔저)로 일본은 미국에 대규모 무역 흑자를 기록하고 있었다. 소니, 도요타 등 최고의 기술력과 낮은 가격으로 무장한 일본 기업의 수출 증가는 파죽지세였다. 1982년 364억 달러였던 미국의 대일 무역 적자는 1984년 1125억 달러까지 늘어났다.[3] 미국의 무역 적자에서 대일 적자가 차지하는 비중은 1981년 70.8%까지 높아졌다.[4] 무역과 나라 살림(재정)에서 동시에 적자가 발생하는 이른바 '쌍둥이 적자'의 우려가 커지는 미국은 행동에 나섰다. 1985년 9월, 미국 뉴욕 플라자호텔에서 선진 5개국(미국, 일본, 영국, 프랑스, 독일) 재무장관은 미국 달러 가치를 떨어뜨리고 다른 나라의 가치를 높이도록 합의했다. 이른바 '플라자 합의'다.

플라자 합의 직후 달러당 235엔이었던 엔-달러 환율은 1년 만에 150엔대로 떨어지면서 일본 경제는 '엔고 쇼크'를 입었다. 일본 기업들의 수출 가격 경쟁력은 크게 떨어졌다. 그러자 일본 금융당국은 1986년 5%였던 정책 금리를 3%까지 떨어뜨리는 처방에 나섰다. 이듬해에는 2.5%까지 낮췄다. 불황을 이겨내기 위해 금리를 낮추는 경제학 교과서적인 정책이었다.

금리를 내려 돈을 풀면 버블은 반드시 따라온다. 일본도 예외가 아니었다. 당시 일본은 고도성장기를 지나오면서 "부동산은 절대 망하지 않는다"는 신화가 뿌리 깊게 자리 잡고 있었다. 은행은 부동산 담

---

3   〈세계적인 무역수지 불균형, 그 원인과 영향〉,《세계경제백서》제2장, 일본 내각부, 1987.
4   〈미국의 무역적자에서 점하는 대일 비율〉, 일본 외무성, 2012. 3.

보가 있으면 척척 대출을 해주던 때였다.

다음은 일본 부동산경제연구소가 조사한 통계 자료다. 1973년 1171만 엔이었던 일본 수도권의 신축 아파트 평균 가격은 10년 만인 1983년 2557만 엔으로 2배 넘게 올랐고, 1990년 6123만 엔으로 다시 2배 이상으로 올랐다. 실은 1970년대 초반 역시 1차 오일쇼크 이후 물가가 급등하면서 땅값이 크게 상승해 신축 아파트 평균 가격이 처음으로 1000만 엔을 넘어서며 부동산 열풍이 본격적으로 시작됐던 시절이다. 특히 1986~1990년에는 매년 맨 앞자리 숫자가 달라질 정도로 가파르게 상승했다.[5]

| 일본 수도권 신축 아파트 평균 가격 추이(1973~1998년)

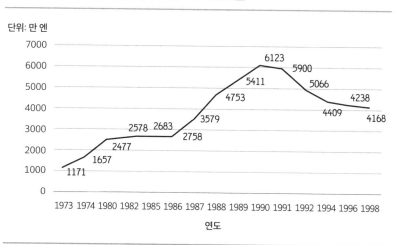

단위: 만 엔

연도

---

5   《전국 아파트 시장 40년사》, 일본부동산연구소, 2013. 10.

특히 도쿄 중심지인 신바시, 아사쿠사 등은 10배 이상 가격이 폭등하면서 10억 엔이 넘는 초고가 아파트가 등장했다. 지금은 대표적인 서민 주거 지역인 도쿄 네리마구 히카리가오카 아파트 단지는 1980년대 후반 조성됐는데, 당시만 해도 이 지역은 지하철이 들어오지 않아 도심으로 출근하려면 1시간 이상 걸렸다. 이른바 '도쿄의 섬' 같은 지역이었는데도 이곳 아파트 청약 경쟁률은 무려 6000대1에 달했다.

당시에는 '도쿄를 팔면 미국을 살 수 있다', '천황 황궁을 팔면 캘리포니아주 전체를 살 수 있다'라는 말이 나오기도 했다. 부동산 구매 금액이 너무 올라 1990년에는 연 9~10% 금리의 100년 만기 대출 상품이 나오기도 했다. 1985~1989년 도쿄, 오사카, 나고야 등의 상업용지 땅값은 4배로 급등했다.

1990년대 일본의 버블 경제 붕괴는 부동산 시장에서 극명하게 드러났다. 일본 전체에서 토지 거래에 따른 자본 차익capital gain이 1987년 413조 엔에서 1992년 마이너스(-) 222조 엔으로 뒤집어졌다.[6] 버블 붕괴 이후 일본 부동산 시가는 600조 엔 이상 폭락했고 일본 전체의 토지 자산은 1990~2002년에 1000조 엔가량 감소했다는 분석도 있다.[7]

1990년 6123만 엔으로 정점을 찍은 수도권 신축 아파트 평균 분양가는 1998년 4200만 엔 밑으로 떨어지며 8년 만에 2000만 엔 가깝게

---

6   〈버블 붕괴 후 20년의 부동산 시장〉, 일본 국토교통성, 2020. 12.
7   이와타 기쿠오, 〈일본 경제에 지금 무슨 일이 일어나고 있는가〉, 도요경제신보사, 2005.

하락했다. 그러나 이는 당시 부동산 버블 붕괴의 일부만 보여줄 뿐이다. 이미 분양을 마친 중고 아파트의 가격 흐름을 보면 당시 아파트 가격 하락이 더 선명하게 드러난다.

도쿄 시나가와구의 '도무스 다카나와'라는 아파트는 1988년 12월 준공 당시 가격이 17억9500만 엔에 달했다.[8] 1988년 고급 아파트로 명성을 날리던 서울 압구정 현대아파트(48평)가 1억4000만 원가량 했던 때이니, 도쿄 고급 아파트가 서울 고급 아파트보다 100배 넘게 비쌌던 때다.

'도무스 다카나와' 아파트는 지금도 있다. 준공 30년을 훌쩍 넘은 이 아파트의 2023년 가격은 방 3개짜리 146㎡가 3억500만 엔이다. 분양가의 5분의 1 이하로 떨어진 셈이다. 오래된 아파트이지만 고급 주택가의 전형적인 고급 주택으로 우아한 빨간 벽돌로 외관이 근사하고 내부 시설도 깔끔하게 리모델링된 아파트인데도 이 정도 가격이다. 2023년 압구정 현대아파트 48평 가격은 50억 원을 훌쩍 넘었다.

단독주택을 선호하는 일본 특성상 땅값의 하락은 그대로 개인에게 충격을 준다. 도쿄에서 주택용지 땅값은 1992년 9.1%, 1993년 14.6%, 1994년 7.8%씩 각각 하락했다. 이런 하락세가 수년간 계속되다 보니 최고점 대비 5분의 1 이하로 내려앉은 곳이 수두룩했다. 그나마 수도

---

8   〈분양 아파트의 역사〉, [노무코무 트렌드 칼럼], 노무라 부동산 솔루션, 2018. 6.

권은 비교적 낮은 가격에라도 비교적 거래가 활발하게 이뤄졌다. 지방은 그야말로 파산 직전에 몰렸다.

부동산 버블이 터지고 급증한 하우스 푸어

도쿄에서 신칸센으로 1시간 20분 정도면 닿는 니가타현 에치고유자와 역. 일본 소설가 가와바타 야스나리의 소설《설국》의 배경이 되는 지역으로 겨울이면 어른 키보다 더 높이 쌓이는 눈으로 유명하다. 눈이 많이 오고 도쿄와 신칸센으로 연결되는 지역이다 보니 수도권에서 가장 가기 편리한 스키장으로 인기가 있는 지역이다. 특히 버블 경제가 한창이던 1980년대 후반은 일본에서 스키 붐이 절정이던 시절이라 이곳의 인기는 그야말로 하늘을 찔렀다. 1채당 3000만~5000만 엔에 리조트형 아파트가 분양됐다. 도쿄의 주택가 집값과 비슷할 정도로 비싼 아파트였는데도 척척 팔렸다.

지금 이곳을 돌아보면 30년 전 버블 경제를 실감하기 어려울 정도로 빛이 바랜 낡은 건물들이 자연 풍경과 어울리지 않게 들쭉날쭉 들어서 있다. 일본 돈 수십만 엔 정도와 매달 3~4만 엔 정도의 관리비를 내면 당장이라도 구입할 수 있다. 구입비가 수십만 엔이라는 건 5억짜리 아파트가 100분의 1인 수백만 원이 됐다는 뜻이다. 하지만 관리비, 수선 충당금, 세금이 부담돼 이런 아파트를 사는 사람은 찾아보기 힘들다. 일부 부동산 업자들이 스키 시즌인 겨울철에 에어비앤비에서 호텔처럼 빌려주는 '시즌방'으로 운영하기 위해 매입하는 경우는 있지만 아파트 가격이 오를 정도의 수요는 되지 못한다. 이 지역을 지나갈 때마다 '40년 전 이 아파트를 분양받은 사람은 지금 어떻게 됐을까'라는 궁금증이 든다. 일본 부동산 버블의 가장 극적인 사례다.

이렇게 일본 곳곳에서 나타난 부동산 가격 폭락은 일본 경제 전반에 큰 충격이 됐다. 일본이나 한국이나 서민들의 재산은 대체로 집 한 채에 예금, 보험 정도인데 가장 큰 비중을 차지하는 부동산이 절반 이하로 떨어졌으니 앉은 자리에서 재산의 절반 이상이 신기루처럼 사라진 셈이다. 꼭지에서 집을 장만한 사람들은 고금리에 빚을 갚느라 고생을 해야 했고, 버티다 못해 집을 내놔도 대출금을 갚지 못해 '하우스푸어'로 전락하는 경우도 나타났다.

지나친 대출로 부동산 가격이 폭등하자 일본 정부는 1990년 토지 담보 대출을 억제하는 '총량 규제'를 도입했다. 당시 상황으로서는 적절한 정책이었으나 갑작스러운 대출 규제에 금리 인상까지 겹치면서 부동산 시장 경착륙을 가져왔다. 부동산 가격 하락은 부동산을 담보로 대출을 내줬던 금융기관의 부실을 야기해 대형 은행 및 증권회사의 연쇄 도산을 가져왔다. 이른바 '잃어버린 30년'의 시작인 '잃어버린 10년'의 출발점이었다.

하락세에도 굳건한
도쿄 23구 지역

×
×
×

버블 붕괴 이후 발생한 '도심 회귀'

앞서 일본 부동산의 가격 폭락을 언급했지만, 우리가 진짜 주목할 부분은 그 다음이다. 한국에서 일본의 부동산 버블 붕괴에 대해 갖는 인식은 '집값이 5분의 1 이하로 폭락했고 많은 사람들이 하우스 푸어로 전락했다'까지다. 하지만 실제로 일본 부동산 가격 폭락은 '잃어버린 30년' 내내 벌어진 일이 아니다. 1990년대 초중반 4~5년 정도에만 벌어진 현상이다. 1990년대 중반 이후로 일본 집값(신축 아파트 분양가)은 2010년대 초까지 10년 이상 큰 변화 없이 소폭 하락하는 안정적 흐름을 이어갔다.

일본에서 버블 붕괴 이후 집값이 폭락한 뒤 가장 먼저 나타난 모습은 '도심 회귀 현상'이었다. 거품이 한창일 때는 어쩔 수 없이 수도권 외곽으로 나갔지만, 집값이 하락하자 도쿄 도심으로 돌아오려는 분위기가 확산됐다. 만원 전철을 타고 1시간 넘게 출퇴근을 하는 건 하루 이틀은 몰라도 계속하긴 어려웠다. 이런 현상은 서울도 마찬가지다. 한국인의 평균 출퇴근 시간(58분)은 OECD 회원국 평균(26분)의 2배가 넘는다. 매일 출퇴근 시 편도로만 1시간 넘게 걸리는 사람이 356만 명에 달하며, 이들의 출퇴근 고통은 사회적 문제로까지 지적받고 있다.

비슷한 상황이었던 일본은 버블 붕괴 이후 도심 집값이 접근 가능한 수준이 되면서 도심 회귀 현상이 나타났다. 한국도 은평, 흑석 뉴타운 등이 등장하고 서울 마포구 아현동, 서대문 인근 등의 도심 재개발에 따른 아파트 대단지 준공으로 도심 인기가 크게 치솟았다. 문제는 가격이 10억~20억 원 수준에 달해 평범한 회사원으로서는 접근하기 어려운 아파트가 됐다는 점이다.

1인 가구가 늘어나고 아이를 1명만 갖거나 아예 안 갖는 경우도 많아졌다. 남녀가 맞벌이하는 건 일상이 되면서 부부가 합쳐 수입이 많은, 일본에서 이른바 '파워 커플'로 불리는 고소득 가구도 등장했다. 과거 아내와 아이들은 쾌적한 신도시에 살고 남편은 혼자 희생해 장거리 통근을 하면서 가족을 부양하는 모델은 2000년대 들어 크게 줄어들고 약화됐다.

도쿄 추오구 스미다가와 강변에는 수십 층짜리 고층 아파트가 즐비하게 늘어서 있다. 최첨단 아파트 단지가 시작되는 강변에 '리버시티 21'이라는 30층 아파트 단지가 있다. 강과 바다가 만나는 지점에 위치해 경치가 아주 근사하다. 최근 지어진 아파트에 비해서는 오래된 분위기가 풍기지만, 여전히 깔끔한 모습에 일본에서 보기 드문 통일성 있는 디자인의 대규모 단지가 인상적이다. 미국 메이저리그에서도 활약한 야구 스타 마쓰이 히데키가 한때 살았을 정도로 연예인, 운동선수들도 많이 살았다. 한국에서 부임하는 대기업 주재원, 언론사 특파원들도 많이 살아 도쿄에 사는 한국인들에게는 익숙하다.

리버시티21은 장단점이 명확한 아파트다. 우선 도쿄역, 긴자까지 차로 10분이면 갈 수 있을 정도로 도심과 매우 가깝다. 걸어서 10분

| 도쿄 도심 리버시티21 아파트 가격 추이

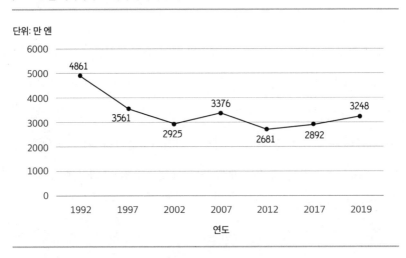

단위: 만 엔

'잃어버린 30년'의 시발점은 부동산 몰락

정도 거리에 지하철 노선 2개가 지나간다. 강변과 바다를 바라보면 경치가 훌륭하다. 일본에서 보기 드문 660세대 대단지다. 하지만 바다를 매운 인공 매립지에 지어져 지진 대비에 민감한 일본인에게는 감점 요인이 된다. 지어진 지 30년을 넘어 내부 구조 및 설비는 구식이다. 초고층 아파트 인기가 최근 높아졌다고는 하지만, 그래도 단독주택 선호도가 높은 일본인들에게 인공 매립지 초고층 아파트는 모두가 선호하는 물건은 아니다.

도쿄 리버시티21 아파트의 1992년 분양가는 4861만 엔이었다. 버블 붕괴가 본격화되던 때다. 이후 2000년대 초반까지 2000만 엔 가까이 가격이 빠지더니 이후 반등을 하고 400만 엔 이상 올랐다. 다시 2012년까지 값이 내리다가 이후에는 폭이 크지 않지만 줄곧 가격이 오르고 있다.[9]

이 아파트의 예를 든 건, 이곳 집값의 흐름이 도쿄를 비롯해 일본 부동산 시장 전체 흐름과 궤를 같이 하기 때문이다. 버블 붕괴 이후 가격이 하락하다가 도심 회귀 현상이 주목받으면서 가격이 다시 오르고 있는 모습이 그것이다. 2000년대 후반 리먼 브라더스 붕괴 후 금융위기를 거치며 다시 하락하다가 아베노믹스가 시작된 2012년 이후 재차 가격이 상승하고 있다. 전체적으로 보면 경기 침체, 옛날 아파트라는 핸디캡,

9 〈역풍 속의 혁명아-버블 붕괴 후 진행된 3대 재개발 사업〉의 도쿄 칸테이 그래프 재인용, [노무코무 트렌드 칼럼], 노무라 부동산 솔루션, 2019. 5.

매립지라는 한계를 도심과 가깝다는 입지로 커버하는 모습이다. 입지가 부동산에서 가장 중요한 요인이라는 건 일본도 물론 예외가 아니다.

도쿄에서 도심 회귀 현상은 이제 상식이 된 지 오래다. 일본의 대표 고급 주택가이자 전 세계 주요 대사관이 몰려 있어 도쿄 최고 중심지로 평가받고 있는 롯폰기는 2023년 기준 신축 분양가 대비 판매 가격이 251.6%나 높은 것으로 나타났다. 도심 편의성에 더해 엔저 현상으로 외국 자본이 대거 일본 부동산 투자에 달려들면서 외국인 선호도가 높은 이 지역의 가격이 껑충 뛰었다. 일본의 대표 젊은이 거리이자 IT 기업, 스타트업 기업이 몰려 있는 시부야 및 요요기우에하라(192.0%), 소니 본사 등 대기업들이 몰려 있고 비교적 최근에 개발한 오사키(172.6%) 등 도쿄 도심에서도 교통이 좋고 기업이 몰려 있어 수요가 풍부한 곳들은 '새 집보다 중고가 싸다'는 일본의 상식과 다른 가격 흐름을 보여주고 있다.

부동산은 역시 입지?

도쿄 도심을 중심으로 상승 분위기로 돌아선 일본 부동산 경기는 최근 수년간 호황이라는 말이 어색하지 않을 정도다. 한국처럼 '영끌 투자'나 1년 사이 1.5~2배씩 오르는 대박 상승은 찾기 어렵기 때문에 시세 차익을 얻기 위한 투기적 움직임은 보기 드물다. 하지만 적어도

'잃어버린 30년'의 시발점은 부동산 몰락

1990년대 초반 나타났던 버블 붕괴 폭락은 옛말이 됐다.

분위기가 제일 좋은 곳은 역시 도쿄 도심이다. 도쿄 도심 6개 구의 2023년 아파트 가격은 1년 전보다 7.7% 상승했고 2004년과 비교하면 2.2배 올랐다. 수도권 신축 아파트 가격은 1991년 이후 31년 만에 최고 수준을 경신했다. 도쿄 23구에서 '중고 맨션'으로 불리는 구축 아파트 가격은 1년 새 8% 상승했다. 평균 가격은 6842만 엔, 한국 돈으로 환산하면 6억5000만 원 정도 된다. 한국에서 웬만한 서울 아파트 가격이 10억 원 선을 넘어선 것과 비교하면 결코 높다고 할 수 없는 금액이다. 역으로 생각하면 이제 도쿄 집값은 평범한 직장인이 몇 년 월급 모으고 30년 만기 은행 대출을 받으면 실거주 차원에서는 접근 가능한 수준이 됐다는 뜻이다.

일본은 한국보다 집을 살 때 대출 조건이 까다롭지 않다. 한국에서는 소득 대비 대출 규제인 총부채 원리금 상환비율(DSR) 때문에 연봉의 3~4배 정도만 대출이 가능하지만, 일본에서는 조건에 따라 연봉의 10배까지 대출을 해주기도 한다. 일본 정부와 은행이 공동으로 자금을 마련해 일반인에게 시행 중인 35년 만기 주택담보대출 '플랫35'는 집값의 최대 100%까지 대출을 해주면서 금리는 2023년 10월 기준 연 1.88~3.27%다.[10] 주택담보대출 금리가 연 7%를 돌파했다는 뉴스가

---

10 주택금융지원기구(JHF) 2023년 10월 발표 금리 기준. 플랫35는 투자용 부동산에는 대출을 해주지 않고, 대출받은 본인이 실거주를 하는지 직접 확인한다.

나오는 한국과 비교하면 대출 가능액이나 금리 모두 조건이 비교가 안 될 정도로 일본이 좋다.

이러다 보니 고연봉 부부 '파워 커플'이 선호하는 도심 맨션을 중심으로 도쿄 부동산은 최근 오름세가 두드러진다. 일본에서는 1억 엔 넘는 아파트를 1억 엔과 맨션의 합성어인 '억션'이라고 부른다. 억션은 과거 부유층 전유물로만 여겨졌지만 최근에는 유명 대기업에 다니는 맞벌이 부부도 구매 가능한 부동산 물건이 됐다.

그렇다고 일본 부동산 수요자들이 감당하지 못할 빚을 안고 집을 사는 건 아니다. 닛세이기초연구소에 따르면 주택 구입 비용에서 대출 이자가 차지하는 비중이 1990년대에는 평균 50%였지만 2022년에는 16% 수준이었다.[11]

비록 예전처럼 시세 차익을 노린 투자 수요는 아직 많지 않지만 최근 나타나는 호황세로 분위기는 심상치 않다. 신축은 물론 도쿄 도심의 일부 구축까지 가격이 오르자 일본인들의 생각도 조금씩 변화되는 모습이 감지된다.

도쿄 고토구 아리아케에서 15년째 살고 있는 회사원 마쓰모토 씨(49)는 요즘 집 근처 아파트 신축 공사 현장을 볼 때면 기분이 묘하다. 그가 이사 온 뒤 2010년대 중반까지만 해도 이곳의 집값은 대부분 떨

---

11 〈입지 좋은 아파트는 비싸도 산다. 파워 커플 덕 집값 뛰는 도쿄〉 매일경제, 2023. 1. 25.

'잃어버린 30년'의 시발점은 부동산 몰락

어졌다. 하지만 코로나19 대유행 이후 올림픽 체육관, 대규모 쇼핑몰 및 공연장이 잇따라 들어서는 개발 열풍이 불었고, 수억 엔(수십억 원)짜리 아파트는 지어지기 무섭게 팔렸다. 마쓰모토 씨는 "버블 붕괴 이후 아파트는 사면 손해라고 생각해 계속 월세로 지냈는데 요즘에는 빚을 내서라도 내 집을 장만하겠다는 사람들이 주변에 많아졌다"고 말했다.

아리아케는 앞서 언급한 리버시티21과 가까운 곳이자 2020 도쿄 올림픽이 열린 수영장 등과 가까운 곳이다. 일본을 여행할 때 우리가 쉽게 볼 수 있는 아기자기한 골목의 단독주택 마을과는 전혀 다른 곳이다. 30~50층 쭉쭉 뻗은 타워맨션에 도쿄 최대 규모의 쇼핑몰인 아리아케 가든 등이 몰린 신도시다.

최근 이곳과 가까운 곳에 2020 도쿄올림픽 때 선수촌으로 쓰인 아파트 단지 '하루미 플래그' 아파트가 들어섰다. 도쿄 도심 긴자에서 4km밖에 떨어져 있지 않은 입지로 주목받으며 최근 일부 평형은 경쟁률 266대1을 기록했다. 이곳은 가장 가까운 전철역까지 20분 이상 걸어가야 할 정도로 교통이 불편한 데다 바다를 매립해 만든 '인공 섬'이기도 하다. 지진에 약하다는 선입견 때문에 그동안 창고 용도로 쓰이거나 공터로 방치됐다. 하지만 역설적으로 개발 가능한 넓은 땅이 남아 있었기 때문에 대규모 올림픽 선수촌을 조성할 수 있었다. 교통이 불편하고 매립지인데도 거리상으로 도심과 가깝고 새 아파트라는 장점과 올림픽 선수촌이라는 이름값 등이 겹치며 인기가 높아졌다.

2023년 입주를 시작한 도쿄 올림픽 선수촌 아파트 '하루미 플래그'.

하루미 플래그는 주변 아파트 시세도 자극했다. 이 지역 부동산 중개업소에는 방 2개에 거실, 주방이 있는 2005년 준공 86m² 24층 아파트를 1억3389만 엔(13억 원), 8월 준공하는 방 3개짜리 69m² 23층 북향아파트를 1억6600만 엔(16억 원)에 판매한다는 안내가 붙어 있었다. 아무리 새 아파트라 해도 1년 내내 해가 들지 않는 북향집을 누가 살까 싶었지만 공인중개사 사무실 직원은 "남향은 2억 엔이 넘기 때문에 저렴한 집을 찾는 수요자 문의가 많다"고 설명했다. 이 지역에서는 10년전 8000만 엔에 분양된 아파트가 1억 엔 넘게 거래되기도 한다. 아파트값이 오르는 건 버블 경제 때나 있었던 일로 알고 있었던 일본인들에게는 놀라운 소식이다.

도쿄 도심에서만 찾아볼 수 있던 억션은 이제 홋카이도, 후쿠오카, 오키나와와 같은 지방에서도 찾아볼 수 있다. 코로나19 확산 초기 수도권 외곽 등에 저렴한 가격으로 넓은 집을 사려는 수요가 반짝 생긴 적이 있지만 직주 근접성을 노리고 도심에서 집을 구매하려는 수요를 넘진 못했다.

그래서,
집 사라고 말라고?

× × ×

비슷해 보이지만 다른 한일 부동산 시장

지금은 쏙 들어갔지만, 수도권을 중심으로 집값이 크게 오르기 전인 2010년대 중반까지만 해도 '저출산 고령화로 한국도 일본처럼 집값이 하락할 것'이라는 전망이 힘을 얻었다. 국책 싱크탱크인 한국개발연구원(KDI)은 2015년 내놓은 보고서에서 한국이 2018년 초고령사회로 진입해 2019년부터 매년 집값이 떨어지고 부동산을 가진 노년층이 타격을 받는 이른바 '고령화 발 집값 충격'이 올 것이라고 전망했다. 결과적으로 2019년에는 집값이 유례없이 올라 엇나간 전망이 됐지만 말이다.

지난 수십 년간 한국은 부동산 공화국이라고 불릴 정도로 '부동산 불패 신화'가 강했다. 서울 강남에서 수십배 씩 부동산 가격이 오른 건 신화가 됐고, 수도권 및 지방 웬만한 대도시에서도 부동산은 사두면 적어도 손해는 보지 않는다는 게 진리였다. 주택 가치에 대비해 얼마나 빌려줄지를 정하는 주택담보대출 비율(LTV), 소득 대비 대출금을 어느 정도까지 허용할지를 보여주는 총부채상환 비율(DTI) 등 다양한 규제 속에서 영혼까지 끌어모아(영끌) 대출을 받아 부동산을 사야 한다는 게 대세였다. 2010년대 들어 '부동산을 믿으면 안 된다', '부동산 불패신화도 막을 내릴 것이다'라는 목소리가 잠시 힘을 얻었지만 2010년대 후반 폭등장을 겪고 난 뒤엔 이제 그런 말을 하는 사람을 어리석은 사람으로 취급하기까지 한다.

하지만 앞으로도 부동산 불패 신화는 이어질까. 이웃 나라 일본에서 부동산 버블이 크게 꺼지고 나름대로 합리적인 가격 수준의 시장이 형성된 것을 보면서 '한국도 곧 저렇게 되지 않을까'라는 전망 혹은 희망이 나오고 있다.

'한국 부동산 시장은 일본 버블 붕괴의 전철을 밟을까'라는 질문은 부동산에 조금이라도 관심이 있는 사람들이라면 늘 주목하는 질문이다. 일본에 대한 호불호를 떠나 일본이 수십 년간 거쳐 온 경제 발전 및 침체 사이클, 사회 문화적 변화의 상당 부분을 한국이 뒤따라갔기 때문에 집값 역시 일본의 과거를 따라갈 것이라는 전망은 언제나 존재했다. 하지만 서울 강남의 수십 년 된 비 새는 낡은 아파트가 수십억 원을 육박하는 현실을 보면 한국과 일본은 적어도 부동산 시장만큼은 서로 다른 길을 가는 게 아니냐는 지적도 설득력을 갖는다.

결론부터 내리자면, 한국과 일본의 부동산 시장은 비슷한 길을 가는 부분도 있고 전혀 다르게 가는 부분도 있다. 재미없고 허무한 결론일 수도 있지만 그게 현실이다. 한일 양국은 역사적, 문화적 배경이 다르고 경제 발전의 궤적도 분명 차이가 있기 때문에 단순화해 설명하긴 어렵다. 한국에서 '집값 폭락론'의 가장 강한 근거이자 현실로 나타났던 일본의 버블 붕괴도 이젠 옛말이 됐다. 한국처럼 급등세는 아니지만 대도시 지역은 십여 년간 꾸준히 올랐다. 지역에 따라, 물건에 따라 평균보다 많이 오르는 곳도 있고 서민들이 감히 접근하기 어려워진 곳도 있다.

부동산은 개인 및 가계 경제에 있어 가장 고난도의 '종합 예술'이다. 일정 규모 이상의 사업을 하지 않는 이상, 개인이 벌이는 가장 큰 경제 활동이 내 집 마련이다. 평범한 사람이 살면서 억대 대출을 받는 일도, 법무사와 함께 등기를 내는 일도, 정부 경제 정책 기사를 꼼꼼히 들여다보는 것도 부동산 거래가 아니면 좀처럼 경험하기 어렵다. 평범한 개인이 살면서 벌이는 가장 큰돈이 오가는 때가 부동산 거래다. 언론에서는 흔히 뭉뚱그려 '부동산 시장', '수도권 주택', '강남 아파트'로 통칭해서 분석하지만, 실제로는 같은 단지 내에서조차 남향이냐 동향이냐에 따라 가격이 다르게 움직이는 게 부동산이다. 이렇게 복잡다단

'잃어버린 30년'의 시발점은 부동산 몰락

한 부동산을 놓고, '한국도 일본처럼 될 것인가'라는 거대한 질문에 쾌도난마식 해답을 내놓으려고 하는 것 자체가 무리한 시도일 수 있다.

다만 지난 30년간의 일본 부동산 시장의 흐름을 살펴보면 적어도 향후 저성장, 고령화 시대를 맞이하는 한국에서 부동산의 미래를 예측하는 데 도움이 될 수 있다. 일본이 지나온 과거를 들여다보면 종교에 가까운 맹목적인 '상승론'이나 '폭락론'에 빠지지 않고 시장 상황에 비교적 냉정하게 대처할 수 있는 판단의 길잡이를 찾을 수 있다. '잃어버린 30년'을 거친 일본의 오랜 침체가 '부동산 망국론'의 바이블이 되는 것도 아니고, 최근 일본 수도권의 부동산 열기를 '제2의 버블 도래' 혹은 '일본 경제가 화려하게 부활했다'고 볼 필요도 없다. 저성장의 초입에 들어서기 시작한 한국에서 개인들은 과연 '내 집 마련'을 위한 전략을 어떻게 짜야 할까. 일본을 들여다보면 나름의 힌트와 영감을 얻을 수 있다.

한국 돈 10억이면 도쿄에서 괜찮은 아파트를 산다

한국이 일본과 비슷한 부분은 집값의 가파른 상승세다. 2010년대 중반까지 5억 원 남짓했던 경기도 신도시의 30년 된 아파트가 13억~15억 원으로 상승한 것은 버블 시기 일본 수준은 아니지만 한국에서는 평범한 서민들에게 고통을 주는 일종의 '거품'으로 평가할 수 있다.

KB금융지주가 2023년 3월 발간한 부동산 보고서에 따르면 가격 소득 대비 주택가격 비율(PIR)이 한국은 7.6, 서울 등 수도권은 12.0으로 나타났다. 한국은 미국, 영국, 캐나다보다 높고 수도권은 뉴욕, 런던, 토론토보다 높은 수준이다. 절대 가격은 뉴욕, 런던보다 낮을지 몰라도 적어도 소득 대비 집값은 글로벌 대도시보다 비싸다는 뜻이다.

도쿄와 비교하면 서울의 비싼 집값이 실감된다. 도쿄에서 도심과는 떨어졌지만(그래도 도심까지 30분~1시간이면 간다) 고급 주택이 많아 도쿄 주민들이 선호하는 세타가야구에서 전철역 5분 거리의 80㎡ 방 3개 아

도쿄의 아파트 판매 홍보 전단. 한국 돈으로 8억~14억 원 가량이면 아파트 한 채를 살 수 있다.

'잃어버린 30년'의 시발점은 부동산 몰락

파트가 1억9000만 엔에 팔린다. 여기서 예로 든 도쿄 아파트는 해당 구에서 가장 비싼 아파트를 검색해 찾아본 결과다.

한국은 어떨까? 이곳과 비슷한 서울 개포동의 비슷한 면적 아파트는 2023년 10월 기준 22억~25억 원 가량에 거래된다. 2022년 기준 강남 11개구 아파트의 평균 매매가격은 14억 원을 넘었고, 강남 송파 서초 등 강남3구의 평균 가격은 20억 원을 넘어섰다.

도쿄 도심에서 전철로 30분이 채 안 걸리는 시나가와구에서 최근 파워 커플 사이에 인기가 높은 타워 맨션은 80㎡가 넘는 물건이 8000만~1억4000만 엔가량에 거래된다. 일본에서 이 정도면 직장인들이 접근 가능한 집으로는 최고가 수준이다. 이보다 인기가 떨어지는 저층 아파트나 전철역에서 거리가 조금 먼 집, 도쿄 외곽 변두리에 있는 집은 4000~6000만 엔으로도 구입이 가능하다. 집마다 조건이 제각각이라 직접 비교는 어렵지만, 조금 과장을 해 피부로 느껴지는 체감도를 말하면 서울 집값이 도쿄의 2배 정도는 되는 것 같다.

최근 일본 집값이 상승했다고 해도 가격은 이렇게 안정돼 있다. 앞서 언급했던 오르는 아파트 역시 한국처럼 앉은 자리에서 1년에 몇억 원씩 오르지는 않는다. 그렇기 때문에 일본에서는 집이 투기 및 투자의 대상이 아니다. 물론 언제 사면 싸게 살 수 있는지, 어떤 집을 사야 나중에 팔 때 그나마 덜 떨어지거나 오른 값을 받을 수 있을지에 대한 재테크 관심은 뜨겁다. 그렇다고 한국처럼 시세 차익을 노리는 사람은 없다. 잃어버린 30년을 거치면서 집으로 돈을 번 경험도 책 속의 이야기가 됐다.

숫자로서도 한국의 집값 상승은 드러난다. 한국은행이 2023년 9월 발표한 금융안정 상황 보고서에 따르면 한국의 명목 GDP가 2010년 1323조 원에서 2022년 2162조 원으로 163% 증가할 때 집값의 총액은 3000조 원에서 6652조 원으로 222% 늘어났다. 2016년과 2021년 사이 한국 명목 GDP가 18% 증가하는 동안 수도권 아파트의 실거래 가격지수는 73%나 증가했다.[12] 소득에서 양극화 현상이 나타나듯, 집값에서도 양극화 현상이 두드러진다. 지방 시골 집값은 거의 움직이지 않지만 서울 강남의 집값은 전국 주요 지역에 영향을 줄 정도로 크게 올랐다. 소득 양극화의 핵심은 국민 전체 소득 증가보다 잘 사는 사람들의 벌이가 더 많이 증가했다는 뜻이다. 소득 증가폭이 남들보다 큰 사람들이 선호하는 서울 수도권의 입지 좋은 지역의 부동산 가격이 지속적으로 상승하는 이유다.

이런 통계만으로 한국, 서울 집값이 일본만큼 거품이 끼었다고 판단하기에는 망설여지는 부분이 있다. 무엇보다 일본은 저금리를 토대로 은행들이 사실상 무제한에 가까운 대출을 해주면서 투자 목적을 위해 은행에서 빚을 내 투자를 하는 투기꾼이 버블을 조장했다. 한국

---

12   박상준, 〈부동산 버블 끝, 집값 연착륙 유도해야〉, [동아광장 칼럼], 동아일보, 2022. 12.

도 투기꾼이 없는 건 아니지만 적어도 은행 빚을 내 집값을 끌어올리는 현상은 버블 시대 일본보다 심하다고 할 수 없다. 한국은 무주택자에게도 LTV 규제를 50%로 묶어두며 집값의 절반만큼만 은행 대출을 해주는 나라다. 금융기관 자금이 부동산 시장에 흘러 들어간 양이 제한됐다는 분석이 가능하다.

악재와 호재

한일 양국은 수도권 부동산을 둘러싼 다양한 요인에서 여러 차이를 보인다. 우선 인구 분포에서 양국은 차이가 크다. 서울 및 수도권에는 전국 인구의 절반가량이 몰려 있지만 도쿄에는 일본 전체 인구의 10%, 인근 지자체 3개 현까지 합쳐도 35% 수준이다. 지방 경제도 차이가 크다. 한국에서 부산, 대구, 광주, 대전이 차지하는 위상보다 일본에서 오사카, 나고야, 후쿠오카, 삿포로 등이 차지하는 경제적 위상이 더 높다. 서울 수도권에는 남산, 관악산, 도봉산, 북한산 등 산이 많고 경기도에 그린벨트도 많아 개발할 수 있는 땅이 제한적이지만 도쿄 수도권은 간토평야로 산이 없고 수도권을 그린벨트로 묶어놓지 않아 한국보다 주택용지로 활용될 땅이 훨씬 많다.

서울 수도권과 달리 도쿄 수도권은 철도망이 훨씬 촘촘하고 급행, 쾌속 등 주요 역에만 서는 운영방식이 한국보다 발달했다. 사실상 급행 버스에만 의존하는 서울~동탄이나 최악의 밀집도를 보여주는 김포 지역 철도와 달리 도쿄 도심에 멀리 떨어진 지역도 정시 출퇴근이 가능하고 만원 전철이라도 해도 운행 간격이 훨씬 촘촘해 서울 수도권보다 교통 여건이 좋다.

당초 한국에서 2000년대 후반 일본의 집값 폭락론이 재현될 것이라고 주장했던 근거 중 하나는 저출산 고령화였다. 분명 이는 중장기적 부동산 가격에 악재로 작용할 가능성이 크다. 하지만 이와 함께 간과할 수 없는 요인이 1~2인 가구 증가다. 예전처럼 한 집에서 2~3대가 모여 사는 가구는 점점 사라지고 있다. 1인 가구는 소형 아파트나 오피스텔에만 산다고 생각하겠지만, 소득 수준이 높아지면 중형 이상을 찾는 문화는 여전히 강하다. 한국에서 1인 가구가 가장 많이 거주하는 유형은 연립, 다세대, 오피스텔이 아닌 아파트(2022년 36.2%)였고 중대형 거주 비율도 갈수록 증가하고 있다.[13] 저출산으로 인구가 줄어들어도 서울 수도권 유입 현상은 좀처럼 꺾이지 않고 있다.

한국에서 저출산 고령화에 따른 부동산 가격 폭락이 벌어진다면 가장 먼저 지방의 군 단위 농어촌 지역에서 나타날 것이다. 그 다음은 지방의 중소도시, 이후 지방의 도청 소재지급 도시 등이 될 가능성이 높다. 서울 수도권에서는 대기업 사업장이 들어선 자족형 신도시보다는

---

13 〈한국 1인 가구 새롭게 들여다보기〉, KB금융지주, 2022. 10.

오히려 강북 외곽의 낡은 아파트가 먼저 외면받을 것이다. 먼 미래가 아니다. 서울 도봉구 방학동의 입주 25년 차 아파트의 2023년 10월 가격은, 5억1500만 원을 찍었던 2년 전 최고가 대비 31% 하락한 것으로 나타났다.[14] 고점 대비 30% 하락이면 일본의 버블 붕괴 수준까진 아니더라도 해당 물건 소유자에게는 큰 충격이다.

수도권 외곽 신도시도 한국과 일본은 다르다. 한국은 베드타운이라고는 해도 신도시 안에 자족적으로 부가가치를 창출하는 기업들이 배후에 있다. 분당 및 판교 신도시에 있는 네이버, 카카오 등 수많은 IT 벤처 기업이 대표적이다. 동탄 신도시의 배후에는 세계 최대 반도체 기업 삼성전자가 있다. 수원에 있는 삼성전자 본사는 수원 전체와 동탄, 용인, 분당까지 영향력을 미치고 있다.

나라 전체 인구가 줄어들어도 글로벌 기업이 들어선 이들 지역 인근으로는 꾸준히 인구가 몰리고 있다. 게다가 이런 기업들은 국내에서 평균 급여 수준이 가장 높은 곳이다. 훨씬 더 많이 주는 회사야 얼마든지 있겠지만, 직원 100명 회사의 평균 월급이 2억 원인 것과 직원 1만 명 회사의 평균 급여가 1억 원인 것은 해당 지역 부동산 및 전반적인 경기에 미치는 영향력의 차원이 다르다. 게다가 이 지역에서 살다가 자녀 교육을 위해, 더 나은 문화생활을 위해 서울로, 특히 강남3구

---

14 〈서울 아파트값 '숨 고르기 국면'… 외곽에선 고점 대비 30% 하락 거래도〉, 뉴스1, 2023. 10. 23.

로 이주하려는 수요는 흔하게 존재한다.

일본 신도시 주변에는 이런 거대한 산업 시설을 찾아볼 수 없다. 일본의 외곽 신도시는 전형적인 베드타운이다. 신도시 중심에 전철역을 두고 이를 중심으로 아파트, 단독주택이 계획적으로 지어져 조용하게 살기 좋은 곳이다. 하지만 그렇기 때문에 집이 낡고 처음 입주한 주민들이 고령화되면서 그대로 도시 전체가 늙어가며 도심 회귀 현상의 직격탄을 맞았다. 일본이 잃어버린 30년간 성장하지 못했다는 건 지난 30년 동안 삼성전자, SK하이닉스, 현대자동차, 네이버 같은 기업을 만들어내지 못했다는 의미다. 30년간 성장하지 못하고 유지만 하는 경제에서는 부동산 활황을 일으킬 새로운 활력 지역을 창출할 여력이 없다. 지금의 일본은 1990년대까지 세계를 주름잡았던 일본 대기업들이 현상 유지를 하면서 이끌어 온 경제라고 해도 과언이 아니다.

무엇보다 좋은 집에 대한 욕구의 차원이 다르다. 단순한 투기 투자의 얘기가 아니다. 일본에서는 도쿄의 노른자위 도심에서도 40~50년 된 목조 단독주택에서 거주하는 고령자를 흔하게 찾아볼 수 있다. 한국 같았으면 당장 허물어도 이상하지 않을 40~50년 된 아파트에서도 사람이 산다. 열악한 주거 환경에 불만은 있겠지만 살던 집이 익숙해서, 한국처럼 동네 전체를 밀어버리고 조성하는 뉴타운이 지극히 드물어서, 이사를 가려니 비용이 너무 많이 들고 이미 살고 있는 집이 가치가 하락한 중고 주택이라 이걸 팔고 다른 집에 갈 경제적 여건이 안 돼서 등 이유는 다양하다. 어쨌든 이런 사람들이 매일 내 집 앞을 쓸고 청소하며 관리하는 나라와, 어떻게든 새 집을 짓거나 조합을 결성해 아파트를 지으려는 욕망이 강한 한국은 동일한 시선으로 비교하기 어렵다.

이런 종합적인 요인을 감안해 보면 지금 한국의 집값은 일본의 버블 붕괴 때처럼 일거에 반 토막, 그 이상으로 폭락할 가능성은 지극히 낮다고 판단된다. 하지만 장기 저성장 국면으로 들어가는 지금, 이제까지의 경제 성장 공식에 따라 착실히 올랐던 집값이 앞으로도 이렇게 계속 오를 것인지는 의구심이 든다. 2023년 하반기 들어 서울 주요 지역 아파트 가격이 하락세를 보이고 거래가 크게 위축된 현상은 이런 전망을 뒷받침한다. 고금리, 부동산 프로젝트 파이낸싱(PF) 자금조달 어려움 등이 겹치니 영원할 것 같던 부동산 활황은 불과 몇 년 만에 꺼졌다.

경제가 성장하지 않는다는 것은 새로운 일자리를 창출하지 못한다는 뜻이다. 그건 곧 집을 살 수 있는 신규 수요자가 생겨나기 어렵다는 뜻으로도 볼 수 있다. 잠깐의 경기 침체에도 부동산 시장이 확 얼어붙은 이유가 여기에 있다.

다만 일본에서는 적어도 자신이 거주할, 혹은 거주하지 않더라도 미래의 실거주를 위해 집 한 채를 마련하는 것에 대한 거부감은 없다. 버블 붕괴 직후 '집을 사느니 월세로 사는 것도 괜찮다'는 생각이 퍼졌고 지금도 이렇게 생각하는 사람들이 없진 않지만, 여전히 많은 사람들은 '그래도 내가 살 집 하나는 내 이름으로 사 두는 게 안정적인 인생을 위해서 필요하다'고 생각한다.

한국 집값이 어떻게 될지를 묻는 것은 미래를 예측하는 일이니 쉽게 장담할 수 없다. 다만 중단기 관점에서 볼 때 여전히 서울 수도권에 모두가 선호하는 집이 부족하니 강남, 목동, 노원, 경기 신도시 등 사람들이 이사 가고 싶어 하는 지역의 집값은 당분간 오르거나 적어도 다른 지역보다는 덜 떨어질 것이다. 일본도 모두가 선호하는 도심의 집값은 탄탄하게 유지됐고 불황기에도 다른 지역보다는 조금밖에 안 떨어졌다. 신축 선호 현상도, 수도권 집중 현상도 당분간 바뀌기 어렵다고 본다면 이제까지의 내 집 마련에서 우리가 가져왔던 상식 수준의 기준이 크게 바뀌지도 않을 것이라고 본다.

얼마 전까지 '집은 사는 것이 아니라 사는 곳'이라고 했지만 집은 사는 곳이기도, 사는 것이기도 하다. 합리적 수준의 부동산 거래까지 잘못된 것으로 치부할 필요는 없다. 안정적으로 거주할 내 집을 갖고 있다는 것은 단순히 집을 사서 돈을 벌고 말고의 문제가 아니다. 정서적, 경제적 안정감을 갖고 윤택한 인생을 살 수 있는 기초적 토양이 된다는 점에서 투기 성격이 아닌 내 집 한 채 마련은 시장 상황과 별개로 언제나 강하게 추천한다.

다만 영끌 투자, 갭 투자는 2023년 시점에서는 우려스러운 부분이다. 전 세계가 오랜 저금리 시대를 끝내고 금리를 올리고 있는 현 상황에서 레버리지를 일으키는 도박성 투자는 위험할 수 있다. 일본의 버블 붕괴도 주택담보대출 규제 및 금리 인상이 촉발했다. 앞서 언급한 다양한 요인을 감안해 한국에서 버블 붕괴 같은 집값 폭락이 없을 거라고 비교적 낙관적으로 예측했지만, 감당하기 어려운 수준의 고금리 대출을 끌어 집을 샀다가는 작은 폭의 등락에도 상대적으로 강한 충격을 받아 가계 경제에 치명타가 될 가능성이 있다. 일본의 버블 붕괴 때도 무리하게 빚을 내서 집을 산 사람들이 가장 큰 타격을 입었다는 교훈을 잊어서는 안 된다.

2부

×

10년 전 가격과
10년 후 가격이
같다면

도쿄보다 비싼
서울 물가

× ×
×
×

둘이 먹고 7만6000원… 무서운 강남

3년 반의 일본 도쿄지사 근무를 마치고 서울 강남의 한 지점으로 돌아온 S은행 차장 A 씨. 도쿄에서 근무하면서도 한국에 종종 휴가나 건강검진 때문에 들어오긴 했지만 본격적인 서울 생활은 오랜만이었다.

한국 복귀 후 강남의 지점에서 첫 출근을 한 날, A 씨는 지점에서 함께 근무하는 동료 직원과 은행 인근 식당에 점심을 먹으러 갔다가 깜짝 놀랐다. 도쿄에서 근무하기 전에도 가 본 적이 있는 한 고깃집에서 된장찌개와 갈비 1인분씩을 먹었을 뿐인데 7만6000원이 찍힌 계산서를 받아든 것이다. 저녁도 아닌 점심 메뉴를, 한우도 아닌 수입산을, 고급 레스토랑도 아닌 허름하기까지 한 평범한 식당에서 소박하게 먹

10년 전 가격과 10년 후 가격이 같다면

었을 뿐인데 7만 원이 넘는 계산서를 받아들 줄은 상상도 못 했다. 자칫 비싸다고 투덜댔다가는 동료가 눈치를 볼 수 있어서 아무렇지도 않은 듯 덤덤하게 신용카드를 긁었지만, 자리에 돌아와서는 7만6000원이 찍힌 영수증을 한참 들여다봤다. 혹시 계산이 잘못된 게 아닌가 싶어서.

일본에서 2명에 8000엔 정도 가격은 저녁 때 외부 손님과 약속을 잡고 예약한 식당에서 식사를 했을 때나 나오던 금액이다. 도쿄지사에서 마지막 근무를 마치고 현지 동료들과 송별회를 하러 도쿄의 한 중국집에서 점심 식사를 했을 때, 샹들리에가 달린 나름 유명한 고급 중식당이었는데도 밥값으로 1인당 2000엔이 채 나오지 않았다. 평소 가볍게 직장 인근에서 혼밥으로 식사를 했을 때는 500엔보다 많이 나오면 '오늘은 싸게 때우진 못했네'라고 생각했다.

한국에 돌아오니 식당 물가는 일본과 비교하기 어려울 정도로 크게 올라 있었다. 500엔을 원화로 바꾸면 쥘 수 있는 4500원으로는 그가 근무하는 지점 인근에서 편의점 도시락, 김밥천국 김밥, 라면 정도 말고는 사 먹을 수 있는 게 없었다. 짜장면도 8000원~1만 원은 기본이고, 마주 앉는 테이블이 있는 레스토랑에서 뭐라도 먹으려면 2만 원은 기본이었다. 외부 손님을 접대하려면 1인당 비용이 10만 원에 육박하는 날도 있었다. 가족끼리 외식이라도 하려면 정말 큰마음을 먹어야 했다.

한국은 코로나19 확산이 잠잠해진 2022년 말부터 글로벌 인플레이션의 직격탄을 맞았다. 2022년 7월 소비자 물가 상승률은 1년 전보다 6.3%로 올라, 1998년 IMF 외환위기 이후 23년 만에 최고치를 경신할 정도였다. 2023년 들어 물가 상승률이 2%대로 다소 주춤했지만 1년 전 수치와 비교하는 데 따른 기저효과 때문에 상대적으로 물가가 오르지 않은 것 같다는 착시현상에 불과했다. 소비자 물가 상승률은 전년 대비 X%라고 하지만, A 씨가 체감하기에는 일본에 다녀오기 전인 3년 반 전과 비교해 30~40%는 오른 것 같은 느낌을 떨치기 어려웠다.

'싸니까' 일본에 놀러 간다는 한국인

코로나19에 따른 해외여행 제한이 풀린 뒤 한국에서는 일본 여행 붐이 불고 있다. 2023년 1~11월 일본을 찾은 한국인 관광객은 618만 명에 달했다. 매달 50만 명 이상의 한국인이 일본을 찾는다. 일본을 찾은 전 세계 관광객 가운데 4명 중 1명이 한국인일 정도로 일본에는 한국인 관광객이 정말 많다. 국적별로 따지면 대만, 홍콩, 미국을 제치고 압도적 1위다. 도쿄, 오사카 같은 대도시뿐 아니라 시코쿠, 홋카이도, 오키나와 같은 구석구석까지 일본에서는 한국인이 가지 않는 곳을 찾기가 더 어려울 정도다.

한국인들이 일본 여행을 많이 가는 이유는 여러 가지를 꼽을 수 있다. 비행기로 2~3시간이면 갈 수 있을 정도로 가깝고 2023년 들어서는 한일 관계 개선으로 일본 여행에 대한 심적 부담도 많이 덜어졌다. 바가지요금이 드물고 다른 외국에 비해 대체로 친절하다는 평가도 많다. 음식이 맛있고 위생이 깔끔하다는 것도 이유가 될 것이다.

무엇보다 가장 큰 이유로 꼽히는 게 '저렴한 물가'다. 2022~2023년에 걸쳐 일본 물가가 다소 올랐다고는 하지만, 적어도 최근 20~30년간 일본 물가는 사실상 제자리였다. 일본에 놀러 온 한국인들에게는 100엔당 800원대 후반~900원대 초반까지 떨어진 원-엔 환율 덕에 일본에서 느껴지는 물가가 더 싸다. 실제로 2020년 100엔당 1120원을 넘던 엔화 환율은 지속적으로 하락하더니 2023년 9월 19일 100엔당 894원까지 내렸다. 3년 전 100엔짜리 음료수 하나를 사 먹는 데 1120원이 필요했다면 지금은 900원도 들지 않는다는 뜻이다. 소비자 물가가 오른 걸 감안해도 환율을 생각하면 최근 3년 새 한국인이 느끼는 일본 물가는 오히려 10%가량 내린 것 같다는 평가도 있다.

세계적으로 비교 가능한 글로벌 프랜차이즈 식음료를 비교하면 양국 물가 격차가 한눈에 들어온다. 맥도날드 '빅맥'은 단품 기준 한국에서는 5200원이지만 일본에서는 450엔으로 원화 기준 1000원 가까이 싸다. 스타벅스 아메리카노 톨Tall 사이즈 기준 한국은 4500원, 일본은 445엔으로 한국이 비싸다.[15] 환율을 감안하면 스타벅스 커피 1잔에

---

15   2023년 8월 기준.

대략 1000원가량 일본이 싸다는 계산이 가능하다.

일본의 저렴한 물가는 도쿄 거리를 다니다 보면 피부로 체감할 수 있다. '도쿄의 부엌'이라는 애칭으로 불릴 정도로 일본에서 가장 유명한 수산시장이자 초밥, 회 맛집이 몰린 '츠키시 시장'에서는 오마카세 1인분을 4000엔 안팎이면 먹을 수 있는 식당이 적지 않다. 일본에서 물가가 들썩이기 전인 2020년대 초반에는 3000엔대 오마카세 스시집도 찾아볼 수 있었다. 물론 도쿄에서도 긴자 최고급 식당은 1인분에 수만 엔씩 하는 경우가 꽤 있지만, 조금만 눈높이를 낮춘다면 1인당 5000엔 이하로도 충분히 맛있고 나쁘지 않은 '가성비' 초밥을 즐길 수 있다. 서울 강남, 홍대 인근에서 1인분에 10만 원 이상 받는 오마카세 초밥집보다 질도 높고 분위기도 좋다.

서민 물가 격차는 더 크다. 서울 광화문, 강남에서 1만 원으로 점심을 해결하려면 허름한 분식집에서나 겨우 가능하지만 도쿄에서는 그렇지 않다. 시내 중심지인 긴자, 신주쿠 등에서 최고급까진 아니더라도 직장인들이 가기에 큰 무리가 없는 덮밥, 우동, 소바, 라멘집에 들러 500~600엔 정도로 부족하지 않게 한 끼를 해결할 수 있다. 그나마 올라서 이 정도다. 2020년 이전까지는 요시노야, 마쓰야 같은 유명 프랜차이즈 체인 덮밥집에서 500엔 이하 가격에도 공깃밥, 고기 반찬, 된장국, 야채 샐러드가 포함된 정식 세트를 주문해 푸짐하게 먹을 수 있었다.

10년 전 가격과 10년 후 가격이 같다면

한국인들도 즐겨 찾는 도쿄 디즈니랜드는 어떨까. 평일에도 사람으로 북적이는 이곳의 입장료는 2023년 성인 기준 8400엔~1만900엔이다. 그나마 2년 전에는 균일 8200엔이었다가 주말 성수기 탄력 요금제를 적용해서 이 정도로 올랐다. 같은 디즈니랜드인 상하이(1만 엔 이상), 파리(최고 130유로), 플로리다(최고 159달러)에 비하면 3분의 2 수준이다. 더 비싸게 했다가는 소득이 낮은 일본 사람들에게 감당할 수 없는 요금이 된다. 물가가 낮은 일본에서는 이 정도 요금으로도 디즈니랜드 운영이 된다는 해석도 가능하다.

도쿄 교외의 유명 패션 아웃렛 매장은 중국인, 한국인, 동남아시아인 등 외국인들의 차지가 된 지 오래다. 일본 최대 아웃렛인 후지산 인근의 '고텐바 프리미엄 아웃렛', 도쿄에서 차로 30분이면 갈 수 있는 '미쓰이 키사라즈 아웃렛' 등은 고객 절반 이상이 외국인이다. 한국에서 수십만 원에 팔리는 유명 골프 패션 브랜드 '테일러메이드' 골프복 등을 수천 엔 정도에 살 수 있다. 나이키 등 유명 스포츠 브랜드에서도 수만 원 정도에 충분히 질 좋은 스니커즈를 살 수 있다. 한국에서 유명 메이커 고가 정책에 익숙해진 한국인들은 이런 아웃렛에서 "너무 싸다"는 말을 연발하며 싹쓸이 쇼핑에 나선다.

도쿄 시내 한복판에서도 저렴한 쇼핑 물가는 크게 다르지 않다. 한국에서 9만9000원에 판매하는 유니클로 패딩 점퍼가 일본에서는 6990엔에 팔리고 있다. 유니클로가 일본 기업이니 일본 가격이 저렴한 건 당연하지만 30% 가까이 싼 가격에 한국 관광객들의 입은 다물어지지 않는다. 한국에 들어왔다가 철수한 유니클로 자회사 브랜드 'GU'까지 함께 있는 매장에서는 더 저렴한 옷들을 만날 수 있다. 애플 '아이폰15 프로 MAX'의 시작 가격이 한국에서는 190만 원이지만 일본에서는 18만9800엔(171만 원)이다. 그나마 애플이 일본에서 가격을 올리기 전까지는 한일 양국 가격 차이가 더 컸다. 게다가 외국 관광객은 계산대에서 여권만 내밀면 즉석에서 소비세 10%를 환급받을 수 있기 때문에 피부로 느껴지는 가격은 더 싸다. 한때는 일본에서 맥북을 사서 소비세 환급까지 받으면 서울~도쿄 비행기값을 뽑을 수 있다는 말이 나올 정도였다. 대만, 인도네시아 등 동남아시아 국가들과 비교해도 30~50%가량 가격이 저렴하다 보니 외국인 관광객들에게 일본은 쇼핑 천국 그 자체다.

인플레이션 0%로
한 세대가 흘렀다

✕
✕
✕

물가 상승률 제로

일본 물가가 원래부터 이렇게 쌌던 건 아니다. 2000년대 초만 해도 일본 물가는 웬만한 품목이면 한국의 2배 이상이라고 할 정도로 높았다. 2002년 한일 월드컵이 끝난 직후 일본 지방 도시를 여행하면서 기차역 음료수 자동판매기에서 캔커피 하나를 120엔에 사 먹었던 기억이 있다. 당시 한국의 레쓰비 캔커피 자동판매기 판매 가격이 500원 안팎 했을 때였다.

1990년대 후반 국내에서는 "일본에서 한 달 아르바이트 월급이 한국 대졸 회사원의 2~3개월 치 월급"이라는 말이 회자됐다. 그래서 대학을 휴학하고 관광비자로 일본을 가서 1~2개월 반짝 불법 취업으로 아르바이트를 하고 한 학기 학비를 버는 학생들도 종종 있었다. 2002년 한일 월드컵 이전만 해도 일본에 가려면 비자가 필수였다. 1980년대 일본에서 유학 생활을 했던 서울 종로구의 한 일본어 학원 강사는 "내가 유학 갔을 때도 일본은 우동 한 그릇에 400~500엔이었다. 한국 짜장면 값이 1000원도 안 하던 때다. 손이 떨려 외식은 엄두도 못 냈다"고 당시를 회상했다.

1995년 통계청이 발표한 〈통계로 본 국제 경제동향〉 자료에는 유엔UN이 세계 172개국에 나가 있는 직원을 대상으로 주요 생활필수품 200여 개를 비교 조사한 결과가 인용돼 있다. 미국 뉴욕 소매물가를 100으로 봤을 때 한국은 108이었고 도쿄는 184로 세계 1위였다. 1996년 영국 이코노미스트가 발표한 물가 순위에서도 도쿄는 뉴욕, 취리히를 앞서며 세계에서 가장 비싼 물가 도시로 이름을 올렸다.

1980~1990년대 일본 물가가 얼마나 높았는지는 대표적인 품목 가격을 보면 피부로 체감할 수 있다. KTX가 개통되기 전이던 1990년에 서울~부산 새마을호 운임이 1만4300원, 도쿄~신오사카 신칸센 운임은 1만4430엔이었다. 새마을호는 고속철도가 아니고 당시 환율도 감안해야 하겠지만, 단순 비교만으로는 일본 철도 운임이 한국의 10배에 이른 셈이다.

당시의 물가를 조금 더 들여다보자. 1985년 출간된 무라카미 하루키의 《노르웨이의 숲》(한국 제목 《상실의 시대》)는 상·하로 나뉘어 각 1000

　　　　　　　　　　　　　10년 전 가격과 10년 후 가격이 같다면

엔이었다. 오랜 기간 스테디셀러로 군림한 법정 스님의《무소유》단행본이 1000원에 팔리던 때다. 1990년 성인 남성 평균 이발요금이 3000엔, 극장 영화 관람료는 1600엔 안팎이었다. 당시 한국 이발요금은 4000원, 영화 관람료는 3500원 안팎이던 시절이다. 일본의 1990년 1인당 국민소득이 2만130달러, 한국의 1인당 소득은 8350달러였다. 소득은 3배 가까이 일본이 높고, 물가는 뭐든 일본이 적게는 수 배 크게는 10배가량 높았다.[16]

1990년대를 정점으로 '잃어버린 30년'이라 불리는 장기 불황에 빠지면서 일본에서는 물가가 30여 년째 제자리를 맴돌고 있거나 올라도 오름폭이 매우 작았다. 도쿄~오사카 신칸센 운임은 2023년 기준 1만4720엔이다. 33년 전보다 고작 300엔가량 올랐을 뿐이다. 무라카미 하루키의 2023년 신작 소설《거리와 그 불확실한 벽》은 서점에서 2970엔에 팔고 있다. 그나마 아마존에서 포인트를 활용해 전자책으로 구입하면 1864엔이다. 1985년《노르웨이의 숲》상·하 2권 값보다 오히려 싸다. 도쿄 긴자 인근 유명 영화관 '도호 시네마' 히비야점의 영화 관람료는 2000엔이다. 도쿄 시내의 평범한 이발소 요금은 4000엔 안팎이다.

대표적인 경제 지표인 소비자 물가 상승률을 보면 일본의 제자리

16   일본 총무성 통계국 등 자료를 활용해 정리한 주요 품목 가격을 재인용, https://coin-walk. site/index.html

물가는 두드러진다. 2001~2021년 20년간 일본에서 물가 상승률이 가장 높았던 때는 2014년 2.8%였다. 연간 물가 상승률이 4%를 넘긴 경험이 있는 한국, 미국과는 다른 모습이다. 2014년은 아베 신조 총리가 2012년 취임해 나랏돈을 대대적으로 쓰고 제로(0) 금리 정책으로 돈을 사실상 무제한으로 푸는 경제 정책 '아베노믹스'의 본격적인 효과가 나타날 때다. 물론 이후 다시 물가 상승률이 1% 이하로 떨어져 '반짝 효과'에 그쳤지만 말이다. 심지어 2016년과 2021년에는 마이너스 상승률을 보였다.

글로벌 금융위기 이후 2009~2012년 4년 연속 마이너스 물가 상승률을 기록한 일본은 아베노믹스에 돌입하면서 잠깐 물가가 오르긴 했지만 전반적으로는 제자리걸음을 면하지 못했다. 고도 경제 성장기인 1956~1973년 연평균 국내총생산(GDP) 성장률이 9.1%를 기록한 일본은 버블 경제 붕괴 후인 1991년 이후 연평균 경제 성장률이 0.7%에 그치며 평균 임금, 가처분소득 모두 한국에 뒤지는 수준으로 떨어졌다. 장기 침체에서 회복하지 못하면서 국민들의 소비 여력이 떨어지자 기업들은 물건값 및 서비스 요금을 올리고 싶어도 올리지 못했다. '저성장-저물가'가 이어지는 전형적인 디플레이션deflation이다.

"일본은 물가 상승률이 0%에 가까운 시기를 살아온 사람들이 한 세대에 걸쳐 있다. 가격이 오르지 않고, 임금도 오르지 않는다는 게 당연하다. 사회 전체의 공통 인식으로 물가가 오르지 않을 것이라는 사고

10년 전 가격과 10년 후 가격이 같다면

방식이 있다." 와타나베 쓰토무 도쿄대 경제학연구과 교수가 지난해 11월 마이니치신문에 밝힌 분석은 일본 경제의 30년을 함축적으로 보여준다.

5엔, 10엔만 올라도 쇼크

워낙 물가가 오르지 않다 보니 2022년 세계적인 인플레이션을 이기지 못하고 물가가 들썩였을 때 일본인들의 반응은 유난했다. 한국, 미국, 유럽에서는 인상 폭은 그때그때 달라도 꾸준히 물가가 올랐지만, 일본은 한 세대를 지나는 동안 물가 인상을 경험하지 못했기 때문이다. 전철비는 언제나 200엔 안팎, 점심값은 500엔 안팎을 넘으면 안 된다는 게 철칙처럼 지켜졌다. 2022년 10월 일본 소비자 물가가 3.6% 상승한 게 1982년 2월 이후 40여 년 만에 최고치였다. 주요 7개국(G7) 선진국 중에서 가장 낮은 상승률이었지만 일본 국민들이 받은 타격은 다른 나라보다 크면 컸지, 결코 작지 않았다.

어느 나라나 물가 상승은 국민 경제에 가장 큰 영향을 미치는 요인이지만, 일본인들은 특히나 제품 가격 인상에 유난히 민감하다. 일본 최대 경제매체인 니혼게이자이신문은 매달 주요 제품의 가격 인상 현황을 별도의 온라인 기사로 정리해 서비스하고 있다. 2022년 하반기 물가 상승이 한창일 때의 가격 인상 현황을 보면 지갑이 얇아지고 있다는 게 피부로 느껴진다.

산토리 550ml 생수가 130→150엔, 혼다시 조미료 120g에 453→486엔, 키유피 마요네스 436→475엔, 회전초밥 쿠라스시 기본 1접시 110→115엔, 모리나가 플레인 요구르트 220→230엔, UCC 장인의 커피 138→148엔···. 과거 100엔대 가격으로 살 수 있었던 일본인의 비상식량 격인 컵라면은 최근 200엔을 돌파하며 물가 인상을 실감케 했다. 한국도 라면값 100원 인상에 민감하지만, 전례 없는 동시다발적 물가 상승을 겪는 일본인들의 민감도는 한국보다 크게 느껴진다. 한국에서 물가 인상은 늘 있어 왔던 일이지만, 일본에서 이 정도의 물가 상승은 지난 30년간 겪어보지 못한 '충격'이기 때문이다.

아버지와 같은 월급 받는 자식

한국에서 흔히 '내 월급 빼고 다 오른다'고 하지만 그건 어디까지나 자신의 보수가 만족할 만한 수준이 아니라는 것이지, 실제 통계 숫자는 다르다. 통계상으로 한국은 2022년 월평균 임금(352만 원)이 2006년 대비 70.6% 오른 나라다. 직종마다, 업종마다, 회사마다 월급이 제각각이니 체감 수준은 다르지만 적어도 통계만 놓고 보면 한국은 매년 임금이 꾸준히 오르는 나라다. 임금이 오르는 만큼, 아니 사람에 따라서는 그 이상으로 물가가 오르기 때문에 임금이 오르는 걸 체감하기

단위: 만 엔

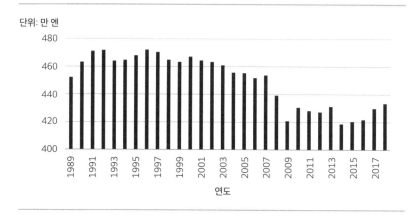

연도

어려울 수 있지만 말이다.

일본이야말로 물가도 임금도 오르지 않는 나라다. 일본 후생노동성 통계에 따르면 1989년 452만 엔이었던 일본인의 평균 임금(실질)은 2018년 433만 엔으로 30년 사이에 오히려 4.2% 감소했다. 1990년대 고용노동부 조사의 한국 월평균 임금(실질)은 2011년 270만 원에서 2022년 324만 원으로 상승했다. 조사 방식은 다소 차이가 있지만 피부로 느껴지는 양국의 임금 상승 수준이 얼마나 다른지를 보여주기에는 충분하다. 임금 격차가 이렇게까지 좁혀졌기 때문에 한국인들은 일본에 오면 물가가 싸다고 느낀다. 2000년대 초반까지만 해도 일본에서 아르바이트를 하는 게 한국의 대기업 정규직으로 일하는 것보다 월급을 더 받을 수 있었다. 한국인들이 일본에 와서 '아날로그 감성이 있다', '식당에 가면 한국보다 싸다' 등의 느낌이 드는 건 임금 격차가 줄어든 이유가 크다.

월급이 오르면서 물가만 안 오르면 실질 소득이 늘어나는 효과가 있겠지만, 결과적으로는 둘 다 안 올랐다. 그 결과 일본 경제는 30년 가까이 '디플레이션' 장기 침체에 빠지게 됐다. 일본만 세계 경제와 따로 노는 '쇄국 경제'라면 버틸 수 있겠지만 글로벌 3위 규모의 개방 경제인 일본이 버티는 건 현실적으로 한계가 있다. 최근 1~2년 사이 이런 현상은 매우 커졌다. 코로나19 이후 시중에 풀린 돈이 물가를 자극하고 러시아의 우크라이나 침공 등으로 원자재 가격이 오르면서 일본도 더 이상 '물가 갈라파고스'로 남기 어렵게 됐다. 그 와중에 국민들은 어떻게든 1엔이라도 아끼기 위해 발품을 팔고, 기업들은 어떻게라도 가격 상승폭을 낮추기 위해 원가와 비용을 쥐어짜 가격에 민감한 소비자의 눈높이에 맞추려 한다.

상황이 이렇다 보니 일본 기업들은 원자재 값 상승, 엔저에 시달려도 가격을 쉽게 올리지 못한다. 정보업체 '데이코쿠 데이터뱅크'의 조사에 따르면 2022년 일본 기업들의 비용 상승 대비 가격 전가율은 36.6%에 그쳤다. 이는 생산 및 유통 비용이 1000원 올라도 실제 가격은 366원밖에 올리지 못한다는 뜻이다. 나머지 상승분에 대해서는 이윤을 낮추고 내부 비용을 절감하는 식으로 떠안는다. 하지만 마른 수건을 짜는 것도, 뼈를 깎는 노력도 한계가 있다. 일부 대기업들은 협력

10년 전 가격과 10년 후 가격이 같다면

업체에 떠넘기는 경우도 있지만, 중소·영세 기업들은 그조차 불가능하다. 그나마 엔저가 일본 기업에는 살아남을 구멍이다. 기술 경쟁력이나 품질이 세계 최고 수준인 일본 기업들이 가격을 최소 수준으로 올리고 엔저 현상으로 달러로 환산한 수출 가격까지 낮아지다 보니 수출 경쟁력이 높아진 것이다.

부자 나라의
가난한 국민

✕
✕
✕

저렴하다면 유통기한 지난 식품도 오케이

일본에는 유통기한이 지난 식료품을 파는 전문매장이 있다. 10~20%는 기본이고 반값 이하로 파는 제품도 많다. '유통기한 지난 음식을 어떻게 먹나', '자칫 상한 거라도 먹다가 탈이 나면 누구 책임이냐고 볼 수 있지만, 생각보다 꽤 인기가 높다. 세계적인 인플레이션에 최근 일본에서도 물가가 꿈틀대면서 이런 매장은 예상외로 많은 관심을 받고 있다. 일본의 TV, 신문 등 언론에도 단골로 등장한다.

하네다공항이 있는 도쿄 오타구 주택가의 좁은 골목길을 따라 들어가면 '마루야스 오모리마치점マルヤス 大森町店'이라는 할인 매장이 있다. 가게 입구에 쌓인 판매물품과 덕지덕지 붙은 할인 가격 안내문의 풍

10년 전 가격과 10년 후 가격이 같다면

유통기한이 지난 식료품을 판매하는 도쿄의 한 매장. 유통기한을 수 개월 넘긴 캔 음료수를 52~108엔에 팔고 있다.

경은 한국의 슈퍼마켓과 그리 다르지 않다. 이 매장은 유통기한이 임박했거나 길게는 몇 달이 지난 식료품을 판다. 제품마다 가격이 다르지만 적게는 20~30%, 많게는 50% 이상 싸게 파는 제품도 있다. 저렴하다 보니 인기가 높다. 2019년 일본 소비자 의식 조사에서 응답자의 58%가 '쇼미키겐賞味期限이 임박한 상품을 싸게 팔면 좋겠다'고 응답했다.[17]

　쇼미키겐은 한국의 유통기한과 유사한 일본어다. 한국식 한자음으

17　《2019년판 소비자 백서》, 일본 소비자청, 2019.

로 읽으면 '상미기간'이다. 비슷한 뜻이지만 100% 같은 건 아니다. 품질이 최고 상태로 유지되면서 맛있게 먹을 수 있는 기간이라는 의미를 담고 있다. 쇼미키겐이 끝난다고 해당 식료품을 법적으로 팔지 못하는 것도, 먹을 수 없게 되는 것도 아니다. 상한다는 뜻도 아니다. 다만 쉽게 맛이 변하거나 쉽게 상할 우려가 있으니 되도록 빨리 먹어야 한다. 보통의 대형마트나 슈퍼에서는 쇼미키겐이 임박한 상품은 취급하지 않고 반품 처리를 한다. 일부 편의점에서는 점주에게 떠넘기기 때문에 아르바이트 점원이 울며 겨자 먹기로 먹어서 없애는 경우도 있다.

모든 식료품이 다 쇼미키겐으로 팔리는 건 아니다. 소고기, 도시락, 샌드위치, 빵 등 빨리 상하거나 신선함이 중요한 식품들은 '소비기한'을 두고 그 기간 안에 팔리지 않은 제품은 해당 업체가 폐기 처리를 하는 게 원칙이다.

쇼미키겐이 지난 제품을 파는 매장의 주력 제품은 통조림, 캔 음료, 과자 등이다. 유통기한이 조금 지나도 먹는 데 크게 지장이 없는 제품이다. 우유, 햄 등은 쇼미키겐이 붙어 있지만, 이는 냉장 보관을 조건으로 하거나 개봉 전을 기준으로 기한을 따지기 때문에 이런 매장에서는 대체로 취급하지 않는다. 한국의 대형마트와 비슷하게 일본의 마트들도 폐점 시간에 임박하면 소비기한이 1~2시간 남은 제품에 정가보다 10~30%가량 낮은 가격표를 붙여 이른바 '떨이 판매'를 한다.

10년 전 가격과 10년 후 가격이 같다면

이런 제품을 노리고 일부러 폐점 시간에 임박해 장을 보는 사람들도 적지 않다.

도쿄에 살면서 몇 차례 이런 슈퍼에 갔다. 공교롭게도 이 슈퍼에서는 한국 식료품을 적잖게 판다. 이유는 여러 가지다. 애초 일본에서 한국 식료품이 인기가 높고 잘 팔리다 보니 이런 매장까지 흘러들어오는 한국 제품이 많다고 볼 수 있다. 한편으로는 일본 시장에 도전하기 위해 야심 차게 제품을 내놨다가 별다른 호응을 얻지 못한 채 이곳으로 떨이로 넘어온 제품도 있다. 한국의 한 중소기업 식품업체의 양념치킨 양념 한 병이 단돈 1엔에 팔린 적도 있다. 한국에서 수십 년간 스테디셀러로 인기를 얻은 K사의 비타민C 건강기능식품이 이곳에서 80% 할인돼 팔리는 걸 사면서 횡재했다는 기분과 함께 안타까운 마음도 들었다. 한국의 유명 주류업체 B사가 내놓은 쇼미키겐이 지난 캔 막걸리도 이곳에서 발견해 산 적이 있다. 한국에서는 "일본에서 출시해 일본 소비자들의 마음을 잡았다"고 대대적인 홍보를 했지만, 실상은 이곳에서 반값에 팔렸다.

소비자에게는 생활비를 절약하는 데 도움이 되는 매장이지만, 업체 입장에서도 이런 매장은 재고 처리에 도움이 된다. 일본에서는 '식품 로스'라고 불리는 식품 폐기물을 줄이기 위해 정부가 다양한 정책을 펴고 있다. 너무 많은 식품이 버려져 이를 수입하기 위해 들어가는 외화가 낭비되고 환경에도 부담이 된다는 이유에서다. 일본 농림수산성에 따르면 일본에서 팔리지 않고 버려지는 식품은 570만 톤에 달한다. 이는 한국도 안고 있는 문제다. 농림수산식품부에 따르면 2019년 기준 농식품 폐기량은 500만 톤에 이르고, 이를 폐기하기 위한 경제적 비용은 20조 원에 달하는 것으로 추정된다. 환경 보호, 폐기 식품 저감 정책에 있어서는 일본이 한국보다 한발 앞서는 셈이다.

물론 정부 정책과 개인의 생활은 별개다. 처음에는 취재를 하다가 알게 됐고, 이후에는 호기심도 생기고 싼값이 좋아 몇 번 방문했지만 몇 번 다니다가 최근에는 잘 가지 않는다. 집이나 회사 근처에 있는 게 아니라 일부러 차를 타고 한참을 가야 하는 이유가 컸다. 무엇보다 그렇게 해서 아낄 수 있는 돈이 한 달에 우리 돈으로 몇만 원 정도일 텐데, 다른 것도 아닌 식료품까지 유통기한이 지난 걸 먹으면서 돈을 절약해야 하나라는 생각에 우울한 마음마저 들었다.

뚜벅이에 만족하는 젊은층

한국에서는 자동차가 생활필수품이 된 지 오래다. 한 세대 전만 해도 '결혼하기 전에 차 사는 건 낭비', '집 사기 전까지는 차는 되도록 안 사는 게 좋다'는 조언도 있었지만 지금 이런 말을 하면 꼰대, 옛날 사람, 외계인 취급 받기 십상이다. 2023년 기준 서울 시내 평균 아파트 가격이 12억 원을 웃돌 만큼 부동산 가격이 비싸지면서 젊은 층 사이에서는 '집도 못 사는데 차라도 구입하자'는 생각이 퍼지고 있다. 능력이 안 되면서 무리하게 할부로 수입 고급차를 사는 이른바 '카 푸어'까지 생겨나고 있다. 원룸에 월세를 살면서도 차는 반드시 사야 한다는 게 최근 20~30대의 인식이다.

일본은 전혀 다르다. 버블 경제가 꺼지고 경기 침체가 본격화된 2000년대 초반부터 자동차 구입에 대해 관심을 두지 않는 것을 뜻하는 '구루마 바나레クルマ離れ'라는 용어가 등장했다. 그만큼 자동차를 필수품으로 여기지 않는다는 뜻이다. 2022년 기준 도쿄에서 가구당 자가용 보유 대수는 0.42대에 불과하다. 2022년 말 서울의 자동차 누적 자동차 등록 대수가 318만여 대로 대략 가구당 0.6대인 걸 감안하면 산술적으로 도쿄보다 서울에 차가 더 많다. 서울 강남의 테헤란로, 서울 세종대로 등 8~10차선 대로가 심야 시간대를 제외하면 항상 꽉 막혀 있는 걸 생각하면 실제 자동차 통행량은 서울보다 도쿄가 훨씬 적다.

일본에서 차를 사려면 보통 일이 아니다. 우선 한국보다 부대비용이 많이 들고 절차도 까다롭다. 차를 구입하려면 관할 경찰서에 주차장을 확보했다는 차고 증명서를 의무적으로 제출해야 한다. 차고 증명서를 떼려면 주차장을 확보해야 하는데, 주차장이 딸린 단독주택에 살지 않는 한 반드시 유료 주차장을 계약해야 한다. 한국은 아파트에 거주하면 단지 내 주차장에 1~2대는 공짜로 주차할 수 있지만, 일본에서는 아파트에 살더라도 주차장을 따로 계약해야 한다.

자가 거주든 임차 거주든 상관없이 대부분의 아파트는 주차장 따로 집 따로다. 임대차 계약서를 쓰고 월세로 집을 빌리는 것과 동일한 방식으로 주차장 임대차 계약서를 쓰고 매달 주차장 비용을 지불해야 한다. 지역에 따라 주차장 비용은 천차만별이지만 도쿄의 경우 외곽 지역은 저렴한 곳이 월 2~3만 엔, 도심지역이라면 4~5만 엔 이상을 기본으로 내야 한다. 한국식 사고방식으로는 '비싼 집세를 내면서, 혹은 비싸게 아파트를 구입해 사는데 내 집에 차 한 대 못 대나'라고 생각할 수 있지만, 일본식 사고방식으로는 '주차장은 차 가진 사람이 돈을 내고 부담해야지, 무료로 주차장을 제공하는 건 차가 없는 사람에게 손해다'이다.

통상적인 생활 물가가 한국과 비슷하거나 오히려 저렴한 것과 비교하면 자동차와 관련해서는 유난히 한국보다 비싸다. 도쿄 도심에 차를 끌고 오면 10분에 몇백 엔을 받는 유료 주차장에 주차해야 한다. 도쿄 도심 곳곳을 잇는 유료도로인 '수도 고속도로'는 5km만 달려도 330엔, 50km에 2110엔을 낸다. 서울~부산 거리와 엇비슷한 400km 정도를 가려면 통행료로 1만 엔가량을 내야 한다. 여기에 2년에 한 번 받는 자동차 정기점검은 자동차 상태에 따라 자동차 정비공장에 맡기면서 10만 엔 안팎을 내야 하는 경우가 허다하다.

사정이 이렇다 보니 젊은이들은 차를 살 엄두를 못 내고 관심도 없다. 2021년 일본자동차공업회 조사에 따르면 사회생활을 하는 10대, 20대 일본인의 60%가 '자동차에 관심이 없다'고 응답했고, 63%는 '자동차를 구입할 의향이 없다'고 답했다.[18] 대중교통이 불편하고 차 없이 생활이 안 되는 지방에서는 생활에 필수적인 이동을 위해서라도 차가 꼭 필요해 자동차를 사려고 하지만, 도쿄 등 수도권 사람들은 한국인 눈에는 신기할 정도로 차에 무관심하다. 수도권만 따로 뽑으면 자동차 구입 의향이 없다는 응답자 비중은 68%로 높아진다.

일본인, 특히 수도권 주민들은 자동차가 없는 생활이 이미 너무도 익숙하다. 필자가 아는 한 일본 신문기자는 "도쿄에 20년 넘게 살면서 한 번도 차를 사 본 적이 없고, 차를 사야겠다고 생각해 본 적도 없다"고 답했다. 한국에서라면 자녀와 가족 외출을 할 때 차를 끌고 가는 게 기본이지만, 일본에서는 3~4인 가족이 지하철을 타고 다니는 게 오히려 자연스러운 일상이다. 한국에서는 요즘 오피스텔, 원룸에 살아도 차는 꼭 있어야 하는 필수품처럼 여긴다. 하지만 일본 수도권에서는 1인 가구가 차를 사는 일은 대단히 예외적이고 신기한 케이스가 아니면 찾아보기 어렵다.

젊은 커플이 차 없이 데이트를 한다고 부끄러워하는 모습은 일본에서는 상상하기 어렵다. 한국 드라마에는 젊은 남녀가 고급 수입차를

---

18 〈2021년 승용차 시장 동향 조사〉, 일본자동차공업회.

타고 드라이브하는 장면이 쉽게 나오지만, 일본 드라마에서는 시내버스나 전철, 혹은 자전거를 타고 일상생활을 하는 모습이 전형적인 클리셰다. 젊은이들이 몰리는 도쿄 시부야, 아키하바라 등은 주말에 인파가 몰려 지하철역에서 떠밀려 다닐 정도로 사람이 많지만, 차도에는 돌아다니는 차를 손꼽아 셀 수 있을 정도로 길이 텅 비어 있다. 교통분담률 통계상 승용차 분담률이 서울은 38%(2021년)이지만, 도쿄(23구 기준)는 7.9%에 불과해 자전거(13.0%)보다도 낮다.[19] 1~2인 가구는 자동차를 갖고 있는 경우가 오히려 신기할 정도다.

도쿄에서 사람들이 차를 안 사고 안 타는 이유를 오로지 경제가 어렵기 때문이라고만 단정하긴 어렵다. 도쿄는 대중교통 천국이다. 지하철 13개 노선에 JR, 사철, 모노레일, 노면전차까지 수십 개의 노선이 거미줄처럼 얽혀 있다. 주요 전철역을 중심으로 시내버스도 실핏줄처럼 연결된다. 한국 같은 환승 할인 제도가 없고 이동 거리에 따라 전철 요금이 올라가는 정도가 한국보다 훨씬 크기 때문에 대중교통 이용에 들어가는 비용은 많지만, 자동차 구입에 따른 유지 비용은 이보다 더 크기 때문에 자동차 구입을 꺼리는 분위기가 생겼다고 볼 수도 있다. 대도시의 효율적인 교통 시스템 유지라는 차원에서는 서울보다 도쿄가 분명 효율적이지만, 장기적인 경기 침체로 '안 사는 게 아니라 못

---

19   〈지역 대중교통의 현상과 과제〉 중 전국 도시 교통 특성 조사 결과, 도쿄도 도시정비국.

사는 것'이라고 볼 수 있다. 버블 경제가 절정이던 1980년대 일본 샐러리맨들이 긴자 거리에서 택시를 잡기 위해 1만 엔짜리 지폐를 흔들며 "더블"을 외쳤던 경험이 있기에 더욱 그렇다.

일본에서는 차량 공유 서비스인 카 셰어링이 활성화돼 있다. 한국에도 쏘카 등의 인기가 높지만 일본이 더 규모가 크다. 한국 카 셰어링 시장 점유율 77%인 쏘카의 2022년 매출은 3976억 원, 운영 차량은 1만9000대 안팎이다.[20] 반면 일본 최대 카 셰어링 회사인 타임스카는 운영 차량이 3만1300여 대, 일본 5대 카 셰어링사(타임스카, 카레코, 오릭스카, 카리테코, 혼다 에브리고) 합계는 4만1100여 대로 한국의 2배 이상이다.[21] 유지 비용 및 부대 비용이 워낙 많이 들기 때문에 가족 전체가 나들이를 가거나 큰 짐을 옮겨야 할 때처럼 꼭 필요할 때만 차를 빌리고 싶어 하는 수요가 한국보다 더 크다는 분석이 가능하다.

재밌는 현상은 자동차를 구입하지 않는 사람이 많은 반면, 고급차는 갈수록 잘 팔린다는 점이다. 일본 자동차수입조합(JAIA)에 따르면 가격이 1000만 엔을 넘는 고급 수입차의 2021년 판매 대수는 전년보다 23.7% 증가한 사상 최대를 기록했다. 한국으로 치면 1억 원 이상 차인 1000만 엔 이상 수입차는 2015년부터 7년 연속 증가세에 있다.

---

20   2022년 쏘카 사업보고서 인용.
21   〈카 셰어링 비교 360도〉 인용, 일본 제이팁스, https://www.carsharing360.com/market/quarter/

한국에서 이른바 독일 3사(메르세데스벤츠, BMW, 폭스바겐)가 인기를 끄는 것처럼 일본에서도 독일 고급차 선호도는 높다. 과거에는 초호화 고급 저택 주차장에서나 볼 수 있었던 고급 수입차를 이제는 평범한 사람들이 사는 아파트 주차장에서도 쉽게 찾아볼 수 있다. 대신 일본에서 흔하다고 생각되는 경차는 도쿄 및 수도권보다는 주로 지방에서 많이 보인다. 도쿄에서는 차를 안 사거나 큰마음을 먹고 산다면 아예 비싼 최고급 차를 사고, 대중교통이 불편한 지방에서는 경차가 일본 국민의 발이 되고 있다.

'고향사랑 기부금'도 알고 보면 절약 비책

한국에서 2023년 도입된 '고향사랑 기부금'의 원조는 일본의 '후루사토 납세(고향 납세)'다. 원하는 지역에 기부금을 내면 자신이 사는 지역에서 2000엔을 제외한 기부금을 세금 환급을 통해 돌려받을 수 있다. 갈수록 어려워지는 지방 재정에 도움을 주기 위해 도입한 제도다. 일본 총무성에 따르면 2022년 기준 후루사토 납세로 기부한 금액은 9654억 엔으로 1년 전보다 20% 늘며 사상 최대 규모를 기록했다.

후루사토 납세가 늘어난 이유는 여러 가지가 있겠지만 가장 큰 이유는 '절약 소비'에 보탬이 되기 때문이다. 지역에 기부금을 내면 기부받은 지자체는 기부금의 30% 한도 내에서 기부자에게 답례품을 준다.

일본 미야자키현의 한 축산 가공 매장에서 '후루사토 납세' 기념품으로 제공할 소고기 선물 세트를 포장하고 있다. 일본에서는 지역에 기부금을 내면 이런 선물을 받는다.

기부금에서 2000엔을 뺀 금액을 돌려받는 걸 감안하면 사실상 기부를 하면 할수록 이득이 되는 구조다.

　일본에서 후루사토 납세를 하는 사람들이 가장 중요하게 보는 게 바로 답례품이다. 조금이라도 실속 있고 값어치가 많이 나가는 선물을 주는 곳에 기부를 하는 게 경제적으로 유리하기 때문이다. 이 때문에 기부금을 많이 받는 상위 지역은 대부분 일본에서 유명한 특산품을 생산하는 지역이다. 지난해 기부금 195억 엔을 받아 전국 1위를 차지한 미야자키현 미야코노조시는 일본에서 축산업과 전통 소주로 유명한 곳이다. 미야코노조시는 이렇게 거둔 돈으로 지역 도서관, 공립 어린이 놀이방 등을 만들었다. 게, 가리비 등 수산물이 유명한 홋카이도 몬베쓰시(2위), 네무로시(3위) 등도 기부금 상위권에 올랐다.

이런 기부자들을 만족시키기 위해 지자체들은 치열한 경쟁을 벌인다. 꼭 고기, 술, 해산물 같은 특산물만 주는 것도 아니다. 일본 후루사토 납세 홈페이지인 '후루사토 초이스(furusato-tax.jp)'에선 인터넷 쇼핑몰을 방불케 할 정도로 다양한 답례품을 선택할 수 있다. 대체로 특산물로 유명한 농축수산물 선물이 많다. 꼭 특산물이 아니라 평소에 먹는 쌀, 과일을 주는 곳도 인기다. 생수, 두루마리 휴지, 우동 면 등을 주는 곳도 있고 호텔 숙박권이나 지역 상품권을 제공하는 곳도 있다. 조금만 관심을 갖고 경제적으로 기부처를 선택하면 일상 생활필수품을 기부금 답례품으로 해결하는 게 가능하다. 가가와현 사누키시에서는 골프장 클럽하우스에 기부금 납부 기계를 설치하고 신용카드로 기부금을 받는다. 기부금을 내면 기부금의 30%에 해당하는 골프장 이용권을 받아 그 자리에서 쓸 수 있다.

일본 북부 홋카이도 가미시호로정은 인구 감소 대책의 일환으로 고향 기부금을 활용하고 있다. 인구가 약 4800명에 불과한 이곳은 모은 돈으로 자체 귀농·귀촌 기금을 조성했다. 그리고 10년간 어린이집 무상화, 외국인 영어 강사 배치 등 시골 지자체로는 하기 어려운 사업을 진행했다. 심지어 '프로 배구선수 스파이크를 리시브할 권리'나 '지역

10년 전 가격과 10년 후 가격이 같다면

의 재생에너지로 생산한 전기'를 답례품으로 주는 곳도 있다.[22]

　역으로 기부로 절약 활동을 하는 납세자 때문에 타격을 받는 곳도 있다. 바로 수도권 지자체다. 기부금에서 2000엔을 제외하고 세금을 환급해 주는데, 이 돈은 자신이 사는 곳에서 내는 주민세이기 때문이다. 쉽게 말하면 납세자가 내는 기부금만큼, 수도권 및 대도시 지방세가 기부처 지방으로 빠져나가는 구조다. 지방 소도시들은 대체로 기부를 받는 입장이지만, 도쿄의 경우 후루사토 납세로 빠져나간 세금이 1689억 엔에 달했다. 하지만 지금 구조가 계속된다면 한 푼이라도 아끼기 위해 발품을 파는 납세자들로서는 후루사토 납세를 하지 않을 이유가 없다.

22　〈고향납세 기부하면 프로 배구선수 스파이크 받을 기회 드려요〉, 농민신문, 2023. 3. 10.

"한국은 꼭 일본 버블 시대 같아요"

✖
✖ ✖
✖

이발소 갈 돈도 부담인 소비자들

일본 여행을 해본 사람이라면 대도시 곳곳에서 한 번쯤은 이곳 간판을 봤을 것이다. 일본 최대 이발소 체인점 'QB하우스'다. 2022년 기준 연간 방문 고객 수 1665만 명, 점포 591곳에 달할 정도로 이발소 업계의 대기업이다.

QB하우스의 모토는 'Less is more'다. 머리를 잘라주는 이발 본연의 서비스 외에는 극단적으로 모든 서비스를 덜어낸다는 의미다. 회사 측은 "불필요하고 낭비로 이어지는 것들을 모두 생략하고 정말 필요한 퀄리티에만 집중하면 풍부함으로 이어질 수 있다"고 소개한다.

QB하우스에서는 오로지 커트만 할 수 있다. 여느 이발소나 미용실

10년 전 가격과 10년 후 가격이 같다면

저렴한 일본 이발소의 대표 체인 'QB하우스' 매장.

에서 제공하는 염색, 파마, 면도, 드라이 서비스는 없다. 한국의 대표적인 저렴한 이발소 체인 '블루클럽'에서 제공하는 '머리 감겨주기' 서비스조차 없다. 머리를 감겨주지 않으니 세면 시설도, 수도꼭지도, 수건도 없다. 왁스를 발라주거나 스프레이를 뿌려주는 서비스는 상상도 할 수 없다. 고객들은 점포에 들어와 대기석에 앉아 있다가 오로지 머리만 깎고 가야 한다.

이곳 점원들은 계산도 해주지 않는다. 손님이 입장할 때 자동판매기에 지폐와 동전을 넣어 '이발 티켓'을 구입한 뒤 머리를 깎으러 거울 앞에 앉을 때 점원에게 티켓을 보여주면 그걸로 계산이 끝난다. 10분

남짓한 시간으로 이발이 끝나면 머리를 털어준 뒤 진공청소기 같은 '헤어 워시'로 잔머리를 빨아들인다. 원하는 손님에 한해 일회용 물수건을 주는 게 이곳의 '유일한' 서비스다.

예약도 받지 않는다. 누구한테 머리를 맡길지 지정도 할 수 없다. 자기 차례가 돌아오는 이발사 점원에게 머리를 맡겨야 한다. 점원들은 대체로 원하는 대로 머리를 잘라주고 실력도 꽤 준수한 편이지만, 한국의 미용실 같은 곳에서 제공하는 멋진 헤어스타일은 기대할 수 없다. 멋에 큰 관심이 없고 월 1회 정도 머리를 단정하게 깎으려는 아저씨들에겐 딱 맞는 이발소다.

극단적으로 서비스를 덜어낸 QB하우스의 요금은 2023년 기준 1350엔이다. 1995년 설립 당시부터 2014년까지 1000엔을 유지했다가 조금씩 올린 가격이 이 정도다. 요금을 낮추려면 무엇보다 점포 유지비가 낮아야 한다. QB하우스는 여기에 사활을 건다. 머리를 감겨주지 않아 수도 시설이 필요 없고 파마, 염색 등의 서비스를 제공하지 않으니 점포 유지비가 일반 미용실과는 비교할 수 없을 만큼 낮다. 지하철역 구내, 쇼핑몰 구석 등 좁은 장소에서도 점포 개설이 가능하다. 오로지 커트만 제공하기 때문에 이발 시간도 10분 남짓이라 샐러리맨이 출퇴근길에 잠시 들러 가볍게 머리를 자를 수 있다. QB하우스의 성공으로 곳곳에 유사한 1000엔 이발소 체인들이 우후죽순 생겼다. 일본 남성들의 전반적인 이발비 부담을 낮췄다고 해도 과언이 아니다.

10년 전 가격과 10년 후 가격이 같다면

물론 일본의 모든 이발소 미용실이 이렇게 극단적으로 서비스를 덜어낸 건 아니다. 일주일 전에 예약을 하고 찾아가 두피 관리를 받으며 1만 엔 이상을 내야 하는 곳도 많다. 1350엔 이발소에서 제공해 주는 헤어스타일이라는 게 사실 뻔한 수준이다. 일각에서는 '일본 남성이 촌스러워진 이유'로 QB하우스의 등장을 꼽기까지 한다. 다만 분명한 것은 이 정도 서비스에 만족하는 가격에 민감한 소비자들이 일정 인구 이상 존재한다는 점이다.

싸게 파는 대신 밑반찬은 유료

QB하우스의 '극단적인 군살 빼기'는 특이한 것 같지만, 한편으로는 일본의 일상이기도 하다. 대표적인 곳이 식당이다. 비싼 고급 레스토랑의 코스 요리가 아닌 이상 일본 식당에는 식사에 얹어 나오는 반찬을 찾기 어렵다. 일본에서도 인기를 끄는 한국식 삼겹살집도 마찬가지다. 한국에서는 당연히 나오는 상추, 밑반찬이 이곳에서는 모두 돈을 받는 유료 메뉴다. 한국의 김밥천국과 유사한 요시노야 등 규동(고기덮밥) 집에서 내주는 손바닥보다 작은 접시의 김치도 유료다. 추가로 밥 한 공기를 더 주는 오카와리おかわり가 무료인 식당은 종종 있지만, 먹는 양이 아주 많은 사람이 아니고서는 추가 밥은 잘 시키지 않는다.

처음에는 '이렇게 인심이 짤 수가 있나' 싶었지만, 달리 생각해보면 그만큼 합리적으로 메뉴를 시킬 수 있다는 뜻이기도 하다. 젓가락 한 번 가지 않은 채 버려지는 한국 고깃집의 수많은 밑반찬을 생각해보면 그렇다.

"무슨 헬스장 시설이 이래?"

최근에는 '군살을 뺀' 헬스장까지 등장했다. 한국에서 고급 피트니스 열풍이 불면서 광화문, 강남 지역에는 연간 수백만 원을 내는 헬스장이 인기를 끌고 있다. 로커 및 운동복, 수건을 제공하고 곳에 따라서는 단백질 보충제 등을 판매하기도 한다. 외국산 고급 운동기구를 대거 들여오며 경쟁에 나서는 곳도 많다.

일본에서는 2023년 니혼게이자이신문이 꼽은 히트 예감 1위 트렌드가 '콘비니 짐'이었다. 편의점을 뜻하는 콘비니언스 스토어convenience store의 일본식 줄임말인 '콘비니コンビニ'에 헬스장을 뜻하는 '짐ジム'을 합친 신종 합성어다. 편의점처럼 언제든지 쉽게 드나들 수 있는 헬스장, 편의점에서 커피 한 잔, 물 한 병 가볍게 사서 마시는 가격 접근성으로 값싸게 헬스 서비스를 이용하게 하겠다는 발상이다.

콘비니 짐은 그동안 우리가 갖고 있던 헬스장의 고정관념과 거리가 멀다. 우선 규모가 기존 헬스장의 절반 이하다. 간단한 근육 운동기구 10개 남짓에 트레드밀 몇 개가 있는 소박한 곳이다. 건물 한 개층 전체를 이용하기도 하는 기존 헬스장의 절반 혹은 몇 분의 1 수준이다. 운동복, 수건 제공이 없는 것은 물론이고 운동 후 간단하게 씻을 샤워 시설도 없다. 운동을 가르쳐 주는 퍼스널 트레이너(PT)는 물론, 카운터를 지키는 관리 직원도 없다. 헬스장에 들어갈 때는 스마트폰 앱 QR코드를 찍어 스스로 문을 열어야 한다.

군살을 확 덜어내 가격은 무척 저렴하다. 일본 최대 콘비니 짐으로 꼽히는 '초코잡chocoZAP'의 월정액 요금은 3278엔, 우리 돈으로 3만 원 정도다. 전국에 700개 점포가 있고 도쿄 23구에만 168개(2023년 10월 기준)가 있다. 회원에 가입하면 전국 어느 지점이든 자유롭게 이용할 수 있다.

무엇보다 신발을 갈아신거나 따로 운동복을 준비해서 갈아입을 필요가 없다. 한국 헬스장에서는 반드시 실내용 운동화를 신으라고 하지만, 이곳에서는 그냥 밖에서 신던 신발 그대로 헬스장에서 신어도 된다. 일본의 거리가 크게 지저분하지 않기 때문에 외부 신발을 신고 운동한다고 해서 헬스장 실내가 지저분해지지는 않는다. 출·퇴근길에, 지나가는 길에, 약속에 나갔다가 매장이 눈에 띄면 잠시 들어가 와이셔츠 차림으로 5~10분 정도 근력 운동을 하고 나올 수 있다. 도쿄 도심에는 지하 혹은 2층도 많지만 조금만 외곽으로 나가면 편의점처럼 1층에 있는 곳이 많아 지나가다가 언제라도 쉽게 들어갈 수 있다. 운동을 하기 위해 굳이 굳은 결심을 하지 않아도 편의점 들르듯 가볍게 드나들 수 있게 문턱을 확 낮춘 것이 특징이다.

한국에서 이 정도로 극단적으로 군살을 덜어낸 이발소나 식당, 헬스장이 등장할 수 있을까. '이발소에서 머리도 안 감겨주나?', '미용실에서 새치 염색도 안 해준다고?', '상추 한 접시를 돈을 주고 시키라고?', '헬스장에 샤워할 곳도 없다고?'라며 불만을 가질 소비자들이 많겠지만, 날로 치솟은 물가에 '다 필요 없고 싸게 커트만 해주면 된다', '고기만 주면 OK', '잠깐 들러 운동하기 좋다' 등의 수요는 앞으로 한국도 저성장이 지속되고 사람들의 소득이 정체된다면 언제라도 등장할 가능성이 높다.

일본의 QB하우스는 버블 경제 정점을 찍고 장기 불황에 막 들어선 1995년에 생겼으니, 한국도 지금 이런 수요가 생기지 말라는 법이 없다. 이런 류의 매장들은 군살을 뺀 합리적인 가격으로 문턱을 확 낮추면서 소비자들을 공략하고 있다. 일본의 이런 '군살 뺀 매장'들이 한국에 도입된다면 소비자들의 선택지가 넓어진다는 차원에서도 센세이션을 일으킬 가능성이 있다.

회원권 비싼 골프장은 망했다

한국인의 골프 사랑은 유별나다. 인천국제공항에서 해외여행을 떠나는 여행객 상당수는 카트에 큼직한 골프백을 싣고 떠난다. 영국왕립골프협회(R&A)에 따르면 한국의 골프 인구는 535만 명으로 영국(340

만 명), 독일(210만 명)보다 많은 세계 4위다. 수도권 골프장은 비싼 그린피, 캐디피에도 예약을 하는 게 하늘의 별 따기만큼 어려울 정도로 골퍼들이 몰린다.

이렇게 골프가 인기인데도 한국만큼 골프 비용이 비싼 나라는 드물다. 특히 코로나19 확산 이후 젊은 층에서 골프 붐이 불면서 수도권을 중심으로 골프 비용이 급상승했다. 라운딩 한 번 나가는 데 그린피, 캐디피, 카트비 등을 합치면 저렴하다는 퍼블릭 골프장이라고 해도 30만 원은 훌쩍 넘긴다. 최근에는 그린피만 50만 원이 넘는 골프장까지 등장했다. 그늘집이라고 불리는 휴게 시설에서는 외부 음식점 값의 2~3배는 기본으로 받는 바가지요금이 성행하고 있다.

일본인에게 이 얘기를 해 주니 "마치 1980년대 일본의 접대 골프를 보는 것 같다"고 말했다. 골프장 회원권 값이 10분의 1 이하 수준으로 폭락해 회원권이 휴지 조각이 되기 전 일본 골프장의 최전성기를 연상케 한다는 뜻이다.

최근 한국의 골프 비용 급등은 과거 일본의 버블 시대 때 펼쳐졌던 풍경이다. 지금도 일부 회원제 골프장은 여전히 비싸지만, 평범한 회사원들이 크게 무리하지 않고 이용할 만한 저렴한 골프장이 많다. 도쿄에서 차로 1시간~1시간 반 정도 떨어진 지바현, 사이타마현, 이바라키현 등의 퍼블릭 골프장은 18홀 기준 평일에는 6000엔~1만 엔, 주말에는 1만5000엔~2만 엔가량을 받는 경우가 많다. 코로나19 이후 가격이 10~20% 오른 곳이 많다고는 하지만 캐디가 없고 카트비도 따로 받지 않는 걸 감안하면 여전히 한국 골프장의 절반도 안 되는 비용으로 즐길 수 있다.

일본 골프다이제스트 온라인(GDO)이 2013년에 골프 소비자를 대상으로 1980년대에 어떻게 골프를 쳤는지를 조사했다. 그 결과 응답자의 60% 이상이 1회 플레이 비용으로 1만6000엔 이상을 썼다고 응답했다. 수도권에서는 1회 3만 엔이 넘는 곳도 많았다. 도쿄의 명문 골프장 회원권은 1억 엔을 넘는 경우도 많았다. 하지만 지금은 상황이 다르다. 일본에서 상대적으로 비싸다는 지바, 사이타마 등 도쿄 인근 수도권도 평일 1만 엔 이하로 플레이가 가능한 퍼블릭 골프장이 많다.

요인은 단순하다. QB하우스가 커트 이외의 서비스를 걷어냈듯, 일본 골프장들 또한 그린피 이외의 부대 비용이 들어가는 서비스를 대부분 없앴다. 버블 경제 시절에는 이용객의 90%가량이 캐디를 동반해 쳤지만 지금은 10%도 되지 않는다. 비싼 회원제나 특별한 골프장이 아니면 캐디가 아예 없는 골프장이 대부분일 정도다. 각자 알아서 앞 팀과의 간격을 유지하며 플레이해야 한다. 시간 관리를 해주는 캐디가 없다 보니 인기가 높은 골프장이나 고객이 많은 주말에는 예정 시간보다 밀리는 경우가 부지기수이지만, 대부분은 그러려니 하고 한가하게 친다.

한국에서 바가지 가격으로 악명이 높은 그늘집도 일본에선 찾기 어럽다. 보통 홀과 홀 사이에 음료수 자동판매기 등을 배치하는 것 정도가 전부다. 외부 편의점에 비해 싸다고 할 순 없지만 밖에서 150엔에 파는 생수 1병을 250엔에 받는 정도이니 심한 바가지라고 비난하긴 어렵다. 전반 9홀이 끝난 후 들르는 클럽하우스 레스토랑의 음식값은 1500엔 안팎이다. 외부 식당보다는 조금 비싸지만 한국처럼 터무니 없는 가격은 아니다. 게다가 그린피에 점심값이 포함된 패키지 상품을 파는 곳도 많다. 푸짐하거나 고급 메뉴를 시킬 때 추가로 몇백 엔정도를 부담하는 정도다.

수도권에 경쟁적으로 지은 골프장이 경영난으로 도산한 뒤 PGM[23], 아코디아[24] 등 부실 골프장을 전문적으로 사들이는 체인 기업으로 넘어가면서 이런 현상은 가속화됐다. 버블 시기에는 대기업들이 고급 골프장을 유지하면서 고가의 회원권을 유치하고 자사 임원들의 접대 용으로 쓰기도 했지만 이런 골프장의 상당수는 도산해 부실 골프장 매수 전문 기업으로 넘어간 지 오래다.

일본 골프가 저렴하다는 소문이 퍼지면서 일본으로 골프 여행을 오는 한국인들도 늘고 있다. 한국인이 많이 찾는 규슈 지방의 경우 일부

---

23 2002년 미국 투자펀드 '론스타'가 일본에서 설립한 회사다. 그해 도산한 일본 부동산 회사 치산(地産)의 골프 사업을 물려받으면서 생겨나 일본 전역에 147개 골프장을 운영하고 있다. 일본 전역에서 흔하게 접할 수 있는 골프 체인이다.

24 1981년 골프 연습장으로 시작한 골프장 회사였으나 2002년 미국 골드만삭스 펀드 산하로 들어간 뒤 부도난 골프장을 인수하는 대표적인 골프장 체인이 됐다. 일본 전역에 171개 골프장을 운영 중이다.

골프장은 한국인 고객 비중이 20~30%에 달하기도 한다. 도쿄의 관문 격인 나리타국제공항 인근 골프장도 한국인 고객이 적지 않다. 주중 에는 8~9만 원, 주말에도 20만 원 이내에 캐디 비용 없이 골프를 즐길 수 있어서다. 홋카이도의 일부 골프장은 아예 한국인 인바운드 여행 사와 제휴를 맺고 '홋카이도 골프 투어' 상품을 파는 여행사에 저렴한 가격으로 서비스를 제공한다. 가격도 싸지만 예약을 하기 쉽고 붐비 지 않아 한국인 골퍼들에게는 골프 천국이나 다름없다.

한국이 일본처럼 골프 비용을 낮추려면 수요와 공급의 미스매치가 해결돼야 한다. 한국 경제가 말로는 어렵다고 하지만 30년 이상 일본 보다 높은 성장률을 이어가며 1인당 국민 소득은 일본을 앞서고 있다. 경제 성장으로 늘어나는 골프 수요에 가격이 비싸지는 건 경제학적으 로 당연한 현상일 수 있다. 저성장이 장기화되고 저출산에 따른 인구 감소가 본격화돼 수요가 감소하면 자연스럽게 가격은 낮아질 수 있 다. 하지만 언젠가 일본처럼 골프 비용이 낮아진다면 이는 곧 한국의 장기 침체를 보여주는 상징이 될 수 있다는 점에서 마냥 반가운 일로 만 보기는 어렵다.

일본은 그나마 순한 맛, 한국에 불어닥칠 '매운 맛'

지난 30년간 일본의 물가가 오르지 않고 제자리에 머문 건 '잃어버린 30년' 불경기의 상징과도 같았다. 이 때문에 장기 침체로 향해 가는 한국에서도 머잖아 물가가 오르지 않는 디플레이션이 일어날 것이라는 전망이 나온다. 물가 고공행진에 익숙한 한국인에게 오르지 않는 물가는 반가운 일 아니냐는 주장도 있다. 어차피 나라 경제가 성장한다고 내 주머니가 두둑해지는 게 아니니 차라리 덜 벌어도 물가가 안 오르는 편이 낫지 않겠냐는 뜻이다.

일본의 지난 30년을 봤을 때, 물가가 오르지 않은 건 단순히 경제가 어렵기 때문만은 아니었다. 기업과 상인들이 물건값과 서비스 요금을 오르지 않아도 버틸 체력이 돼야 한다. 일본은 이게 가능했다. 버블 경제 시절에 일본 국내 및 해외에 투자해 놓은 자산이 있었기 때문이다. 주식 등 투기성 자산이 대부분이었다면 버블이 붕괴했을 때 사라졌겠지만, 일본이 투자한 자산의 상당 부분은 눈에 보이는 자산이었다. 세계 최고 수준의 철도 및 도로 인프라, 어느 나라도 따라오기 어려운 기술력, 미국 국채를 비롯한 안정적 금융자산 등이 그것이다. 그런 면에서 일본 기업들은 버틸 힘이 있었다. 가격을 올리지 않아도 극단적인 원가 절감을 통해 적게나마 이윤을 유지할 수 있는 능력이 됐다는 뜻이다.

개인으로서 월급이 오르지 않아도 생활이 일정 수준 이상 유지되려면 두 가지 전제 조건이 있다. 우선 적은 임금이나마 안정적으로 유지되는 일자리가 충분해야 한다. 일본은 잃어버린 30년 기간 동안 임금이 크게 오르진 않았지만 기존 일자리가 줄어들진 않았다. 일자리를 유지하는 기업들이 큰 위기를 겪지 않았기 때문이다. 일본 전자 회사들이 삼성전자에 뒤처지고 도요타가 현대자동차에 추격당했다고 하지만 자국 내에서 구조조정을 진행할 정도의 위기는 없었다. 상대적으로 늦은 IT화는 단순 반복 작업을 하는 일자리가 줄어들지 않은 긍정적 역할도 했다.

일본을 여행해 본 한국인이라면 어디를 가도 일하는 사람이 많다는 걸 느낄 것이다. 한국이라면 손님이 미어터질 서울 종로5가 초대형 약국 정도에 가야 여러 명의 약사들을 볼 수 있지만, 일본에서는 동네 작은 조제약국만 가도 3~4명의 약사가 달라붙어 일하는 모습을 쉽게 찾아볼 수 있다. 한국이라면 인건비 때문에 아르바이트를 고용하기 어려워 혼자 장사를 하는 '1인 자영업자'가 많지만, 일본에서는 손바닥만 한 작은 음식점에서도 2~3명의 직원은 기본이다. 한국의 김밥천국보다 크지 않은, 한 그릇에 500엔 안팎 하는 우동가게에서 10명 가까운 직원들이 일하는 모습을 볼 때마다 한국이었으면 절반도 안 되는 점원들이 눈코 뜰 새 없이 일하지 않았을까 하는 생각이 들곤 했다. 임금이 오르지 않는다는 것은 개인으로서는 삶이 크게 나아지지 않고 부자가 되기 어렵다는 것을 뜻한다. 하지만 기업 입장에서는 그만큼 월급을 많이 줄 부담을 느끼지 않고 사람을 쓸 수 있다는 긍정적인 측면이 있다. 그런 면에서 일본은 '잃어버린 30년'을 가난해지지 않고 버틸

10년 전 가격과 10년 후 가격이 같다면

힘이 있었다.

개인이 젊은 시절에 열심히 일해 집을 사두고 저축과 투자를 해서 돈을 모아둬야 편안한 노후를 보낼 수 있는 것처럼 나라 경제도 크게 다르지 않다. 미국처럼 끊임없이 새로운 신산업을 창출하며 지속적으로 성장하지 못한다면 적어도 일본처럼 잘 나갈 때 체력을 비축하고 이를 유지할 여력은 있어야 한다. 그런 면에서 일본 경제는 나쁘지 않다. 아무리 어려워졌다고 해도 일본은 해외에 투자해 놓은 자산이 3조 1654억 달러로 세계 1위다.[25] 독일(2조8830억 달러), 중국(1조3290억 달러) 등을 앞선다. 한국(6600억 달러)과는 비교도 되지 않는다. 해외 투자 자산의 대부분은 기업들이 쌓아놓은 것이다. 이 때문에 일각에서는 일본 기업들이 '투자회사'로 변신하고 있다는 분석도 나온다. 해외에 안정적으로 기반을 구축해 두고 세계 최고 수준의 품질 경쟁력으로 제품을 팔고 있기 때문에 '잃어버린 30년'이라는 말이 나오면서도 실업률이 높아지거나 국민들이 빈곤층으로 전락하지 않았다.

일본의 '잃어버린 30년'에 물가가 오르지 않은 단면만 보고 한국이 장기 침체에 접어들었을 때 물가가 오르지 않을 것이라고 단언하긴 어렵다. 소비력이 떨어져 물가가 오르지 않는 침체는 국가 경제에 있어서 피해야 할 '디플레이션'의 단면이다. 일본의 디플레이션을 비판

---

25 〈2022년 세계 대외 순자산 국가별 랭킹〉 재인용, 국제통화기금(IMF), https://www. globalnote.jp/post-14758.html

하지만, 적어도 개인 차원에서는 그나마 일자리라도 있고 물가라도 안 올라서 선진국 국민으로서 생활 수준을 유지할 수 있었다.

그런데 한국은 물가가 오르면서 소비력은 떨어지고, 빈곤을 걱정해야 할 처지가 되었다. 먹거리, 원자재 대부분을 해외에 의존하고 있는 한국 경제의 특성상 미국 등에서 인플레이션이 발생했을 때 무풍지대가 될 수 없다. 오르지 않은 연금에 물가 상승으로 고통받는 한국 노인 빈곤층의 모습이 미래의 모습이 되지 않는다고 장담할 수 없다. 소득이 그대로인데 해외 인플레이션으로 국내 물가가 들썩이는 것은 디플레이션보다 더한 최악이다. 어쩌면 30년간 일본의 제자리 물가가 우리에게는 부러운 상황이 될 수 있다. 일자리가 생기지 않는 나라에서 물가가 오르면 개인으로서는 아무리 절약을 해도 버틸 수가 없다. 지금 한국은 '디플레이션 일본'이 부러운 나라가 될지도 모르는 갈림길에 서 있는지도 모른다.

90년대 임금 받고
일하겠습니까?

내 월급 빼고
다 오르는 세상

×
×
×

치솟는 점심값, 런치플레이션

　KB국민카드는 2023년 1~5월 서울 광화문, 강남, 여의도, 구로, 판교 등 서울·수도권의 대표 업무지구 5곳의 신용·체크 카드 매출 빅데이터를 분석했다. 그 결과 이 지역에서 근무하는 직장인이 점심시간에 쓴 돈은 월평균 23만9000원이었다.[26] 매달 평균 21건을 결제했으니 평일 기준 거의 매일 인근에서 밥을 사 먹었거나 커피를 사서 마셨다는 계산이 가능하다. 하루 평균으로는 약 1만1000원 가량을 쓴 셈이다. 이곳 직장인들이 지출한 1인당 월평균 이용 금액은 같은 기간 대

26　〈직장인들 점심시간에 얼마 쓸까… 월평균 23만9천 원〉, 연합뉴스, 2023. 6. 22.

비 17% 늘었고 건당 이용 금액도 13% 늘었다.

매달 월급이 뻔한 직장인들로서는 점심값이 이 정도로 오르면 사정이 괴로울 수밖에 없다. 매일 라면, 김밥으로만 점심을 먹을 수도 없고, 값싼 구내식당도 사내 복지가 잘 갖춰진 대기업 정도를 제외하면 없는 회사도 많다. 일부 기업은 구내식당 밥값의 절반 이상을 보조해주고 직원에게는 1000~2000원 정도만 내도록 하는 후생 복리를 제공하지만 이조차도 점점 줄어들고 있는 게 현실이다.

직장인의 가장 큰 낙이라는 맛집 골라 다니는 재미는 가파른 런치플레이션(점심+인플레이션)에 옛말이 된 지 오래다. 엠브레인 트렌드모니터가 전국 19~59세 직장인 1000명을 대상으로 2023년 4월에 '직장인 점심 식사 관련 인식 조사'를 실시한 결과, 점심 식사를 아예 거르는 직장인이 10명 중 3명(32.6%), 샌드위치나 김밥 등 간편식으로 때우는 이가 10명 중 4명(43.5%)꼴로 나타났다. 2022년 인크루트가 직장인 1004명을 대상으로 설문조사를 진행한 결과 응답자의 95.5%가 '점심값이 부담된다'고 답했다고 한다.[27] 통계청 국가통계포털에 따르면 2023년 1분기 외식 물가지수는 115.48(2020년 = 100)로 2020년 1분기의 99.64보다 15.8% 뛰었다. 러시아의 우크라이나 침공 이후 각종 재룟

---

27 〈점심값으로 탈탈 털리는 직장인 지갑… "도시락 직접 싸서 다녀요"〉, 노컷뉴스, 2023. 9. 26.

값이 오른 데다 인건비까지 인상된 탓이라는 분석이 지배적이다.[28]

그러다 보니 코로나19 확산 이후 한동안 자취를 감췄던 저렴한 가정식 한식뷔페를 이제는 서울 곳곳에서 쉽게 찾을 수 있게 됐다. 과거에는 호프집 등 주점에서 점심 장사로 돌리는 정도였지만 지금은 고급 레스토랑을 운영하는 외식업체들까지 뷔페 시장에 뛰어들고 있다. 밀, 콩, 설탕 등 외국에서 수입하는 농식품 원자재 가격이 계속 오르는 데다 국내에서도 농업 인건비, 사룟값, 비룟값 등이 오르니 음식값은 오르게 마련이다. 여기에 각종 공과금, 임차료 등도 오르니 외식 비용이 상승하는 건 당연하다. 혹자는 식당들이 과하게 음식값을 올려 받는다는 불만을 제기하지만, 완전 경쟁 시장에 가까운 외식 시장에서 식당들이 폭리를 챙기기 위해 밥값을 과하게 올린다는 지적은 과하다는 평가가 있다. 폐업률이 80%에 달할 정도로 경쟁이 살벌한 외식 시장에서 무리한 밥값 인상은 현실적으로 불가능에 가깝다.

점심값 부담이 갈수록 커지면서 국내에서도 "이젠 도시락을 싸 갖고 다녀야 하는 것 아니냐"는 목소리가 조금씩 나오고 있다. 실제로 가격이 저렴한 도시락은 최근 직장인들 사이에서 인기가 높아지고 있고 도시락을 담는 용기는 지난해 월 기준 최다 판매량을 기록하기도 했다.[29]

---

28 〈반찬 스무 개에 이 가격 실화?… 가성비 뷔페, 어디 또 있나요〉, 서울경제, 2023. 5. 21.
29 〈"점심값이 매일 만 원, 못 버텨" 도시락 싸는 직장인〉 파이낸셜뉴스, 2022. 12. 30.

다만 아무리 그래도 아직은 서울 업무지구 직장인들 사이에서 도시락이 완전히 대세라고 보긴 어렵다. "1만 원으로는 점심 해결이 어렵다"는 하소연이 점점 커지고 있지만 아직은 버틸만 해서, 도시락을 싸 본 경험이 없어서, 바쁜 아침 시간에 도시락까지 준비하기에는 여유가 없어서 등 다양한 이유로 아직 점심 도시락이 직장인의 완전한 대세가 되진 않았다. 아무리 밥값 부담이 커졌다고 해도 그래도 회사가 몰린 지역에서 직장인들이 점심시간에 우르르 나와 맛집을 찾아가는 건 흔히 볼 수 있는 풍경이다. 외식비 부담이 크다고 해도 집에서도 직접 요리를 하지 않고 배달의 민족, 쿠팡이츠로 배달 음식을 시켜 먹는 건 한국에서는 일상이다. 하지만 도시락이 완전히 직장인 점심 대세로 자리 잡은 나라가 있다. 직장인들끼리 어울려 맛집을 다니는 문화는 진작에 사라진 지 오래인 나라. 바로 일본이다.

도시락 싸는 직장인

도쿄의 대형 건설기업 A사 본관 8층에는 직원 전용 구내식당이 있다. 한국의 여느 회사 구내식당처럼 외부 식당보다 밥값이 저렴해 직원들 사이에 인기가 높다. 가장 싼 메뉴인 우동은 한 그릇에 350엔, 밥·고기·된장국 등으로 이뤄진 정식 메뉴가 500~600엔 정도다. 외부 식당의 절반가량에 불과한 싼 가격 덕분에 많은 직원들이 구내식당을 애용하며 점심을 사 먹는다.

그런데 구내식당 한편에는 한국에서 보기 힘든 모습이 있다. 이 회사는 식당 한쪽에 아예 도시락을 먹을 수 있는 전용 공간을 조성해 테이블과 의자를 구비해 놨다. 식당 전용 공간이 전부가 아니다. 회사 복도 한쪽, 탕비실 테이블, 회사 로비 등 앉을 만한 장소라면 어디서든 곳곳에서 손바닥만 한 도시락을 펴 들고 식사를 하는 모습을 흔히 볼 수 있다.

편의점에서 구입한 도시락이나 샌드위치를 먹는 직원들도 종종 있지만, 절반 이상은 집에서 싸 온 도시락을 먹는다. 학창시절 소풍 갔을 때나 썼을 것 같은 플라스틱 도시락통이나 보온도시락, 한국에서 주로 반찬 보관용으로 쓰는 간편 용기에 도시락을 담아 온 모습도 눈에 띈다. 알록달록 손수건 같이 생긴 예쁜 보자기를 풀러 도시락을 꺼내 조심스럽게 꼭꼭 씹어먹는 모습을 보고 있으면 타임머신을 타고 온 느낌이 들 때가 있다. 일본 드라마의 한 장면을 보는 게 아닌가 하는 감상이 들기도 한다.

이 회사만의 독특한 풍경이 아니다. 일본에서는 골목마다 있는 편의점, 주택가 곳곳의 놀이터 및 공원, 차로 한쪽에 비상등을 켜놓고 정차 중인 차량 등에서도 다들 도시락을 먹는다. 매일 집에서 도시락을 싸 온다는 이 회사 직원 B 씨는 "월급이 오르기는커녕 줄어든 해도 있었다. 조금이라도 아끼기 위해 도시락을 싸 갖고 온다"고 말했다.

90년대 임금 받고 일하겠습니까?

직장인이 회사에서 나 홀로 조용히 도시락을 먹거나 동료들끼리 모여서 제각각 집에서 싸 온 도시락을 펼치며 도시락 자랑을 하는 풍경은 일본 어디에서나 흔히 접할 수 있는 장면이다. 필자가 알고 지내는 일본 직장인 지인의 상당수는 집에서 도시락을 싸 오는 건 당연하게 여긴다. 오히려 매 끼니를 밖에서 외식하는 직장인을 더 신기하게 보는 문화도 있다. "매일 점심을 사 먹으면서 어떻게 월급으로 생활할 수 있냐"는 것이다.

'법카'로 회식은 옛말

✕
✕ ✕
✕

총리가 기업에 임금 올리라고 하는 나라

"임금이 매년 늘어나는 구조를 만들겠다."

2023년 1월 4일, 기시다 후미오 일본 총리는 연두 기자회견에서 이런 약속을 내걸었다. 한국의 노동조합총연맹(노총)에 해당하는 노조 연합모임인 '렌고'가 5% 임금 인상을 요구한 것을 언급하며 "물가 인상률을 넘는 임금 인상을 실현해 줄 것을 부탁한다"고 당부했다. 기시다 총리는 일본 자민당 총재로서는 16년 만에 렌고 정기대회에 참석해 임금 인상을 실현시키겠다고 당부했다.

"렌고 여러분들의 큰 노력에 경의를 표합니다. 여러분들과 계속 소통하면서 임금 인상에 전력으로 임하겠습니다. 임금 인상으로 성장과 분배의 선순환을 낳는 것은 좌우 당파를 넘어선 과제입니다."

　노조 앞에서 임금 인상을 약속한 기시다 총리는 대기업 경영진 앞에서 임금을 올린 기업들을 높이 평가하기도 했다. 그해 11월, 4년 만에 부활한 '도쿄 모빌리티쇼 2023(옛 도쿄 모터쇼)'을 참관한 기시다 총리는 도요타 아키오 도요타자동차 회장, 경단련 회장 등을 직접 만나 "(자동차 업계가) 임금 인상에 적극적으로 대처한 것을 높이 평가한다"고 격려했다. 국회 연설에서는 향후 3년간 지속적인 임금 인상을 위한 정책에 집중하겠다고도 밝혔다.

　한국에서 대통령이 공식 기자회견에서 기업들에게 임금을 올리라고 압박하고 노조 대회에 나서는 모습은 상상하기 어렵지만, 일본에서는 최근 수년간 정부와 언론이 기업들의 임금 인상을 독려하는 모습이 일상적이고 자연스럽다. 야당 지지세력을 끌어안아 지지율을 높이고 야당을 무력화하겠다는 정치적 목적 때문이긴 하지만, 그렇다고 해서 임금을 올려야 한다는 정책 자체를 놓고 '포퓰리즘 정책'이라고 비판하는 목소리는 찾기 힘들다. 일본의 노조 지도부와 렌고의 기본 노선은 야당 지지이지만, 그렇다고 한국처럼 정부에 적대적인 모습을 취하거나 '대통령 탄핵'처럼 총리를 물러나라고 하는 강경한 자세까지는 취하지 않는다. 자민당이 기본적으로 친기업 노선이고 재계 단체인 경단련과는 '척하면 눈치채는' 공생 수준의 관계를 갖고 있지만, 임금 인상을 당부하는 목소리는 지속적으로 높이고 있다. 임금 인상이

기업 경쟁력을 약화시킨다는 과거 재계의 전형적 레퍼토리는 최근 일본에서 누구도 입에 올리지 않는다. 대기업 위주로 임금 인상이 이뤄져 대기업과 중소기업의 임금 격차가 커져 간다는 문제가 떠오르긴 하지만.

그만큼 일본에서는 임금 인상 움직임이 퍼져야 한다는 절박함을 노조와 근로자는 물론, 정부와 기업도 공감하고 있다. 일본에서는 '잃어버린 30년' 장기 침체 기간에 임금이 오르지 않아 물가가 제자리이고 이 때문에 성장이 이뤄지지 않아 만성 디플레이션에 빠졌다는 문제의식을 모두가 갖고 있다.

일본에 온갖 절약술이 나타난 것은 결국 버는 돈이 늘지 않아서라는 근본적인 원인 때문이다. 물가 상승에 민감한 진짜 이유가 바로 여기에 있다. 일본인들은 버는 돈이 늘지 않으니 지갑에서 나가는 돈에 민감할 수밖에 없다. 지난 수십 년간 버블 붕괴, 경기 침체, 기업들의 수익성 악화 등 다양한 이유로 일본 국민의 월급은 뒷걸음질 쳤다. 미국, 유럽 등은 물론 한국에서도 경제 규모가 일정 수준 이상으로 커진 뒤에는 성장세가 둔화되고 임금 인상 폭도 줄어들었지만, 일본처럼 30년 가까이 성장률이 제자리에 머물고 월급이 오르지 않는 나라는 없다.

일본의 임금이 얼마나 오르지 않았는지를 보여주는 지표는 다양하다. 여기서 가장 상징적인 지표인 한국과 일본의 대졸 초봉 임금

90년대 임금 받고 일하겠습니까?

통계를 살펴보자. 일본은 대졸 신입사원을 대상으로 한 설문조사이고, 한국은 20대 직장인의 평균 임금을 조사한 것이니 비교 대상이 완전히 같다고는 볼 수 없다. 다만 대학을 나와 사회생활을 처음 시작하는 20대 젊은이들의 평균적인 임금 추이를 보기에는 크게 무리가 없다.

한국과 일본의 대졸 임금 추이[30]

연도	일본(엔)	한국(원)
2015	204,634	1,869,000
2016	204,703	1,942,000
2017	205,191	1,979,000
2018	206,333	2,116,000
2019	208,826	2,222,000
2020	209,014	2,221,000
2021	209,884	2,265,000
2022	210,854	2,471,000

2015년만 해도 한일 양국의 임금은 비슷한 수준이었으나 해가 갈수록 한국은 계속 올랐고 일본은 제자리를 면치 못했다. 해당 통계가 보여주는 8년간 한국 20대 임금이 32% 오를 동안 일본의 대졸 초봉은 고작 3% 인상됐다. '내 월급만 빼고 다 오른다'는 회사원들의 불평이 없

[30] 일본: 산노총합연구소 대졸 초봉 설문조사 / 한국: 고용노동부 고용형태별 근로실태조사. 29세 이하 근로자 평균 월 임금 총액

지 않지만 전체적으로 보면 한국에서는 급격한 최저임금 인상, 물가 인상 등이 가장 큰 이유로 꼽히는 가운데 대기업 중심의 실적 개선, 관행적인 인상, 직원 사기 향상 등 다양한 이유로 어쨌거나 임금 인상이 이뤄지고 있다.[31] 하지만 일본은 그렇지 않다. 30년 가까이 지속된 디플레이션 속에서 기업들로서는 사원들의 임금을 올려줄 여력이 없었다. 사회 전체적으로 물가가 극단적으로 억제돼 오르지 않으니 국민들도 굳이 월급이 오르지 않아도 그럭저럭 살 수 있는 형편이 된다. 대졸 초임 임금으로 30년 전이나 지금이나 극적인 변화가 없다 보니 사원들은 어떻게든 오르지 않는 임금에 맞춰 사는 습관이 몸에 배었다.

한때 한국의 2배 이상이었던 일본 임금은 이제 한국보다 낮은 상황이다. 일본의 2023년 평균 최저임금은 961엔으로 2022년 12월 환율로 환산했을 때 한국의 9620원보다 400원가량 낮다. 주휴수당을 감안하면 실질적으로는 한국이 20%가량 높다는 분석도 나온다. 달러화 환산 기준 명목급여도 한국이 3만2532달러로 일본(3만2503달러)보다 많았다.[32]

물론 최근에는 분위기가 크게 바뀌었다. 매출 증가율이 2%대에 머무르고 글로벌 금융위기 이후 영업 이익률(2008~2011년 4.6%)도 다른 선진국 기업의 절반 수준에 머물렀던 때와는 다르다.[33] 일본에서는 2020

31 〈임금 인상한 이유가 '이것' 때문?… 기업들, 평균 6.4% 올렸다〉, 매일경제. 2023. 3. 3.
32 〈日 실질 임금 7년 4개월 만에 최대폭 감소〉, 동아일보, 2022. 12. 7.
33 〈Global 기업의 경영성과를 통해 본 2000년대 글로벌 산업의 명암〉, LG경영연구원, 2012. 6.

년대 들어 지속되고 있는 엔저 현상을 발판으로 대기업 수출이 증가해 이익이 늘어나고 기업에 돈이 쌓이기 시작하면서 '이제는 임금을 올려야 할 때'라는 분위기가 정부에서 '탑 다운'으로 확산되고 있다. 일본 기업들은 2023년 사업 계획을 세울 때 1달러당 130엔대 후반 환율을 가정했지만, 실제로는 줄곧 140엔을 넘었고 10월 들어서는 150엔까지 넘어섰다. 환율이 오르는 만큼 수출 가격 경쟁력은 높아진다. 기술력, 연구개발 등의 요소를 배제하고 적어도 환율 측면에서만 따지면 일본 기업들은 아무것도 하지 않고 가만히 앉아 미국, 유럽 등에서 원래 가격에 팔면 10% 더 벌 수 있는 여건이 갖춰진 셈이다.

한국과 달리 정부 말을 잘 따르는 일본 기업, 특히 대기업들은 정부의 지침대로 잇따라 임금을 인상하고 있다. 물론 그렇다고 일본 직장인들의 지갑 사정이 갑자기 확 좋아지진 않았다. 실질 임금은 여전히 마이너스를 보이고 있는 데다, 30년간 국민들의 몸에 밴 절약 체질이 1, 2년 월급이 올랐다고 단번에 바뀌진 않는다. 특히 일본처럼 보수적이고 변화에 신중한 나라는 더욱 그렇다.

더치페이가 기본

일본 직장인에게 도시락 지참은 몸에 밴 절약의 제1원칙이다. 일본 신세이은행이 발표한 '2022 직장인 용돈 조사'에 따르면 일본 남성 직장인의 33.9%, 여성 직장인의 52.0%는 집에서 싸 온 도시락으로 점심을 해결한다고 답했다. 남녀 모두 집 도시락이 점심 해결 방법 1위였다. 그 다음이 편의점이나 가게에서 산 도시락이었다. 남성 직장인의 23.8%, 여성 직장인의 18.3%는 구입한 도시락으로 점심을 먹는다고 했다. 일본 직장인 절반 이상의 점심 주식이 도시락인 셈이다. 외식으로 점심을 해결하는 비중은 남성 13.2%, 여성 6.5%에 불과했다. 애초 동료들과 어울려 점심을 먹으러 맛집을 가는 문화 자체가 없기도 하다. 일본에서 혼밥은 직장인들 사이에 당연한 문화다.

그러다 보니 일본에서는 한국처럼 대기업 인근에 각종 식당이 줄지어 늘어선 모습은 보기 힘들다. 과거 버블 경제 시절에는 부서 직원들끼리 단합을 위해 회삿돈으로 대규모 회식을 했다지만, 지금은 이런 모습을 상상하기 힘들다. 설사 회식을 한다고 해도 최소 한두 달 전에는 미리 공지를 하고, 각자 수천 엔가량 회식비를 내며 '더치페이'를 한다. 한국처럼 입사 선배나 직장 상사가 후배들의 밥값을 대신 내주는 풍경은 보기 어렵다. 밥값, 술값은 각자 주머니에서, 셀프로, 더치페이가 기본이다.

일본이나 한국이나 용돈 절약을 위해서는 밥값부터 줄일 궁리를 한다. 한국이라면 '외식 대신 구내식당', '비싼 레스토랑 대신 저렴한 식당' 정도가 선택지겠지만, 일본은 외식과 도시락 중 하나를 선택한다. 앞서 언급한 신세이은행 조사에서 직장인 남성 71.8%, 여성 84.2%는 용돈을 아끼기 위해 뭔가를 한다고 했고 그중 가장 우선적으로 하는 게 점심값을 아끼기 위해 싼 곳을 찾거나 도시락을 싸 갖고 다니는 것이라고 답했다.

그런 이유로 일본에서 도시락으로 점심을 해결한다고 응답하는 비율은 해마다 높아지고 있다. 일부 대기업들이 비용 절감을 위해 구내식당을 없애고 외부 임대를 하는 경우가 많아지면서 '구내식당'이라는 선택지가 사라지고 있는 것도 직장인들의 도시락 지참 비중을 높이는 이유 중 하나다. 일본 후생노동성에 따르면 일본 회사의 급식시설(사원식당)은 2015년 5607곳에서 2019년 5433곳으로 3.1% 감소했다. 코로나 19 이후 재택근무가 많아지면서 사원식당 감소세가 더 강해졌다. 집에서 도시락을 싸 오지 않더라도 편의점에서 500~600엔짜리 도시락을 사 뚝딱 해결하는 게 일본에서 흔히 접할 수 있는 직장 점심 문화다.

밖에서 점심을 사 먹는다고 해도 역시 주로 찾는 곳은 저렴한 곳이다. 이 조사에서 회사원의 평균 점심값은 남성 623엔, 여성 656엔이었다. 요즘 한국에서 5000~6000원 정도로 점심을 해결하기는 쉽지 않지만 일본에서는 이게 평균이다. 일본이 한국보다 상대적으로 물가가 저렴해진 탓도 있겠지만, 그보다는 어떻게든 최대한 저렴하게 점심을 해결하는 쪽으로 일본 직장 문화가 형성된 것이 큰 이유다.

한국처럼 마음에 맞는 동료끼리, 혹은 상사 눈치로 어쩔 수 없이 몇 명씩 짝을 지어 회사 인근 맛집을 찾는 풍경은 일본에서 찾아보기 어렵다. 점심시간은 철저하게 개인의 프라이버시 시간이기 때문에 특별한 사정이 없거나 업무상 꼭 필요한 경우가 아니라면 각자 알아서 혼자 밥을 먹는 게 기본이다. 한국에서 최근 퍼진 혼밥 문화의 원조가 일본이다.

한국에서도 혼밥은 저렴한 분식집이나 허름한 식당 정도에서 해결하는 경우가 많다. 일본도 크게 다르지 않다. 분위기 근사한 멋진 식당은 주로 데이트를 하거나 친한 사람들끼리 대화를 나누기 위해, 혹은 비즈니스 미팅 등을 목적으로 가는 곳이다. 평범한 일본 직장인들의 흔한 혼밥 점심 식당은 회사 근처 우동가게, 소바집, 덮밥집 등이다. 도쿄의 대표 우동 체인 마루가메 제면, 하나마루 우동, 치열한 경쟁을 펼치는 3대 소고기덮밥 체인점인 요시노야, 마쓰야, 스키야 등이 대표적이다.

이런 곳은 애초 2명 이상이 오는 경우가 거의 없다. 가격은 500엔이 조금 넘는 수준이다. 독서실 같은 칸막이가 쳐진 좁은 테이블에서 몸을 웅크리고 열심히 혼자 식사를 하는 모습은 일본을 여행해 본 사람이라면 흔하게 접해봤을 것이다. 개인이 자영업으로 운영하는 다치구이(立ち食い··서서 먹는다는 뜻의 일본어) 우동 소바집이나 라면 가게는 더 저렴한 곳도 많다.

최근에는 혼밥의 영원한 성역일 것 같았던 고깃집조차 혼밥 전용 가게가 등장하고 있다. 최근 인기를 끌고 있는 일본 야키니쿠 체인점

'야키니쿠 라이크'가 대표 주자다. '도쿄 샐러리맨의 성지'로 불리는 신바시에서 2018년 1호점을 개점한 이후 5년 만에 전국에 92개 점포를 냈다. 혼자 온 손님들이 칸막이 안 자신만의 공간에서 묵묵히 집게로 고기를 구우·며 먹는 장면은 아직 한국에서는 상상하기 힘든 모습이다. 최근에는 기세가 다소 꺾였다지만 인기 스테이크 체인점 '이키나리 스테이크'는 한국처럼 일본에서도 고급 음식으로 여겨지는 스테이크를 저렴한 가격에 '혼밥'으로 먹을 수 있다는 점을 앞세우며 소비자를 공략했다.

회삿돈, 경비로 직원들끼리 저녁 회식을 하는 건 2000년대 들어 자취를 감췄다. 굳이 회식을 한다면 참가자들에게 돈을 걷어서 하거나 평소에 회비를 적립해서 하는 경우가 대부분이다. 직장 상사가 "오늘은 내가 쏜다"고 외치며 밥값, 술값을 내는 모습은 한국에서도 최근 사라져 가는 분위기이지만, 일본에서는 이미 오래전에 없어진 유물이 돼 요즘 세대들은 상상도 하지 못한다. 한국에서는 직장 상사와 부하가 함께 저녁을 먹고 각자 돈을 걷는 모습이 어색하지만, 일본에서는 자연스럽게 상하 관계에 상관없이 밥을 먹으면 각자 돈을 내거나 회비를 걷는다.

처음 일본에 왔을 때 이 문화를 몰라 낭패를 본 기억이 지금도 생생하다. "언제 저녁 한번 하자"는 제안에 응해 함께 저녁을 먹고 술을 마신 뒤 계산할 때가 되니 각자 돈을 내야 하는데 마침 지갑에 돈이 없었던 적이 있었다. 나이도 10살 이상 많았고 지위도 훨씬 높았고 무엇보다 먼저 상대가 먼저 밥을 먹자고 제안해 당연히 상대가 사는 걸로 생각했다가 낭패를 본 것이다. 물론 이는 경기 악화에 따른 더치페이 문화 확산만으로 볼 수는 없다. 일본은 기본적으로 남에게 신세를 지는 것을 병적으로 꺼리는 문화가 존재한다. 학교에서 친해진 초등학교, 중학교 친구가 친구네 집에 놀러갔을 때 친구 집에서 물 한 잔 신세를 지는 것도 폐를 끼치지 않으려 생수를 싸 가지고 가는 나라가 일본이다. 그렇다고 접대 문화가 없는 것도 아니다. 여유가 있으면 남에게 밥을 사고 특히 갑을 관계라면 자연스럽게 얻어먹는 문화도 분명히 있다.

도시락을 싸는 게 현실적으로 어렵고 외식은 부담스러운 직장인들의 선택은 슈퍼마켓이다. 편의점에서 1개당 140엔 안팎에 파는 삼각김밥조차 비싸다고 생각하는 직장인들은 1개당 80~100엔짜리 삼각김밥을 파는 슈퍼로 향한다. 출근길 동네 슈퍼마켓에서 주먹밥 1개에 빵 1개를 점심 식사용으로 사서 챙겨 넣는 건 일본 직장인들에서 너무 자연스러운 풍경이다. 도심 오피스 타운에는 편의점은 많지만 슈퍼마켓은 드물다. 그러니 출근길 주택가 동네에 있는 슈퍼마켓에 들러 주먹밥, 샌드위치 등을 사면 100엔은 어렵지 않게 아낄 수 있다.

이런 분위기를 민감하게 읽는 업체들은 물가 인상 분위기가 거센 요즘조차도 어떻게든 가격을 낮추기 위해 경쟁에 나선다. 2023년 9월 편의점 대기업 로손이 '치킨 도시락' 가격을 724엔에서 592엔으로 18% 인하한 건 일본 주요 언론들이 주목한 뉴스 소재였다. 한국 같으면 한 번 올린 가격은 좀처럼 내리는 법이 없지만, 일본 편의점 슈퍼마켓 업계는 조금이라도 가격을 내릴 여지가 있으면 극단적 박리다매가 가능한 수준으로 값을 내려 소비자에게 선택받기 위한 경쟁에 나선다. 주머니가 가벼운 직장인들에겐 반가운 뉴스다. 30년간 이어진 불황에서 일본인들이 그래도 선진국 국민으로서 삶의 수준을 유지할 수 있었던 비결 중 하나는 바로 생활필수품, 먹거리 관련 업체들의 피나는 경쟁에 있었다.

학원은 사치,
체험 학습도 못 간다

× × ×

버는 돈이 그대로니 적응할 수밖에

도시락이나 편의점 음식, 저렴한 혼밥 식당에서 점심을 해결하며 용돈을 절약하는 일본인. 한국인의 시선으로는 '점심값 몇 푼 아껴서 부자 되겠냐', '먹고 살려고 돈 버는데 점심 먹는 즐거움까지 포기하는 건 너무하다'라는 생각이 들 수 하다. 하지만 일본인 생각은 다르다. '버는 돈'이 늘지 않으니 '나가는 돈'에 민감하다. '나가는 돈'을 아끼려면 마른 수건을 쥐어짜는 수준의 절약으로는 안 된다. 쥐어짠 마른 수건이 찢어져 바느질로 기워 옷을 만들어 입을 정도의 절약은 돼야 한다.

최근에는 물가가 오르고 돈 가치가 떨어져 다소 퇴색됐지만, 여전히 한국에서 연봉 1억 원은 '꿈의 연봉'으로 불린다. 지금이야 흔해졌지만 과거에는 대기업 임원급 이상의 선택받은 극소수만이 억대 연봉을 받았다. 일본은 이미 1996년에 연 수입 1000만 엔 이상 가구 비율이 18.9%에 달할 정도였다. 놀라운 건 그때가 정점이었다는 사실이다. 2021년에 연 수입 1000만 엔 이상 가구는 전체 가구의 12.4%에 그친다.[34] 아무리 일본 물가가 안 올랐다고 해도 생활 필수 품목 비용은 조금이나마 상승했기 때문에 실제로 손에 쥐고 쓸 수 있는 돈, 가처분소득은 오히려 줄었다. 버블 경제가 붕괴되기 직전인 1992년과 2022년을 비교하면 난방비, 도시가스비, 의료비, 통신비, 사회보험료 등에 나가는 돈은 늘어난 반면 식비, 옷값, 레저생활 지출 등은 줄었다.[35] 30년 전에 꺼진 버블 경제에서 30년간 회복해 겨우 30년 전 소득 수준에 다다랐지만 아직도 30년 전 씀씀이 수준에는 도달하지 못했다는 뜻이다.

일본은 1990년대 이후 버블 경제가 붕괴한 뒤 주요 선진국에서 가장 임금이 오르지 않은 나라가 됐다. 경제협력개발기구(OECD)에 따르면 일본 정규직 평균임금은 2001년 3만8428달러에서 2021년 3만9711달러로 20년간 3.3% 오르는 데 그쳤다. 같은 기간 한국은 3만528달러에서 4만2747달러로 40%, 미국은 5만7940달러에서 7만4738달러로

---

34 일본 후생노동성 국민생활 기초조사 통계.
35 〈연 수입 1000만 엔 초과, 과거 최다이나 '꿈의 생활' 현실은〉, 니혼게이자이신문, 2023. 10. 28.

29% 상승했다.[36] 2002년 708엔이었던 도쿄 최저임금이 2022년 1072 엔으로 20년간 51% 오르는 동안 한국 최저임금은 2002년 2275원에서 2022년 9160원으로 302% 상승했다. 한국 최저임금이 자영업자, 고용주에게 부담이 될 정도로 지나치게 올라 낮은 급여 일자리를 없애버렸다는 지적을 받고 있는 반면, 일본은 임금이 너무 심하게 제자리걸음을 면치 못해 디플레이션 원인이 됐다는 분석이 나오고 있다.

일본의 주요 신문, 방송은 일본 임금이 오르지 않는다는 점을 보여주기 위해 일본의 낮은 임금 상승률을 눈에 쏙쏙 들어오는 그래프를 그려가며 보도한다. TV 프로그램에서 주요 7개국(G7) 회원국 중에서 최하위라는 분석이 나올 때까지만 해도 그런가 보다 하며 듣던 출연진들이 "한국보다도 평균 임금이 낮아졌다"는 설명이 나오면 말로 표현하기 힘들 정도로 심각하게 굳은 표정을 짓는다. 대놓고 한국을 비하하거나 깔보는 모습은 아니지만, 과거 몇 수 아래로 보던 한국의 임금이 일본보다 높아졌다는 것을 받아들이기 어렵다는 기운이 느껴진다. 일본 신문사의 한 간부를 만난 자리에서 "내가 대학생이던 1990년대만 해도 일본에서 학생 아르바이트를 하는 게 한국 직장인 월급보다 높았다"고 설명하니 "그런 시절이 있었군요. 30년 만에 이렇게 뒤집혔군요"라며 씁쓸한 표정을 지었던 일은 지금도 인상 깊게 남아

---

36   OECD Average Wage 통계.

있다.

오르지 않는 일본 임금을 체감할 수 있는 또 다른 지표는 대졸 신입 사원 초봉이다. 2013년 20만2900엔이었던 대졸 초봉은 2018년 21만 100엔, 2022년 22만8500엔으로 변했다. 9년간 12.6% 상승한 정도다. 한국에서는 대졸 예정자 희망연봉이 2013년 2370만 원에서 2023년 3570만 원으로 조사됐다.[37] 그나마도 일본 연봉은 20년 넘게 제자리 였다가 아베노믹스가 시행되고 기업들의 호전된 실적이 쌓인 2020년 대 들어 오른 게 이 정도다. 이런 상황을 감안하면 한국이 일본보다 임 금이 높은 나라가 됐다는 게 결코 과장된 표현이 아니다.[38]

임금이 오르지 않는 일본에서는 물가도 오르지 않는다. 거꾸로 말 하면 임금이 오르지 않기 때문에 기업이 가격을 올릴 수 없다. 10년이 가도 월급이 제자리라 지갑이 굳게 닫혔기 때문에 1엔이라도 비싼 물 건에는 손이 가지 않는다. 물가가 오르지 않으면 좋은 것 아니냐고 할 수 있다. 일자리가 풍부한 일본에서 물가가 오르지 않는 건 서민들의 안정적인 삶에 도움을 주는 것도 사실이겠지만, 일본의 물가 정체는 그렇게 좋게만 평가할 수 없다. 일본의 물가 정체는 경기 침체에 따른

---

37 잡코리아 2023년 1월 조사와 알바몬 2013년 2월 조사 비교. 조사 방식과 조사기관은 달라 직 접 비교는 어렵지만 희망 연봉은 조사 기간 당시 기업들의 초봉 수준, 주변 친구 및 선배들 의 연봉 수준 등을 비교해 대졸 예정자들이 생각하는 금액인 만큼, 조사 기간의 실제 초봉 수준을 가늠할 수 있는 지표로서 의미가 있다고 판단된다.

38 〈우리나라 대졸초임 분석 및 한일 대졸초임 비교와 시사점〉, 한국경영자총협회, 2021.

디플레이션deflation이기 때문이다.

사람들의 구매욕이 사라져 내수가 침체하다 보니 기업들이 가격을 올릴 수 없고, 그에 따라 극단적으로 비용을 절감하거나 기업이 이윤을 일부 포기하면서까지 가격을 낮게 유지하는 게 일본식 물가 안정 요인이다. 경제학에서 최악의 상황으로 보는 디플레이션이 20년 넘게 지속된 나라가 일본이다 보니 앞서 언급한 것처럼 총리가 직접 나서면서까지 디플레이션 탈출을 정부 경제 정책의 최대 목표로 삼고, 임금 인상을 정책 최우선 순위로 삼고 있다. 월급이 오르지 않아 '버는 돈'이 늘지 않으니 일본인들은 '나가는 돈'에 지극히 민감하게 됐다. 앞서 소개했던 다양한 절약책이나 직장인이 점심값을 아끼기 위해 도시락을 싸 갖고 다니거나 편의점도 아닌 동네 슈퍼마켓에서 몇십 엔 싼 주먹밥을 구매해 회사에서 점심을 해결하는 모습은 생존을 위한 불가피한 선택이다.

적게 벌지만 안정적으로 고용되는 일본

물론 일본과 한국의 임금을 단순히 대졸 초봉 격차로만 비교하기에는 무리가 있다. 한국은 삼성전자, 현대자동차, SK하이닉스 등이 불과 10~20년 사이에 글로벌 다국적 기업 수준으로 자리 잡으며 경쟁력을 키웠지만 대기업과 중소기업 간의 임금 격차는 더욱 벌어졌고 일부

90년대 임금 받고 일하겠습니까?

생산직 블루칼라 정도를 제외하면 '종신고용 정년보장'은 현실 세계에서 찾아보기 어려워졌다. 대기업이라면 40대 중반 이후부터 명예퇴직, 희망퇴직 등이 실시될 때마다 언제 눈치껏 그만둬야 할지 걱정해야 하는 게 현실이다. 그래도 명예퇴직 등으로 그만둘 수 있는 회사는 월급의 몇 배, 때로는 연봉보다도 높은 위로금을 받고 퇴직할 수 있는 특권을 누릴 수 있는 회사다. 일본에 비해 한국이 유난히 공기업, 공무원 인기가 높은 건 고용 보장이 확실하다는 이유가 크다.

일본처럼 정년퇴임이 많은 것도 아니고 미국, 유럽처럼 고용 유연성이 보장되는 것도 아니다 보니, 대기업을 그만두고 나면 할 거라곤 편의점, 치킨집 창업뿐이라는 자조 섞인 한탄도 나온다. 일본은 갈수록 자영업자가 줄어들고 있지만 한국은 여전히 전체 고용의 20% 이상을 자영업이 차지하고 있다. 게다가 이들 자영업자 상당수는 최저임금 수준밖에 못 벌고 있고 조금이라도 경기가 안 좋아지거나 예상하지 못한 돌발상황이 발생하면 완충장치 없이 그대로 내팽개쳐지는 게 현실이다. 한국의 신규 사업자 대비 폐업률은 2022년 기준 66.2%에 달한다. 100명이 새로 가게를 열면 66명 넘게 문을 닫았다는 뜻이다. 코로나19 팬데믹 때 수많은 식당이 정부로부터 제대로 된 지원 한 번 못 받고 망해버린 게 대표적 사례다.

일본은 고용 안정 면에서 분명히 한국보다 안정적이다. 일본 경제를 움직이는 대기업들은 짧으면 수십 년, 길게는 수백 년 이상 역사를 자랑하는 곳이 대부분이라 '회사가 망해 그만둘 수 있다'라는 생각을 가진 직장인은 찾기 드물다. 일본 전자 기업 경쟁력이 삼성전자에 뒤처지고 현대자동차가 도요타 턱밑까지 쫓아가면서 일본 기업 경쟁력이 예전만 못하다는 지적이 나오지만, 대다수 한국 기업과 비교하면 세계 시장에서 차지하는 위상이나 브랜드 경쟁력에서 우위에 있는 곳들이 많다.

임금은 한국보다 낮아졌고 과거에 비해서는 팍팍해졌다지만 정년까지 길게 회사에 다닐 수 있는 환경도 크게 바뀌지 않았다. 단카이 세대로 불리는 베이비붐 세대가 대거 은퇴한 뒤 생산가능인구(15~64세) 감소로 기업에서 일손이 부족해지자 정년퇴직 이후에도 재고용돼 일하는 경우도 많다. 물론 정년 후 재고용은 임금도 절반 이상 깎이고 1년 단위로 재계약하는 불리한 조건을 감수해야 하지만, 60~65세가 넘은 나이에 회사를 다닐 수 있는 제도가 존재하는 것 자체가 한국 직장인 입장에서는 부러울 뿐이다.

대신 일본 직장인들은 어딜 가도 월급이 고만고만하고 해가 가도 좀처럼 월급은 오르지 않는다. 아버지 세대가 받던 월급이나 아들이 받을 월급이나 큰 차이가 나지 않는다. 미국, 유럽처럼 능력에 따라 파격적인 연봉을 주는 문화도 찾아보기 힘들다. 그러다 보니 아주 특별한 극소수를 제외하면 대부분 직장인 월급은 고만고만하다. 최근에는 조금 상황이 달라졌지만 버블 붕괴 이후에는 주식 시장도 늘 제자리를 맴돌았고 집값도 오르기를 기대할 수 없었다. 이런 나라에서는 성실한 직장인이라면 자신의 미래 인생을 아주 구체적인 부분까지 그려 보고 예상하는 게 가능하다. 내가 살고 있는 집이 20년 뒤 얼마의 가치가 될지, 10년 후, 20년 후 내 월급이 얼마나 될지, 얼마나 모을 수 있고 퇴직 후 연금은 얼마나 받을 수 있을지 조금만 계산기를 두들겨 보면 감을 잡을 수 있다. 나쁘게 보면 발전이 없고 변하지 않는 나라지만, 긍정적으로 보면 미래를 예측할 수 있는 지극히 안정된 구조다. 월급이 고정값으로 유지되는 사회에서, 자산 가치가 오르지 않고 모든 게 제자리인 나라에서 평범한 직장인이 돈을 모으기 위한 최고 방법은 절약이다.

일본인이 물가 상승에 민감한 진짜 이유는 여기에 있다. 일본의 대졸 초임 임금은 부모 세대나 자녀 세대나 거의 변하지 않았다. 매년 최저임금이 오르고, 신입 연봉이 달라지는 한국과는 다르다. 그래서 일본인은 취업이나 연봉을 대하는 심리가 우리와는 다르다. 월급을 고정값으로 보는 문화가 한국보다 훨씬 강하다. 물론 대다수의 봉급 생활자들이 성에 안 차는 월급을 꾹 참고 다니는 게 현실이라지만, 한국처럼 월급이 마음에 들지 않아 회사를 그만두거나, 더 많은 월급을 주는 회사로 옮기는 문화와는 다르다. 과거보다 이직이 활발해졌다고 하지만, 일본은 생계를 위협할 정도로 낮은 월급을 받거나 아르바이트, 파견직같이 이직하기 부담이 덜한 분야를 제외하면 한국보다 이직 문턱이 높다.

30년간 임금이 오르지 않던 일본에서 최근 조금씩 변화가 나타나고 있다. 아베 신조 정권 시절, 그렇게 염원했던 '디플레이션 탈출'이 물가 인상으로 나타나기 시작한 것이다. 2022년 하반기 세계적인 인플레이션에 원자재 가격이 상승하면서 '원가 절감의 달인'이 된 일본 기업들도 소비자 가격을 올리기 시작했다. 물론 일본 정부가 염원했던 '디플레이션 탈출'과 2022년부터 본격화된 물가 상승은 다르다. 한국도 크게 다르지 않지만, 최근 일본의 물가 상승은 원자재 값 상승 등에 따른 '외국발 인플레이션'이다. 겉으로 보면 물가가 오르는 것이기 때문에 비슷해 보일지 모르겠지만 원인과 그에 따른 효과는 전혀 다르다.

30년간 이어진 경기 침체에서 벗어나고자 하는 '디플레이션 탈출'의 전제 조건은 소비자들이 물건을 사고자 하는 소비력이 높아져야 한다는 데 있다. 하지만 일본의 현실은 높은 소비력과 거리가 멀다. 신문 전단지에서 오려 모은 10엔, 50엔 할인 쿠폰을 지갑에 가득 챙겨 슈퍼마켓에서 장을 볼 때 꼼꼼히 뒤지며 절약하는 모습은 일본 어디에서나 쉽게 찾아볼 수 있다. 1엔이라도 싼 걸 찾고 점심값을 아끼려 500엔짜리 우동도 사 먹기를 주저할 정도의 움츠러든 구매 욕구는 지금도 살아나지 않는 게 현실이다.

교육비마저 줄이게 하는 지갑 사정

경기가 살아나면 물가가 오른다. 소비자들이 뭔가를 사려는 힘이 강해져야 이에 따른 내수가 살아나고, 물건을 사려는 수요가 늘어나기 때문에 자연스럽게 가격이 오르는 구조가 나타난다. 경제학에서 말하는 '수요 견인 인플레이션'이다.

일본에서는 이 구조가 버블 붕괴 이후 끊어졌다. 일본 국민 월급은 별로 달라지지 않았는데 원자재 가격이 상승해서 물가가 들썩이기 시작했다. 여기에 미국, 유럽 등의 기준금리 인상으로 초저금리를 유지하는 일본과 금리 격차가 벌어지면서 엔저 현상이 심화됐다. 일본에서 자본을 빼서 미국, 유럽에 투자하면 금리 격차만큼 이자를 벌 수 있기 때문이다. 2022년 10월에 이어 2023년 8월에 또다시 1달러에 145엔을 돌파하고 10월에는 재차 150엔을 넘어서면서 20여 년 만에 엔화 가치가 최저 수준을 기록했다. 이러면 일본에 수입되는 제품의 가격이 상승하게 된다. 과거 같으면 1달러에 수입했던 제품을 130엔에 팔면 손해를 보지 않았는데, 지금은 150엔 밑으로 팔면 손실을 입을 수밖에 없는 상황이 됐다. 수요는 살아나지 않았는데 어쩔 수 없이 물가가 오르는 구조다. 환율이 오르면 수출에 유리하고 수입에 불리한 게 경제학의 기본 원리다. 수출에 유리하면 수출 대기업에 이득이 주로 돌아가지만, 수입에 불리하다는 건 수입 물가가 오른다는 뜻이기 때문에 수입품을 쓰는 사람들이 부담을 떠안아야 한다. 한국처럼 일본 역시 석유, 원자재, 먹거리를 수입에 의존하기 때문에 수입 물가 상승의 충격은 소득 수준 및 계층을 가리지 않고 모두가 받고 있다.

월급이 오르지 않아 1엔이 아쉬운 일본인들에게 최근의 물가 인상은 생활에 큰 부담이다. 기시다 후미오 일본 총리는 2023년 경제 정책의 최우선 목표로 '물가 상승률을 웃도는 임금 인상'을 내걸었다. 임금 인상은 물가 상승으로 고통받는 국민 시름을 덜어주면서 디플레이션으로 인한 장기 침체에서 벗어나는 도약대가 될 수 있다고 판단했기 때문이다. 정부가 임금을 올리라고 기업들이 임금을 올릴 수 있나 싶지만, 일본 최대 기업(시가총액 기준)인 도요타자동차 등이 임금 인상에 동참하면서 2023년 일본 기업 평균 임금 인상률은 3.58%로 1994년 이후 처음으로 3%를 넘었다. 여기에는 기업들의 수익 개선도 영향을 미쳤다. 수출을 많이 하는 대기업은 환율 상승으로 수출에 유리해져 임금을 올려줄 만큼 돈을 많이 벌었다. 일본 대기업은 다른 나라 기업들보다 해외에 자산을 많이 쌓아놨고, 주요 상사를 중심으로 세계를 상대로 하는 에너지 곡물 사업도 적극적으로 한다. 일본 국민들에게는 물가 인상에 따른 부담이 있지만, 에너지 곡물 사업을 하는 기업에게는 최근의 가격 상승이 실적 상승에 큰 도움이 됐다.

기업 사정이 좋아지고 정부가 뒤에서 밀어줘 모처럼 월급이 올랐으니 일본 근로자 경제 사정은 나아졌을까? 통장에 찍히는 금액은 조금 올랐겠지만 일본인들은 여전히 웃지 못하고 있다. 월급이 인상된 것보다 더 많이 물가가 오르는 바람에 실제 소비력이 늘어나지 않았기 때문이다.

2023년 5월 기준 일본 근로자의 현금 급여 총액(명목임금)은 1년 전보다 2.5% 늘어난 28만3868엔에 이르렀다. 하지만 1인당 실질 임금은 되레 1.2% 감소하며 14개월 연속 마이너스를 보였다. 일본의 경제 성장률이 2023년 2분기 기준 연율 환산 6.0% 성장이라는 '서프라이즈'를 보였음에도 개인 소비는 물가 상승 여파로 0.5% 감소했다. 월급이 조금 오르긴 해도 물가가 더 상승하다 보니 정작 실제로 더 쓸 수 있는 돈은 줄어들고 있는 셈이다. 경제가 성장해도 정작 개인의 씀씀이는 늘지 않는 일본 특유의 현상이 이번에도 나타났다.

여기에 일본 소비력 감소를 보여주는 데이터 하나가 눈에 띈다. 일본 총무성이 2023년 10월 발표한 '가계조사'는 일본인들의 절약 실태를 보여주는 흥미로운 통계다. 2인 이상 가구가 소비한 금액이 1개월 기준 29만3161엔으로 6개월째 감소했다.

어떤 소비를 줄였는지 들여다보면 놀라운 실태가 드러난다. 가장 크게 감소한 건 단연 학원비다. 일본에서 이른바 '나라이고토習い事'라고 불리는 취미 학습 학원비가 23.4% 줄어들어 감소 폭이 가장 컸다. 스포츠, 음악, 미술 등 주로 취미를 배우는 곳으로 한국으로 치면 태권도 학원, 피아노 학원 등이 '나라이고토'다. 입시 등을 위한 보습학원

교육비도 23.6%나 줄었다. 저출산 장기화로 세대에 아이가 줄어 교육비가 감소한 게 아니냐는 시각도 있다. 하지만 식비는 2.5% 줄어든 것에 불과한 걸 보면 세대별 식구 수가 급격히 감소했다고 보긴 어렵다. 코로나19 확산이 잦아든 걸 감안하면 끊었거나 중단했던 학원을 다시 다니는 수요는 오히려 증가할 수 있었다는 게 일반적인 추측이다. 사람들이 많이 돌아다니면서 교통비 지출이 이 기간 32.7% 늘어난 게 이를 보여준다.

한국도 그렇지만 일본 역시 사교육은 '빈익빈 부익부'다. 경제적 여유가 있으면 각종 피아노, 수영, 야구에 영어 학원도 흔하게 다닌다. 초등학교 3학년 정도가 되면 교육에 관심이 많은 가정에서는 사립 중학교를 보내기 위한 중학교 입시에 도전하는 경우가 많다. 한국에서는 이미 수십 년 전에 중학 입시가 사라졌지만, 일본은 사립 중학교에 가려면 기본적으로 입시를 치러야 한다. 교육에 관심이 많은 가정은 어렸을 때부터 학원에 보내고 입시 교육을 시키면서 사립 학교에 보내다 보니, 평범한 공립 중학교는 형편이 어렵고 교육에 별 관심이 없는 가정 자녀가 몰리는 현상까지 나타나고 있다. 도쿄 등 수도권이 특히 심각하다. 이 때문에 공립 중학교에 가는 아이들을 비하하는 '싯파이구미失敗組(입시에 떨어진 아이가 모인 집단)'라는 단어까지 등장했다.

소비 통계에는 사교육비가 전체적으로 감소하는 모습만 나타나지만 조금 더 들여다보면 일본에서 벌어지고 있는 교육 격차가 엿보인다. 일본 공익사단법인 '찬스 포 칠드런'이 2022년 발표한 〈어린이 체험 격차 실태조사 중간보고서〉[39]에 따르면 연 수입 300만 엔 미만 가정 자녀의 30%가 학교 외에 어떤 체험 학습도 하지 않는다고 밝혔다. 이는 연 수입 600만 엔 이상 가정 자녀 중 체험 학습을 하지 않는 비율 11.3%의 2배가 넘는다. 수입이 낮은 가정에 왜 체험 학습을 안 시키냐고 묻는 질문에는 56.3%가 '경제적 여유가 없어서'라고 답했다.

밥이야 도시락으로 때워도, 혹은 바쁠 때 한 끼 정도 굶어도 시간이 지나면 잊힌다. 하지만 돈이 없어 자식 교육비를 줄이고 체험 학습을 보내지 못하는 현실은 부모로서 견디기 힘든 고통이다. 보릿고개를 넘기기 어려웠던 1960~1970년대에도 땅을 팔고 소를 팔아 어떻게든 자식 교육을 시켰던 한국인의 시선으로 본다면 일본의 사교육비 감소는 허투루 넘기기 어렵다.

---

39   https://cfc.or.jp/wp-content/uploads/2022/12/report_taikenkakusa.pdf

돈 되는 일자리 찾아 떠나는 사람들

×
×
×

외국인 근로자에게 엔화는 매력적이지 않다

실질 임금이 감소하고 엔화 가치가 하락할 때 일본인보다 더 크게 피해를 보는 이들이 있다. 바로 일본에서 일하는 외국인 근로자다. 이들은 도시락을 싸 갖고 다니며 버티는 수준을 넘었다. 아예 일본을 떠나려고 한다.

저출산 고령화로 일손 부족이 심각한 일본은 외국인 근로자가 증가세다. 한국의 농촌, 공단에서 외국인이 없으면 돌아가지 않는 현상이 일본에서도 벌어지고 있다. 후생노동성에 따르면 2008년 48만6000명 수준이었던 일본 내 외국인 노동자 수는 2022년 182만 명으로 4배 가까이 증가했다. 전체 근로자 중 외국인이 차지하는 비중은 2008년

90년대 임금 받고 일하겠습니까?

0.8%에서 2022년 2.7%로 늘었다. 주 28시간까지 합법적으로 일할 수 있는 유학생까지 더하면 일본에서 일하는 외국인 근로자는 300만 명에 가까울 것이라는 추산도 있다.

문제는 외국인 근로자가 받는 월급이 엔화라는 점이다. 일본에서 일을 하니 엔화로 급여를 받는 건 당연하지만, 당사자들로서는 속이 타들어 가는 일이다. 엔-달러 환율 상승으로 엔화를 달러화 등으로 환전해 받는 돈이 최근 1년 새 10% 넘게 줄어들게 됐다. 2022년 초와 2023년 하반기를 비교하면 20% 가까이 줄었다.

일본에서 일하는 외국인 근로자는 송금할 수 있는 돈이 줄어 한숨이 나온다. 매달 20만~30만 엔가량의 월급을 받아 절반 이상을 모국에 송금했는데, 환율 상승으로 송금액은 10~20% 줄어든 데다 일본의 물가 상승으로 일본에서 쓸 수 있는 실질 금액마저 줄어들었기 때문이다. 가만히 앉아서 월급이 깎이는 것은 고통스러운 일이다. 한국에서 파견된 주재원, 특파원도 엔화로 월급을 받는 경우 원화로 환산한 금액은 다들 10% 넘게 줄었다. 한국 기업이 엔화 움직임에 맞춰 원화 월급을 조율해 주지 않기 때문에 이들은 단지 일본에 있다는 이유만으로 경제적 손해를 입는 셈이다.

블룸버그에 따르면 외국인 정보기술IT 인력업체 'FPT 저팬'에서 2022년 7월 이후 일본 취업을 원하는 베트남인이 코로나19 이전보다 40% 감소했다. 과거 베트남, 네팔 등 동남아시아에서는 일본어를 배워 일본 취업을 오려는 젊은이들이 많았지만 갈수록 한국, 대만, 중동 등으로 방향을 틀고 있다고 한다. 장기적으로 생각해도 일본의 경제가 드라마틱하게 반전되지 않는 한 엔화 약세는 이어질 수밖에 없고, 그렇게 되면 일본에서는 일을 하면 할수록 손해라는 계산이 나온다. 일본인들이야 자국에서 소비를 하기 때문에 엔저 영향을 비교적 덜 받지만 불과 1~2년 사이에 엔화 가치가 크게 하락하면서 외국인 근로자는 크게 타격을 입었다.

외국인 인력을 알선하는 일본아시아청년교류협회의 시로타 신고 사무국장은 "예전에는 외국인 근로자를 3명 모집하면 2~3배씩 몰려들었다. 지금은 미달되는 사례도 많다"며 "기업들도 사정이 좋지 않아 외국인 근로자를 위해 임금을 올려주긴 어려운 상황"이라고 전했다. 한국도 그렇지만 일본 역시 외국인 노동자는 해당 국가에서 어렵고 힘들고 지저분한 3D 일을 맡으며 상대적으로 낮은 임금을 받는 구조다. 어떻게든 모국의 가족에게 조금이라도 더 많은 돈을 보내고 고국에 돌아갈 때 조금이라도 돈을 많이 가져가기 위해 일하면서 생활할 때는 한 푼이라도 아끼기 위해 노력한다. 그런 외국인조차 더 이상 쥐어짤 게 없는 상황이라면 일본의 '절약 백태'는 그저 신기한 일로 웃어넘길 게 아니다. 한국처럼 허드렛일을 외국인에게 의존하는 일본에서 외국인들이 떠나면 국가 경제 전체에 미칠 악영향은 결코 작다고 볼 수 없다.

엔화 구매력 53년 만에 최저

코로나19 이후 일본 경제의 최대 화두는 단연 환율이다. 미국 등 주요국들이 금리를 올리는데 일본은 금리를 올리지 못하다 보니 금리 격차가 벌어져 엔화 가치가 갈수록 낮아져 가고 있다. 바로 '엔저 현상'이다.

미국 유럽 등과 일본의 금리 격차가 이처럼 벌어지면 금리가 낮은 일본에서 자금이 빠져나가 금리가 높은 미국, 유럽 등으로 향하게 된다. 이 때문에 일본 엔화 가치는 지속적으로 떨어지고 달러화 대비 엔화 환율은 계속 상승하고 있다. 2023년 10월 기준 달러-엔 환율은 1달러당 150엔대를 돌파했다. 원-달러 환율이 2023년 9월 27일 기준 1355원에 달하며 연중 최고치를 기록할 정도로 한국 원화 가치도 떨어지고 있지만, 엔화 가치는 더 하락하다 보니 원-엔 환율이 900원대 밑으로 내려갔다.

엔화는 미국 달러화, 유로화와 함께 세계 3대 기축통화로 꼽힌다. 세계 경제를 움직일 정도로 강력한 통화인 엔화이지만, 최근에는 가치 하락(엔-달러 환율 상승)으로 구매력이 크게 낮아졌다. 실질실효환율 통계로 엔화 구매력은 53년 만에 최저 수준까지 떨어졌다는 평가가 나오고 있다. 일본 중앙은행인 일본은행 통계에 따르면 엔화의 실질실효환율 지수는 2020년을 100으로 볼 때 2023년 7월 기준 74.31이었다.

이는 엔화 환율이 달러당 360엔으로 고정된 1970년 이후 가장 낮았던 2022년 10월(73.7)과 거의 같은 수준이다. 실질실효환율 지수는 한 나라 화폐가 다른 나라 화폐보다 구매력이 실제로 얼마나 있는지 보여주는 지표다. 실질실효환율이 낮아지면 그만큼 해당 화폐를 가진 사람의 구매력은 떨어진다.

계속되는 엔저 현상은 일본 제품의 수출에 유리하고 외국인 관광객의 일본 유치에는 큰 도움이 된다. 기시다 정권 들어 일본 경제 성장률이 예상보다 높게 나타나고 일본 대기업의 매출, 영업이익 등이 늘어난 것도 엔저 현상에 힘입어서다. 물론 일각에서는 엔화 가치 하락이 '일본 국력 저하'를 상징한다며 비판하는 목소리도 나온다. 일본산 제품의 경쟁력을 높이고 관광할 거리를 개발해 부가가치를 키워야 하는데도 스스로 일본의 가치를 낮춰 '싸구려 일본'으로 전락시킨다는 비판이다. 금리를 낮춰 돈을 푸는 이른바 '진통제 정책'은 짧고 굵게 끝냈어야 했는데 10년 넘게 제로(0) 금리 정책이 이어지면서 진통제에 중독된 게 아니냐는 지적까지 나온다.

2021년 니혼게이자이신문의 레이 나카후지 기자가 쓴 책《저렴한 일본》安い日本은 일본 베스트셀러에 오르며 화제가 됐다. 1980~1990년대 버블 경제 시절 세계에서 가장 물가가 높았던 일본이 지금은 임금 및 물가가 주요국 중 최저 수준으로 떨어진 현실을 상세히 분석한 책이다. 저자는 "물가가 저렴하면 살기 편하다고 생각하지만 기업 입장

에서는 수익이 나지 않는다는 걸 의미한다"며 일본 경제가 임금은 동
결되고 소비는 정체돼 수요가 늘지 않는 악순환에 빠졌다고 우려했
다. 30년째 제자리인 일본 물가로 인한 일본 경제의 위기를 꼬집었다.

한국에서 발견되는
불황의 조짐

×
× ×
×

빠른 퇴직, 얇은 중산층, 세계적 저출산

저성장 장기화, 장기 경기 침체가 눈앞에 다가온 한국에서 일본식 절약술을 한국인들이 따라하게 될까? 일본처럼 점심값을 아끼기 위해 도시락을 싸 갖고 다니고 사교육비까지 줄이는 짠내 나는 절약이 정착될 수 있을까?

물론 한국과 일본은 경제적 배경도, 사회적 문화도 다르다. 단순히 '경기 침체 = 일본화'라는 등식으로 100% 설명하는 것은 맞지 않다. 배달 음식 문화가 대표적이다. 일본 능률협회에 따르면 일본의 배달 음식 시장 규모는 2022년 기준 3300억 원(약 3조 원) 규모로 코로나19가 한창이었던 2021년 한국(통계청 추산 기준 25조6700억 원)의 8분의 1 규모에 그친다.

일본인보다 한국인이 돈이 많아서, 혹은 한국인이 더 낭비가 심해서, 혹은 일본인이 궁상을 떨어서 같은 표면적인 분석만으로는 설명이 쉽지 않다. 한국의 배달 음식 문화 발달은 1인 가구 증가, 배달 음식 선호 현상, 밤늦게까지 이어지는 생활에 따른 야식 문화 발달 등 다양한 요인 때문이며, 단순히 양국 경제 규모만으로 비교하기엔 어려운 측면이 있다. 도시락 문화인 일본과 회사 근처 식당에서 끼니를 해결하는 문화인 한국은 씀씀이만으로 비교하기에는 무리가 있다.

하지만 최근 한국의 현상을 보면 일본과 닮아가는 부분이 점점 늘고 있다. 회사 문화, 식사 문화가 빠르게 변하면서 적어도 예전처럼 혼밥을 생경하게 여기는 문화는 사라졌다. 도시락을 싸 들고 다니는 직장인은 아직 많다고 하긴 어렵지만, 불편한 상사와 어색하게 맛집에 가는 것보다 회사 근처 분식집에서 혼자 조용히 식사를 때우는 게 마음이 편하고 주변에서도 이상하게 보지 않는 문화가 이미 상당 부분 정착됐다. 인터넷에서 이뤄지는 경품 이벤트 정보를 모아놓은 인터넷 카페나 사이트에서 귀신같이 정보를 알아내 경품 응모에 나서는 '경품 사냥꾼'도 주변에서 흔히 볼 수 있다. 대형마트, 온라인 쇼핑몰에서 10원이라도 싼 제품을 찾아 클릭 손품을 파는 것도 일상이다. 일본만큼은 아니지만 각자 밥값은 각자 알아서 내는 '더치페이' 문화도 활성화되고 있다. 카카오톡에서 더치페이 정산 기능이 도입돼 젊은 세대를 중심으로 보급되고 있는 건 이런 현상의 방증이다.

저성장 장기 침체 초입에 들어섰다는 지적이 나오는 한국의 상황은 일본이 지나온 길보다 순탄할 것이라고 보기 어렵다. 어려운 거시 경제학으로 굳이 분석할 필요도 없다. 앞서 지적한 것처럼 한국은 고용의 안정성부터 떨어진다. 정년 연장이 화두로 떠오르고 있지만, 한국인 스스로가 자신이 퇴직하고 싶은 연령을 평균 60세로 보는 반면 실제 퇴직은 이보다 훨씬 빠른 53세에 할 것 같다는 비관적 인식의 조사 결과도 있다.[40] 일본에서는 회사에서 큰 문제가 없는 한 정년퇴직을 당연시하는 문화가 여전히 남아 있지만 한국에선 공무원, 공기업, 대기업 생산직 정도를 제외하면 현실적으로 정년퇴직을 실현하기란 대단히 어렵다.

중산층이 두텁다고 보기도 어렵고, 저출산 고령화 속도는 일본보다 한국이 훨씬 빠르다. 고령자는 갈수록 늘어가는데 노인 빈곤율은 세계 최고 수준이다. 일본은 1억2000만 명이 넘는 인구를 바탕으로 한 탄탄한 내수 시장이 있다. 오사카, 나고야, 삿포로, 후쿠오카 등 일정 수준의 경제력을 갖춘 지방 경제권은 일본 경제의 중추 역할을 한다. 한국은 어떤가. 인구도 5000만 명 정도에 불과해 내수 시장만으로는 한계가 뚜렷하다. 수도권 집중도 역시 일본보다 훨씬 심하다. 부산, 울산, 경남 등 영남 지역에 일정 수준의 경제권을 형성하고 있다지만

---

40 〈퇴직 희망 연령은 60세, 실제 퇴직은 53세 예상〉, 동아일보, 2023. 10. 16.

일본의 지방 경제와 비교하면 규모도 작고 체질도 허약하다.

일본의 평범한 샐러리맨, 주부들이 30여 년간 이어진 장기 경기 침체에도 절약으로 버틸 수 있었던 것에는 임금이 오르지 않은 만큼 물가도 오르지 않았던 이유가 크다. 일본은 한국의 2~3배 이상의 거대한 내수 시장이 있기 때문에 기업들이 버틸 힘이 있었다. 해외에서 수입하는 원자재 가격 급등에도 기업들이 어떻게든 쥐어짜면 극단적인 원가 절감을 통해 '면도날 수준의 영업이익'을 만들어 낼 수 있었다. 최근 10년간 아베노믹스에 따른 엔저 현상 장기화는 일본 기업들의 수출 이익을 늘려주며 일본 기업의 해외 돈벌이에 힘을 실어줬다. 생존을 위해 가격을 최대한 억제한 기업들로 인해 개인이 떠안은 물가 부담은 그나마 적어질 수 있었다.

사정이 이렇다 보니 다양한 절약술을 동원하면 넉넉하게는 아니더라도 궁색하지는 않은 일정 수준의 생계 유지를 할 수 있었다. 사회 전체적으로 이런 절약을 궁상으로 보는 문화도 찾기 어렵다. 일각에서는 '너무 절약만 강조하다 보니 개인, 기업 모두 소득과 매출을 늘리겠다는 근성이 사라졌다'는 지적도 나온다. 하지만 적어도 오늘 하루를 살아야 하는 평범한 서민으로서는 그게 지속 가능하고 현명한 가계 경제의 운영 지혜였다.

한국 같아지는 일본

최근에는 변화의 조짐도 엿보인다. 기업이든 개인이든 월급을 고정값으로 여기며 어떻게든 '쥐어짜는' 구조가 최근 들어 조금씩 바뀌고 있다. 흥미로운 건 한국에서는 이미 10여 년 전에 본격화된 변화가 일본에서는 최근 주목을 받고 있다는 점이다.

한국은 1997년 외환위기 이후 외부에서 강요된 구조개혁으로 종신고용, 정년퇴임의 신화가 무너진 지 오래다. 2000년대 초반 IT 버블 및 이후 급속도로 진행된 디지털화, 2010년대 후반 '제2의 벤처 붐' 확산으로 스타트업 창업 붐이 일어나면서 미국식 고용문화도 일부 자리 잡았다는 평가가 나온다.

일본도 최근 수년간 이런 분위기가 싹이 트는 모습이다. 2020년대 들어 스타트업 창업 붐이 불면서 이직이 폭발적으로 증가하고 있다. 2023년 경력 채용 건수가 4년 전인 2019년 대비 80% 증가했다는 통계가 이를 보여준다. 특히 평생직장으로 여겨졌던 대기업에서 스타트업으로 옮기는 경우가 많아지고 있다. 일본 이직 포털 사이트 'AMBI'에 따르면 2021년 상반기 대기업에서 스타트업으로 옮긴 건수는 3년 전인 2018년 상반기 대비 7.1배로 늘었다. 높은 연봉을 좀처럼 찾기 힘든 일본에서 1000만 엔(1억 원)을 웃도는 연봉으로 스카우트되는 사례도 종종 등장한다. 전체 상장 기업의 구인에서 연 수입 1000만 엔 초과는 10% 수준이지만, 스타트업 구인에서는 20%를 웃돈다.[41] 아직 일본 전체의 대세라고 보긴 어렵지만 극단적인 보수, 안정을 추구하던 일본에서 이제까지 없던 모습이다. 보수적이고 안정적인 성향이 강한 일본에서 미국 방식인 '전직 네이티브'가 사회 전반에 단기간에 뿌리내리기는 쉽지 않다. 하지만 1엔을 아끼기 위해 초절약 근검 모드에 집중하는 일본 특유의 사회적 분위기가 조금씩 변하는 것은 눈길을 끈다.

이러다 보니 일본에서는 신조어까지 등장했다. 대학교 3~4학년, 취업 활동을 할 때부터 이직을 염두에 두는 취업 준비생들을 가리켜 '이직 네이티브 세대'라고 한다. 애초에 취업할 때 좋은 기업에 입사하는 것보다 이직할 때 유리한 스킬을 쌓는 걸 우선적으로 염두에 두는 세대가 등장한 것이다. 저출산 장기화에 따른 노동인구 감소와 경기 활성화를 노린 '아베노믹스'로 일자리를 골라서 갈 수 있는 '구직자 우위 현상'이 장기화되면서 이직 과정에서 일자리를 잃을 수 있다는 부담감이 크게 줄었다.

일본에서는 매년 신입사원 입사식이 열린다. 그중 중공업 및 전자 대기업 히타치제작소의 2023년 입사식은 유난히 눈에 띄었다. 고지마 게이지 히타치 사장은 700여 명의 신입사원 앞에서 "해야 할 것을 하

---

41   〈대기업에서 신흥으로 전직자 7배〉 기사 중, 니혼게이자이신문, 2022. 3. 6.

는 게 일"이라며 "히타치에서 일을 한 뒤 히타치 밖에서 '해야 할 것'을 찾을 수도 있다. 그것도 멋진 것"이라고 말했다.[42]

종신고용의 상징과도 같은 일본의 대기업에서 사장이 신입사원에서 "회사 밖으로 나가서 진짜 하고 싶은 걸 찾으라"고 말한 건 기성세대에게 충격으로 다가왔다. 이미 히타치는 2020년부터 '입사식'이라는 표현 대신 '커리어 킥오프 섹션'이라고 불렀다. 히타치 입사는 사회인으로서 커리어를 시작하는 것이지, 그 자체가 평생을 책임지는 게 아니라는 의미다.

이런 현상의 밑바탕에는 10년 넘게 이어진 고용 호황이 깔려 있다. 의대, 로스쿨, 공무원을 향해 비정상적으로 쏠리는, 당장의 내일이 불안정한 한국 사회에서 '일본의 이직 네이티브 세대'를 본받으라고 해봤자 "내가 잘리면 당신이 책임질 것이냐"는 대답만 돌아온다. 뒤에서 자세히 언급하겠지만, 대학을 졸업하는 순간 대기업 정규직 및 전문직과 비정규직, 파견, 아르바이트로 갈리는 냉혹한 취업 시장에서 "일단 한번 도전해 봐"라는 말은 쉽게 꺼낼 수 없다.

---

42 〈종신고용, 사라지는가. 변화 두려워 말고 연마를〉 기사 발췌, 니혼게이자이신문, 2023. 4. 8.

90년대 임금 받고 일하겠습니까?

일본 같아지는 한국

일본은 '잃어버린 30년'의 터널을 지나 고용 호황의 길에 들어섰다지만, 한국은 이제 막 장기 침체의 초입에 들어섰다. 일손이 부족해서든, 일본의 아베노믹스 같은 금융 완화 정책을 쓰든, 기업들이 글로벌 경쟁력을 갖춰 성장하든 한국도 언젠가는 일본 같은 고용 호황에 들어설 것이라고 믿고 있지만, 당장 올해 연말이나 내년에 이런 현실이 우리 눈앞에 펼쳐지는 것은 아니다.

그렇다면 우리가 택할 선택지는 많지 않다. 일본처럼 어떻게든 '고정값 월급'을 쥐어짜는 것뿐이다. 문화가 다르니 일본식 절약술이 그대로 이식되진 않겠지만 한국 문화에 맞는 한국식 절약술이 조만간 성행할 가능성이 높다.

놀랍게도 최근 들어 국내에서 다양한 절약술이 젊은 층을 중심으로 확산되고 있다. 2030 세대를 중심으로 최근 뜨고 있다는 오픈 채팅방인 절약방, 일명 거지방이 그것이다. 오픈 채팅방 1500명 정원을 꽉 채운다는 거지방에서는 식당 대신 편의점 도시락을 먹자고 서로를 응원한다. 이들은 커피숍 아메리카노 대신 회사 탕비실의 공짜 믹스커피를 먹고, 집과 직장이 가까우면 지하철이나 버스 대신 정기권을 끊어 지자체가 운영하는 공영 자전거를 이용한다.

한때 자신을 위해 돈을 쓰는 욜로YOLO, 플렉스 등이 유행했다면 최근에는 이와 정반대인 극단적인 절약술이 각광받고 있다. 과거엔 '푼돈 모은다고 재벌 되겠나', '아껴 산다고 집 한 칸 마련하겠나'라는 생각에 벤츠, BMW 등 수입차 열풍이 불었다. 에르메스, 샤넬 등 명품 매장은 세계에서 가장 길게 줄을 서는 나라였다. 하지만 지금은 그 말이 무색하게 절약에 이골이 난 일본인조차 혀를 내두를 수준의 절약술이 거지방에서 주목받고 있다.

2023년 8월 한 여론조사 업체가 실시한 설문조사에 따르면 20대(56%)와 30대(58%)의 절반 이상은 '돈은 최대한 안 쓰는 것이 중요하다'는 인식이 강한 것으로 나타났다.[43] 최근에는 '현금 챌린지'라는 문화까지 등장했다. 카드를 쓰면 자신도 모르는 사이에 씀씀이가 커지니 일부러 지폐, 동전으로만 돈을 쓰는 젊은이들이 등장했다. 한때 '카드 보급이 안 돼 아직도 현금을 쓰고 있느냐'라며 비웃었던 일본의 현금 문화가 역으로 한국에 다시 들어온 셈이다. 카드를 쓰면 나도 모르게 돈을 많이 쓸 것 같아 현금을 쓰는 건 일본 중·장년층이 오랫동안 버리지 않았던 생각이다.

거지방의 유행을 단순히 흘러가는 한때의 바람으로만 보기에는 분위기가 심상치 않다. 일본의 지난 '잃어버린 30년'에서 보면 장기 침체가 시작되는 국면에서 개인들이 살아남기 위해 본능으로 경제생활을

---

43 〈욜로·플렉스는 옛말… 이제는 '무지출 챌린지', '거지방' 유행〉, [심층기획 - '짠테크族' 전성 시대], 세계일보, 2023. 8. 27.

하고 있다고 보는 게 정확한 분석이라고 할 수 있다.

장기 침체가 지속되면 개인 근로자 및 자영업자의 소득은 정체되거나 오히려 뒷걸음질할 가능성이 크다. 아무리 한국과 일본의 경제 상황이 같지 않다고 해도 근로자를 고용하는 기업들이 예전과 같은 성장을 하기 어려운 상황에서 직원들의 월급을 올려주긴 어렵다. 설사 일본과 같은 저성장이 한국에서 재현되지 않는다고 해도 최근 10년간의 IT, 스타트업 같은 새로운 분야의 산업이 아닌 기존 제조업, 서비스업에서 임금이 과거 고도성장기처럼 일제히 한꺼번에 올라가기는 어렵다. 최저임금 인상 같은 정부 정책으로 임금을 끌어 올린다고 해도 2010년대 후반 실제 최저임금 인상 때 나타났던 전체 고용 감소 같은 부정적 효과가 나타날 가능성이 크다. 일본 같은 일손 부족이 한국에서 나타나 지금보다 취업이 다소 쉬워진다고 해도, 이런 현상은 지금도 구인난에 시달리는 영세 제조업 및 농어업 등에 쏠릴 수 있다.

대기업이라고 해도 연봉이 압도적으로 높지 않고 고용도 상대적으로 안정적인 일본과 비교해 한국은 여건이 더 좋지 않다. 한국은 고연봉을 주는 초일류 대기업과 그보다 규모가 작은 기업들의 급여 차이가 일본보다 훨씬 크다. 부익부 빈익빈이 나타날 여지가 크다는 뜻이다. 돈을 쓸 소비력이 충분한 초일류 대기업 고연봉자들이 수요를 자극해 물가가 오르면 월급이 오르지 않는 근로자들의 생계는 지금보다 더 어려워질 가능성이 높다. 그렇기에 한국 문화에 맞는 한국식 절약술은 한때의 유행으로 끝나지 않을 가능성이 크다. 소득이 늘어나지 않는다면 쓰는 돈을 줄이는 게 동서고금의 경제생활 방식이다.

소비가 활발하면 국가 경제 전체로는 플러스(+)가 되는 측면이 강하지만, 개인으로서는 그렇지 않다. 감당하지 못할 수준의 소비가 계속되면 남는 건 신용불량, 개인파산의 고통이다. 일본에서 보듯 오늘보다 더 나은 미래가 보장되지 않는 사회라면 나의 지갑과 통장을 지키는 최선의 방책은 절약이다. 앞서 언급했던, 점심값을 아끼고 아이의 학원도 줄이는 일본인의 눈물겨운 짠돌이 절약술, 한국에서 최근 확산되고 있다는 이른바 '거지방' 현상은 좋고 싫고를 떠나서 향후 한국의 평범한 근로자라면 눈여겨볼 필요가 있다.

4부

×

재테크
최우선 원칙은
'현금 지키기'

주식은 한국인
필수 과목

✕
✕ ✕
✕

개미의 나라

한국에서 직장 생활을 하는 회사원치고 스마트폰에 증권사 모바일 트레이딩시스템(MTS) 하나쯤 깔아놓지 않은 사람은 없을 것이다. 웬만한 증권사들은 개인 거래 수수료 무료를 기본으로 제공하며 투자자를 끌어모으고 있다. 요즘은 몇만 원만 있어도 쉽게 접근할 수 있어서 직장인들의 '국민 재테크'로까지 자리 잡았다. 서학개미, 일학개미라는 말까지 등장하며 해외 주식에 개인 투자를 하는 사람들도 늘고 있다. 올바른 직장 생활이라고 볼 순 없겠지만, 오전 9시 증시 개장 시간에 맞춰 스마트폰 MTS를 흘끗거리며 보유 종목 시가를 확인하고 상사의 눈치를 보면서 샀다 팔았다는 반복하는 건 한국에서 흔히 볼 수 있는 광경이다.

재테크 최우선 원칙은 '현금 지키기'

낮에는 직장에서 한국 증시 거래를 하고 밤에는 집에서 미국 주식 거래를 하느라 업무에 소홀해진다는 지적이 나올 정도로 한국 직장인들에게 주식은 끊기 힘든 친숙한 재테크 수단이다. 심지어 초등학교 고학년(4~6학년)의 34%, 중·고등학생의 40%가 스마트폰 애플리케이션을 통한 이른바 '앱테크'로 돈을 벌어본 경험이 있고, 중·고등학생은 가장 관심을 갖는 금융 상품 1위로 주식 투자(25.6%)를 꼽았다는 설문조사 결과까지 있다. 초등학교 1~3학년 자녀를 둔 부모의 49%가 자녀 명의로 된 주식 계좌를 개설해 본 경험이 있을 정도로 한국에서 주식 투자는 이제 자연스러운 일상이 됐다.[44]

일본의 직장인들도 한국처럼 주식에 푹 빠져 있을까? 물론 사람마다 제각각이겠지만 적어도 주식 투자에 대한 진심도는 한국 직장인이 일본 직장인보다 훨씬 높다고 말할 수 있다. 2023년 닛케이 지수가 33년 만에 최고치를 경신하면서 과거보다는 관심도가 다소 높아졌지만 한국의 '동학 개미 운동' 같은 뜨거운 투자 열기까진 찾기 어렵다. 투자 관심도가 낮아 증시가 침체됐는지, 증시가 부진해 투자 열기가 떨어졌는지에 대해서는 '닭이 먼저냐 달걀이 먼저냐' 같은 논쟁과 비슷하다. 30년 가까이 침체된 증시를 바라보는 일본인들의 시각은 어떨까? 그들은 어떤 방식으로 금융 재테크를 하고 있을까?

44 〈잘파세대의 금융 인식과 거래 특징의 이해 보고서〉, 하나금융경영연구소, 2023. 8.

이제야 재테크에 눈 돌리는 일본 젊은층

2년 전 일본 유명 사립대학을 졸업하고 광고회사에 취업한 일본인 F 씨. 서울에서 1년간 교환 학생으로 유학한 경험이 있어 한국인 친구들도 많은 그는 요즘 한국 친구들과 메신저로 주식 투자 얘기를 공유하면서 투자에 부쩍 흥미를 느끼고 있다. 일본 직장 내 주변에서 주식 투자를 한다는 사람을 찾기 힘들어 주식은 남의 일인 줄 알았지만, 한국 유학 시절 알고 지내던 친구들이 한국과 미국 주식은 물론 2023년 들어 크게 오른 일본 주식까지 투자 대상을 넓히는 걸 보면서 그도 관심을 갖기 시작했다.

"주식 투자하면 뭔가 돈을 잃을 수 있다는 리스크를 안아야 할 것 같지만, 조금씩 도전해 보니 해볼 만한 가치가 있다는 생각이 들었습니다. 우선 월급을 아껴 어느 정도 종잣돈을 모은 뒤 무리하지 않는 선에서 조금씩 주식에 투자해 볼 생각입니다. 요즘은 펀드, 투자신탁 상품이 다양하니까 꼭 특정 종목을 사지 않아도 되잖아요."

그의 주변에도 주식 투자를 한다는 사람이 조금씩 보이기 시작했다. 라쿠텐증권 같은 인터넷 증권사에서 소액투자 비과세 통장(NISA)을 개설했다거나 매달 일정 금액을 적금처럼 넣는 적립식 펀드를 한다는 동료들의 얘기를 듣는다. 경제적으로 독립했으니 부모님이 그의 투자에 잔소리는 하지 않지만 "지금은 주식 투자보다는 월급을 아껴서 저

재테크 최우선 원칙은 '현금 지키기'

금으로 일단 목돈을 만드는 게 어떻겠냐"는 제안을 조심스럽게 한다. 주식에 푹 빠진 몇몇 한국 친구들처럼 이름도 모르는 작은 기업에 투자하거나 코인 투자까지는 도전하고 싶지 않지만, 적금으로만 재테크를 할 생각은 없다.

"Invest in KISHIDA."(기시다에게 투자하세요.)

2022년 5월 5일, 기시다 후미오 일본 총리가 유럽 금융 중심가인 영국 시티오브런던에서 강연에 나섰다. 취임 7개월 만에 유럽 순방을 한 기시다 총리는 세계 투자자들을 상대로 이렇게 말했다. 9년 전인 2013년 9월 아베 신조 전 총리가 미국 뉴욕증권거래소에서 연설했던 그 유명한 "Buy my Abenomics"(나의 아베노믹스를 사라)를 따라 한 듯한 발언이었다. 모든 후발주자가 그렇듯, 아베 전 총리를 따라 한 기시다 총리의 발언은 경제계에 별다른 임팩트를 주진 못했다. 심지어 한국어의 '~입니다'와 같은 '~데스です' 어미를 어색하게 붙여 '인베스트 인 기시다 데스'라고 하면서 '기시다의 죽음death'에 투자하라는 것이냐는 웃지 못할 농담까지 등장했다.

지금은 일본에서조차 '그런 정책이 있었나' 하는 평가를 받긴 하지만, 기시다 총리는 2021년 총리에 취임하면서 자신의 경제 정책으로 '새로운 자본주의'라는 거창한 타이틀을 내걸었다. 돈을 무제한 푸는 양적 완화로 물가를 올려 디플레이션에서 탈출하려고 했던 아베노믹스와는 차별화하겠다는 기시다 총리의 야심 찬 포부였다. 결과적으로 제로(0) 금리 유지라는 아베노믹스의 뼈대는 크게 바뀌지 않았지만 적어도 시장에 기약 없이 돈을 푸는 금융완화 정책을 거둘 수도 있다는 신호로서는 의미가 있었다.

기시다 총리는 이듬해인 2022년 '자산 소득 배증 플랜'이라는 야심 찬 이름의 정책을 발표했다. 기시다 총리가 수장을 맡고 있는 자민당 내 파벌인 고치카이(宏池会·일명 기시다파)의 창시자인 이케다 하야토 전 총리가 이끌었던 '소득 배증 계획'을 롤모델로 한 정책이다. 소득 배증 계획이란 10년간 일본의 국민 소득을 2배로 만들겠다는 것을 골자로 한 1960년대 일본의 경제 정책이다. 당초 정치 슬로건 정도로 여겨졌던 정책이지만 1960년대 연평균 10%가 넘는 실질 경제성장률을 기록하면서 10년 새 국민 소득을 2배로 만들겠다는 꿈 같은 약속은 현실이 됐다. 제2차 세계대전 패전 후 침체된 일본 경제를 일으켜 고도 성장기를 이끌며 오늘날 선진국의 토대를 일구는 데 가장 큰 중심축이 됐다는 평가를 받고 있다.

당시의 향수를 자극하는 이름을 붙인 자산 소득 배증 계획으로 일본인들의 소득을 다시 한번 늘려 보겠다는 게 기시다 총리의 구상이다. 일본의 자산 소득 배증 계획은 말 그대로 일을 해서 버는 근로 소득 외에 금융자산에 투자해서 얻는 '자산소득'을 증가시켜 일본인의 부富를 늘리겠다는 계획이다. 재테크, 주식, 금융투자를 기피하는 일본인들의 '현금 선호 현상'을 바꿔 '저축에서 투자로' 일본 가계자금을 유도하겠다는 것이다. 중산층의 금융 소득을 늘리기 위해 소액 투자에 대해서는 세금을 매기지 않는 '소액투자 비과세투자 통장(NISA)' 계좌 수를 5년간 3400만 개로, 투자액은 56조 엔으로 각각 5년간 2배로 높이겠다는 목표도 내걸었다. NISA로 투자를 하면 주식 매매 차익, 배당 등에 과세를 하지 않기 때문에 그만큼 투자자에게 유리하다. 일본에서는 일본 계좌로 주식을 사고팔 때 이익의 약 20%를 세금으로 내야 하지만, NISA로는 매매 차익이 그대로 투자자의 이익이 된다. 이제까지 NISA는 5년 단위로 제도가 연장되며 비과세 투자 가능 기간에 기한이 있었지만 2024년부터는 비과세 기간 기한이 사라지고 평생 투자 범위는 1800만 엔으로 늘어난다.

금융자산 절반은 현금으로 잠겨 있다

버블 경제가 절정이었던 1980년대 일본은 플라자 합의 이후 나타난 엔화 환율 하락(엔화 가치 상승)의 부작용을 막기 위해 통화 정책을 완화했고 경기 부양을 위한 나랏돈 풀기 정책을 실시했다. 이 시기 금리 하락은 가계 주식 투자 확대의 가장 큰 원인으로 작용했다. 그에 앞서 일본 정부는 이미 1984년에 기업의 투금 계정이라는 불법 계정을 합법화하며 자본이득세를 한 푼도 내지 않고 기업이 주식과 채권에 투자할 수 있는 길을 열어줬다. 기업 입장에서는 힘들게 물건을 만들고 서비스를 파는 대신 주식 시장에서 돈을 굴리는 것만으로 더 큰 이득을 볼 수 있는 길이 열렸다.

당시의 주식 투자 열기로 1989년 12월 29일 닛케이 평균주가는 역사상 최고 수준인 3만8916엔까지 상승했다. 미국의 자존심으로 불렸던 뉴욕 록펠러센터 같은 빌딩이나 컬럼비아 영화사 같은 기업이 일본 자본에 속속 넘어가면서 '재팬 애즈 넘버원Japan as No.1'이라는 말이 돌던 때다.

단카이団塊 세대(1947~1949년생)의 전성기였던 1988년, 미국 월스트리트저널이 발표한 세계 시가총액 상위 100개 기업 중 53개 기업이 일본 기업이었다. 1988년 기준 일본 통신사 NTT(2768억 달러)가 2위였던 미국 IBM(760억 달러)보다 시가총액이 4배 가까이 높았던 때다. 스미토모은행(당시 653억 달러·현 미쓰이스미토모은행), 제일권업은행(619억 달러·미즈호은행에 합병), 도쿄전력(573억 달러), 노무라증권(511억 달러) 등 세계 시총 상위 10대 기업 중 8개가 일본 기업 및 은행일 때가 있었다. 2022년 기준 세계 시총 상위 50대 기업 중 일본 기업은 도요타자동차(31위) 하나뿐이고 그나마 삼성전자(15위)보다 낮은 걸 생각하면 격세지감이 느껴진다.

주가가 오르면서 일본 증시는 활황을 보였지만 버블 경제가 꺼지면서 남의 일이 됐다. 1989년 말 3만9000엔에 다가갔던 닛케이 지수는

　　　　재테크 최우선 원칙은 '현금 지키기'

1990년대 초반 2만 엔 밑으로 내려오더니 2003년에는 7600엔까지 떨어졌다. 이른바 '재테크'의 원조인 일본은 '잃어버린 30년'을 겪으면서 국민들이 투자를 기피하는 나라가 됐다. 1945년 패전 이후 태어난 단카이 세대가 2000년대 후반 대거 은퇴한 뒤로 일본의 가계 금융자산은 지금까지 절반 이상이 현금으로 묶여 있다.

버블 경제가 꺼지고 불황이 본격화된 2000년대 들어서 일본 금융시장 전체에는 특유의 극단적인 보수적 분위기가 퍼졌다. 자칫 위험한 곳에 투자를 했다가 조금이라도 실패할 경우 노후를 보장할 수 없다는 절박한 위기감이 생겨나면서 '돌다리를 두들긴 뒤에도 건너지 않는다'는 일본인 특유의 신중함이 개인 투자에서도 그대로 나타났다.

주요국 금융 자산 구성 비교[45]   단위: %

구분		한국	일본	미국	영국
현금		43.4	54.2	13.2	27.1
금융투자상품		25.4	16.3	58.0	15.6
	주식	20.8	10.4	40.2	11.1
	채권	2.3	1.3	2.3	0.2
	펀드	2.3	4.5	15.5	4.3
보험 및 연금		30.4	26.7	28.6	53.1
기타		0.8	2.8	0.2	4.2

---

45   〈2022 주요국 가계 금융자산 비교〉, 금융투자협회.

각국의 금융자산 구성을 보면 일본인들의 재테크 신조가 얼마나 안정 지향적인지가 드러난다. 개인의 금융자산 비중에서 현금이 절반 이상을 넘는 나라는 주요 선진국 가운데 일본 말고는 찾아보기 어렵다. 영국은 2012년에 기업연금 자동가입 제도를 도입해 보험 및 연금 자산이 절반을 넘고 미국은 세계 최대의 투자 대국답게 가구의 절반 이상이 주식, 채권, 펀드 등 금융투자 상품을 보유하고 있다.

하지만 일본은 전체 가계 금융자산 2043조 엔 가운데 현금이 1102조 엔에 달한다. 2000년 이후 21년간 미국의 금융자산이 3.4배로, 영국이 2.3배로 증가할 동안 일본은 고작 1.4배 증가하는 데 그쳤다.[46] 일본 가계 금융자산이 2001년 1418조 엔에서 21년간 44% 늘어나며 결코 제자리걸음이 아니었는데도 현금 선호 현상으로 인해 자산이 저축 통장에 잠기게 됐다. 이런 소극적인 자산 운용 때문에 일본 전체의 손실 기회 비용이 390조 엔에 달한다는 분석도 있다.[47]

게다가 일본 금융자산의 80%는 50대 이상 중·장년 세대가 보유하고 있다. 이들이 어린 시절인 1970년대는 일본의 버블 경제가 시작되던 때로 1년 정기예금 금리가 7%를 넘었을 때다. 한국 등도 젊은 세대는 육아, 주택 구입 등을 위해 대출이 많고 중·장년 세대로 갈수록 자산이 많지만 일본은 편차가 더욱 심하다. 게다가 젊은이들이 부채를

---

46 후지마루 사토시(일본 내각부 금융부대신), 〈자산 소득 배증 플랜에 대해〉 발표 중, 2023. 1.
47 〈일본의 머니 개혁 시작됐다 – 자산운용 안녕〉 통계 인용, 니혼게이자이신문, 2023. 8. 20.

재테크 최우선 원칙은 '현금 지키기'

일으켜 소비를 하거나 투자에 나서는 것에 소극적이다 보니 '투자 대신 현금 저축'을 선호하는 현상은 좀처럼 사라지지 않고 있다.

가만히 있으면
중간은 간다

✕
✕
✕

글로벌에 비해 한 박자 늦는 일본 물가

미국, 한국 등에서는 코로나19 때 물가가 크게 오르는 인플레이션이 나타났지만 일본은 한 박자 늦게, 코로나19가 잦아든 2022년 이후에 물가가 올랐다. 그나마도 엔저 현상이 심화되어 석유 등 에너지와 밀가루 등 수입 식자재를 위시한 수입 물가가 오르면서 나타난 물가 인상이다. 일본 국내 요인만 놓고 보면 적어도 일본에서는 물가가 오를 여지가 크지 않았다.

세계적으로도 보기 드문 '한 박자 늦은 인플레이션'의 원인은 일본의 저축 사랑에 있었다. 일본에서는 코로나19 팬데믹 기간에 돈을 쓰지 않고 쌓아둔 '코로나 저축'이 국내총생산(GDP)의 10% 수준까지 늘어

재테크 최우선 원칙은 '현금 지키기'

났다. 미국, 중국 등 세계 주요국에서 코로나19 이후 급증한 '보복 소비'가 인플레이션을 부추겼지만 일본은 정부에서 돈을 뿌려도 미래가 불안한 국민이 소비 대신 저축을 택한 것이다. 뿌린 돈이 시중에 돌아야 화폐량이 늘어나 물가가 오르지만, 일본에서는 돈을 뿌린 만큼 그대로 은행에 잠겨 정작 시중 화폐량이 늘지 않았다.

팬데믹이 정점을 지나던 2021년 말 기준 일본의 코로나 저축 규모는 50조 엔 수준이었지만, 2022년 9월 말 기준으로는 62조 엔에 달해 12조 엔이나 늘었다. 이게 일본 GDP의 10%에 이르렀다. 2015~2019년 평균 1.2%였던 일본의 저축률은 코로나19 확산 당시 잠깐이나마 20%를 웃돌았다. '돈이 들어오면 일단 저축한다'는 일본인 특유의 습관이 극대화된 순간이었다. 개인으로서는 만약에 대비하는 합리적인 경제적 선택일 수 있지만 국가 경제 전체적으로는 돈이 돌지 않고 소비가 위축되는 마이너스(-) 효과가 나타났다. 이 때문에 일본에서는 정부가 경기 활성화 대책의 단골 메뉴로 급부금 지급 정책을 검토할 때마다 "나눠준 돈이 저축 통장에 잠기면 나랏돈만 쓰고 경기 살리기에는 도움이 안 된다"며 회의적인 목소리가 나온다.

일본 정부는 코로나19가 확산되던 2021년 외국인을 포함한 모든 주민에게 1인당 10만 엔씩을 지급했다. 하지만 이 돈은 결과적으로 소비에 쓰이지 않아 경기 활성화에 별다른 도움이 되지 않았다. 세계 주요국 중 유일하게 사실상 마이너스 금리를 유지해, 저축을 하면 사실상 돈 가치가 줄어드는데도 일본 국민은 지갑을 열지 않은 것이다. 다이와증권은 "미래에 대한 불신이 뿌리 깊은 일본에서 코로나 저축을 헐어 소비할 것이라고 보기는 어렵다"고 분석했다. 같은 기간 미국은 가계 저축액이 60% 감소한 것과 비교된다. 물론 고용이 유연해, 달리 보면 고용이 불안해 언제라도 쉽게 해고되고 채용되는 미국은 코로나19 당시 해고가 많아 사람들이 저축해 놓은 돈을 쓰기 바빴다.[48]

한산한 도쿄의 월스트리트

도쿄 중심가인 니혼바시日本橋의 가부토초兜町라는 지역은 일본 증권시장의 중심인 도쿄증권거래소가 위치해 있다. 거래소를 중심으로 수많은 증권 회사들이 있어 일본에서는 '도쿄의 월스트리트'라고 불린다. 일본 증시 뉴스가 전해질 때 신문, 인터넷에 종종 실리는 대형 전광판의 거리가 바로 이곳이다.

그런데 막상 이곳을 가 보면 월가라는 별칭이 무색할 정도로 한가하고 조용하다. 거리에 돌아다니는 사람도 드물고 이렇다 할 맛집도 찾기 힘들다. 건물에 작게 붙어 있는 증권회사 간판을 가리면 도쿄 시내의 웬만한 오피스가 뒷골목보다도 썰렁한 모습이다. 물론 최근에는

---

48 〈日, 코로나 돈 풀어도 소비 대신 저축〉, 동아일보, 2023. 2. 6.

주식 거래 대부분이 온라인에서 이뤄지고, 미쓰비시UFJ은행, 미쓰이 스미토모은행 등 대형 은행을 중심으로 마루노우치丸の內나 오테마치 大手町 등 땅값이 더 비싼 지역에 초고층 빌딩을 지어 본사를 두고 있다 보니 가부토초는 상대적으로 외면받고 있다. 하지만 '한국의 월가'라 고 불리는 서울 여의도가 여전히 대형 증권사 본사들이 가득 들어차 증권사, 자산운용사 등에서 일하는 '증권맨'들로 북적이는 것과 비교 하면 썰렁해도 너무 썰렁하다.

일본 증권가의 썰렁한 공기는 일본 증시의 뜨뜻미지근한 분위기 를 상징한다고 해도 과언이 아니다. 닛케이 지수가 33년 만인 2023년 에 3만3000엔 선을 돌파하며 21세기 들어서 좀처럼 찾아보기 어려웠 던 투자 열기를 보여주고 있다지만, 한국의 동학 개미 운동에 비교하 면 열기라고 하기 망설여질 정도로 주식 투자 분위기는 찾아보기 힘 들다.

일본인이 투자에 소극적인 이유는 다양하다. 가장 큰 이유는 현금 을 움켜쥐고 있으면 최소한 손해는 보지 않는 '디플레이션'에서 찾을 수 있다. 물가가 오르는 나라에서는 현금을 쥐고 있으면 이자율만큼 자산 가치가 떨어진다. 대표적인 나라가 바로 한국이었다.

한국에서는 2023년 9월 기준 기준금리가 연 3.5%로, 2021년 8월 이 후 2년여 만에 금리가 올랐으며 최근에는 정기예금, 적금 등으로도 돈 이 많이 쏠리고 있지만 그 전까지만 해도 은행 창구에서 적금을 들겠다고 찾아오는 사람은 보기 드물었다. 2018년 이후 집값 급등으로 이른바 영혼까지 끌어모으는 '영끌' 대출을 받아 집을 사고 코로나19 확산 이후 '동학 개미 운동'이라는 말까지 나올 정도로 개인 투자자들이 기관, 외국인에 맞서 주식을 샀다. 집 구매 시기를 놓치고 주식 투자도 때를 잡지 못한 일부 투자자들은 코인 같은 가상자산에 이른바 '몰빵' 투자를 하는 투기성 패턴까지 보여주기도 했다.

특히 일본에는 다른 나라에서는 찾을 수 없는 '100주 단위 거래' 관행까지 있어 개인 투자자들의 주식 투자 접근이 더욱 어렵다. 이른바 '100주 다발'로 주식을 사야 하기 때문에 종목에 따라 최소 투자금이 수백만 엔에 달하는 주식도 허다하다. 최소 투자금 허들이 높다 보니 주주 수는 적고 거래는 활발하게 이뤄지지 않는다. 젊은이들이 비싼 주식을 살 종잣돈이 없다 보니 주주로 진입 자체를 하지 못하는 현상까지 벌어진다. 세계적으로 유명한 공기압 제어기기 기업 SMC 주식에 투자하려면(즉 100주를 사려면) 약 7380만 원, 공장 자동화 기기를 제조하는 일본 증시 시총 2위 기업 키엔스에 투자하려면 최소 6330만 원 정도가 필요하다는 뜻이다.[49]

시장경제 하에서는 뭐든 제값을 받으려면 일단 거래가 활발해야 한다. 증시에서 거래량이 없는 종목은 투자를 재고해야 하는 게 상식이

---

49   〈일본 주식은 100주씩 사야 한다고? 도대체 왜〉 기사 인용, [딥다이브], 동아일보, 2023. 7. 5.

재테크 최우선 원칙은 '현금 지키기'

다. 그런데 일본은 상황이 이렇다 보니, 주식 투자 장벽이 높고 거래가 제대로 일어나지 않아 개인들, 특히 자본력이 약한 젊은이들이 주식 투자를 할 엄두를 내지 못했다. 어차피 사지도 못하는 '그림의 떡'인 데다, 상승도 기대하기 어렵고 그냥 현금만 쥐고 있어도 자산 가치가 떨어지지 않으니 힘들게 주식을 살 필요가 없었다.

2023년 전후로 주식 시장이 달아오르기 전까지 디플레이션으로 물가 상승이 일어나지 않았기 때문에 현금 저축이 최고의 투자였다. 장기금리가 마이너스가 된 지 오래라 은행 정기예금을 맡겨도 연 이자가 0.01% 혹은 아예 0%라서 이자를 거의 받을 수 없음에도 사람들은 은행 예금을 최고로 여겼다. 금리가 일정 수준 이상인 나라에서는 적건 많건 리스크를 짊어지고 금융, 부동산 등에 투자를 해서 물가 상승률 이상의 수익을 내야 자산의 가치를 지킬 수 있지만 제로 금리가 장기화되고 있는 일본은 그렇지 않다. 물가와 자산가격이 전반적으로 오르지 않기 때문에 일정 수준 이상의 수익이 보장되는 투자처가 많지도 않았다. 설사 있더라도 은행에 현금을 저금해 두기만 해도 화폐 가치가 떨어지지 않기 때문에 안심하고 맡길 수 있다. 정년퇴직할 때까지 평생 월급을 저축해서 모은 현금과 연금을 알뜰살뜰 절약해 쓰면서 노후를 보내는 것은 일본의 일상적인 풍경이다.

일각에서는 일본에서 투자, 금융에 대한 교육 및 논의를 금기시하는 사회적 문화를 지적하기도 한다. 리스크를 안고 투자하기보다는 월급을 아껴 모으고, 최대한 절약을 하는 근검절약을 최선으로 여기는 사회적 분위기가 강한 게 사실이다. 2022년부터 일본 고등학교 '가정' 과목에 금융자산 운용에 대한 내용이 포함되긴 했지만 이제까지 일본에서는 자산운용이나 금융 이해에 대한 교육이 사실상 전무했다.[50] 일본 금융홍보 중앙위원회 조사에서 '금융 지식에 자신이 있는 사람'의 비율을 조사했을 때 미국은 71%에 달하는 반면 일본은 12%에 불과했다. 학교에서 금융 교육을 받아 본 경험이 있는 사람은 미국은 20%, 일본은 7%였다.[51] 특히 최근 수년간 한국처럼 일본에서도 노인층을 대상으로 한 전화 사기, 보이스 피싱, 변호사 및 금융회사 사칭 사기 등 다양한 금융 사기가 확산되면서 '금융 = 위험한 것', '저축 이외의 금융 = 함부로 하면 안 되는 것'이라는 인식이 장년층 이상에서 확산돼 있다. 일본의 중·장년층은 '잃어버린 30년'을 뚫고 오면서 사회생활 중 제대로 된 불장(bull market·상승장)을 경험해 보지 못한 세대다.

도쿄증권거래소에 따르면 일본의 2023년 기준 개인 투자자 수는 6982만 명으로 1년 전보다 521만 명 늘었고 9년 연속 증가했다. 이것만 보면 한국의 전체 인구수보다 많은 수니까 일본에선 주식 투자가 활성화된 것처럼 보인다.

---

50 〈일본인은 투자에 익숙하지 않은 것의 손실을 모른다〉 기사 발췌, 경제잡지 도요게이자이 신문, 2021. 12. 31.

51 〈저축에서 투자로, 먼저 금융 교육을〉, 니혼게이자이신문, 2022. 11. 6.

하지만 도쿄증권거래소가 발표하는 이 숫자는 상장 기업들이 공시하는 개인 주주의 숫자를 단순 합산한 것이다. 이 때문에 중복 계산된 숫자를 제외하면 실제 일본의 개인 투자자의 숫자는 1400만여 명으로 추산된다. 한국과 엇비슷한 숫자이지만 일본 인구가 한국보다 2.5배 많다는 점을 감안하면 실제 체감 숫자는 절반 이하라는 계산이 가능하다.[52]

1970년 일본 상장주식의 38%가량을 보유했던 개인 투자자의 주식 보유 비중은 2023년 기준 16.6%로 30%를 넘는 외국인, 28% 안팎의 기관 투자자에 못 미친다. 그나마 상당수는 NISA나 적립식 펀드 등을 통한 간접 투자가 많다. 좋게 보면 합리적이고 투기성 '묻지마 투자'를 피하고 있다고 해석할 수 있지만, 다른 한편으로는 그만큼 주식 시장에서 돈을 벌기 위해 달려드는 사람도 없는, 오르지도 크게 떨어지지도 않는 활력 없는 시장이라고 볼 수 있다.

1989년 12월 29일 역대 최고치인 3만8916엔을 기록했던 닛케이 지수는 리먼 브라더스가 파산하고 글로벌 금융위기가 닥친 2009년 7054엔까지 추락한 경험이 있다. 한국에서는 1997년 외환위기 때나 글로벌 금융위기 때 증시가 폭락한 이후 빠른 시간 내에 급등하며 소수이지만 일부 개인 투자자들이 '벼락부자'가 되면서 너도나도 제2의 신화

---

52 〈충격과 공포의 시장… 주식 투자 외면하는 日 개미들〉, [정영효의 일본산업 분석], 한국경제, 2022. 12. 22.

를 꿈꾸며 증시에 달려들었지만 일본은 그런 분위기를 찾기 어렵다. 한국처럼 단기간 내 떨어졌다가 금방 회복됐다면 오히려 '저점 매수' 분위기가 형성됐겠지만 장기간에 걸쳐 계속 떨어지기만 하는 증시는 개인 투자자들을 지쳐 나가떨어지게 했다.

한국인 직장인 술자리에서 흔하게 오가는 'XXX 종목이 요즘 잘 나간다더라', '○○ 종목에 투자하면 3개월에 2배로 오른다더라'는 식의 주식 얘기는 일본인 직장인들 사이에서 좀처럼 오가지 않는다. 2023년 들어 증시가 급등하며 분위기가 과거와는 달라졌지만, 그럼에도 개인들의 매수세는 좀처럼 나타나지 않는다. 한국에서 33년 만의 '불장'이 도래했다면 당장 직장인들의 스마트폰에 깔리는 MTS 다운로드 수부터 급증할 법도 하지만 일본에서는 오히려 개인들이 주식을 팔았다. 2023년 4~6월 외국인 투자자가 4조5000억 엔가량 주식을 순매수하며 아베노믹스 시행 첫해인 2013년 11~12월 이후 처음으로 2개월 이상 순매수를 하는 동안 개인은 오히려 2조1000억 엔어치 주식을 순매도했다.[53]

---

53 〈최근 외국인 투자자의 일본 주식 순매수 배경 및 평가〉, 한국은행 동경사무소, 2023. 6.

재테크 최우선 원칙은 '현금 지키기'

소비는 멀리하고,
투자는 더욱 멀리하라

✖
✖
✖

일본인 31% "투자는 절대 NO"

일본 증시의 대표 주가지수인 닛케이225 평균주가는 2023년 6월 1만2000엔 선을 돌파하며 버블 경제 시절인 1990년 7월 이후 30년 전 수준을 회복했다. 이 말은 즉 30년 내내 일본의 주식 시장은 '어제보다 오늘이 못한' 상황이었다는 뜻이다. 한국에서 1980년대 후반 코스피가 1000을 찍은 뒤 추락했지만 그 이후 여러 번 1000을 넘겼고 2023년 10월 현재 2300선을 넘긴 걸 감안하면 일본 증시가 30년간 얼마나 부진했는지를 실감할 수 있다.

일본인들은 다른 나라 사람들에 비해 주식 시장 투자에 관심이 많지 않다. 일본 증권업협회의 2018년 '증권 투자에 관한 설문조사'에 따르면 응답자의 80%는 주식 투자 등의 경험이 없었다. 2021년 한국 취업포털 인크루트의 조사에서 응답자의 67.7%가 주식 투자 경험이 있다고 했고, 코로나19 확산 이후 직장인 10명 중 9명이 주식 투자를 해본 적이 있다고 응답한 것과는 전혀 다른 분위기다.

금융 상품에서 무엇을 가장 중시하는지를 묻자 '언제라도 출금이 가능한 것'(47.5%), '원금을 안전하게 지키는 것'(40.1%)이라는 응답이 '자산가격 상승'(9.5%)이라는 응답보다 4배 이상으로 많았다. 심지어 증권투자에 대한 필요성을 묻는 말에는 74.6%가 '필요하지 않다'고 답했다. 이유를 묻자 '언제라도 원금을 잃을 가능성이 있다'(43.7%), '도박과 같은 것'(25.9%)이라는 응답이 돌아왔다. 일본인들이 금융투자를 얼마나 피하고 있는지를 보여주는 단적인 모습이다.

2023년 3월 노무라에셋매니지먼트가 실시한 금융 교육 인식조사를 보면 일본인들이 얼마나 금융투자에 관심이 없고 투자를 두려워하는지 알 수 있다. 현재 투자를 하지 않는 사람에게 언제 투자를 할 것인지를 물어보자 가장 많았던 응답은 '무슨 일이 있어도 투자는 하지 않는다'(31%), 그 다음이 '절대로 손해를 보지 말아야 한다'(29%)였다.[54] 현재 어떤 금융 상품을 보유하고 있냐는 질문에는 '아무것도 없다'(53%)라는 응답이 절반을 넘어 가장 많았다. 자국 주식을 보유하고 있다는 응

---

54 〈금융 교육에 관한 인식조사 2023〉, 노무라에셋매니지먼트 자산운용연구소, 2023. 7.

답은 15%에 불과했다. 집에서 자녀에게 금융 교육을 어떻게 시키는지에 대해서는 '돈의 중요성에 대해 가르친다'는 응답(31%)보다 '가르치지 않는다'(51%)는 답이 훨씬 많았다.

30년 가까이 오르지 않는 주식 시장에서 돈을 불리겠다고 투자하는 것 자체가 어쩌면 이상할 수 있다. 물가가 오르지 않는다는 건 결국 자산 가치도 오르지 않는다는 것을 뜻한다. 적어도 지금 일본 경제의 주축 세대인 30~40대는 태어나서 한 번도 주식으로 돈을 번 경험도 없고, 자국 내에서 그런 경험을 공유해 본 적이 없는 세대다. 버블이 한창이었던 1980년대에 무리하게 투자했다가 망한 개인 및 기업의 트라우마가 아직도 완전히 치유되지 못했다.

이런 이유를 들어 한국과 일본은 국민 기질이 달라 일본과 같은 투자 부진은 없을 것이라는 시각도 있다. 돌다리를 두들겨 본 뒤에도 건너가지 않는 극단적인 안정성을 추구하는 일본과 달리 한국은 어느 정도 리스크를 짊어지더라도 한 방을 노리는 기질이 있다고 볼 수 있다.

물론 2010년대 후반 비트코인 거래액에서 일본 엔화 표시 거래 비중이 39%로 세계 1위에 달하고 2020년대 들어서도 가상자산 시장이 꾸준히 성장하는 것을 보며 성장하는 시장의 일본 투자도 만만치 않다는 걸 보여줬다.

하지만 일반인들, 특히 중·장년층 이상에서 가상 화폐를 자산 증식 수단으로 보면서 투자에 나서는 움직임은 찾아보기 어렵다. 일본 정부가 디지털 전환 정책을 주창하면서 가상자산 시장 산업 육성에 나서기 시작했지만 개인의 투자 열기로 이어지고 있다고 보기도 어렵다. 좋은 현상으로 보긴 어렵겠지만, 한국에서 젊은이 사이에 유행처럼 번졌던 코인 열풍 같은 가상자산 투자 열기는 일본에서는 적어도 일반인들 사이에선 '남의 나라 일'이다.

한국 투자 심리가 바뀔까?

한국이 일본 같은 디플레이션 저성장에 빠진다면 한국도 일본의 전철을 밟지 않을 것이라는 보장이 없다. 경제 활동을 활발히 하는 생산 가능 인구(15~64세)가 줄고 있고 금융 및 부동산 자산을 많이 보유한 사람들이 고령화돼 가는 일본의 지난 20~30년간의 인구 구조 변화는 이미 한국에서도 시작됐다.

혹자는 '안정을 추구하는 일본인과 어느 정도 리스크는 감당하는 한국인은 사고방식이 다르기 때문에 일본 같은 극단적 현금 지향 성향은 나타나지 않을 것'이라고 분석한다. 하지만 기업들이 과거와 같은 경쟁력을 지속적으로 확보하지 못한다면, 그리고 인구 감소로 국내 수요가 감소하고 내수 경기의 활력이 떨어진다면 주식 시장은 부진할 수밖에 없다. 기업 실적이 부진한 증시에 돈이 몰릴 가능성은 낮

재테크 최우선 원칙은 '현금 지키기'

다. 아무리 한국인이 일본인에 비해 리스크-테이킹을 적극적으로 한다고 해도 돈을 벌 가능성이 희박한 증시에서 한 방을 노리는 투자자가 계속 머무를 가능성은 낮다.

여기에 고령자들이 노년 빈곤을 두려워하며 리스크를 극단적으로 회피하고 어떻게든 현금성 자산을 움켜쥐려고만 한다면 세계에서 고령화 속도가 가장 빠른 한국의 증시는 세계에서 가장 빠른 속도로 침체될 가능성을 무시할 수 없다. 한국 특유의 부동산으로 자산이 몰리는 상황이 변하지 않는다면, 한국은 어쩌면 일본보다 더 심각한 투자 시장 불황을 겪을지도 모른다.

"한국과 일본의 차이점에 주목하라"

이재영(아세안+3 거시경제 조사기구 수석 이코노미스트)

'잃어버린 30년'을 겪은 일본 경제는 저성장의 늪에 빠져들고 있는 한국의 미래일까? 이런 도발적인 질문에 "한국과 일본의 경제는 달라도 너무 다르다"는 답을 내놓은 이가 있다. 비슷해 보이는 두 나라지만 경제 체질도, 사회 배경도 다르기 때문에 '일본의 어제가 한국의 내일'이라는 단순한 등식으로 설명해서는 안 된다는 뜻이다.

싱가포르에 본부를 두고 있는 아세안+3 거시경제 조사기구AMRO· ASEAN+3 Macroeconomic Research Office는 2011년 출범한 아시아 지역 경제 금융 연구 기관이다. 동남아시아 국가 연합인 아세안ASEAN과 한중일 3개국이 아시아 경제를 분석, 감시하고 경제 위기가 왔을 때 자금 지원을 하려고 설립한 기구이다.

기획재정부에서 외화자금과장 등을 맡으며 한국 엘리트 경제 관료로 커리어를 쌓아 온 이재영 수석 이코노미스트는 2012년 AMRO로 자리를 옮겨 10여 년째 아시아 지역 경제 분석을 담당하고 있다. 특히 최근 10년간 AMRO에서 일본 담당을 맡아 일본 정부와 긴밀하게 소통하며 일본 경제에 대한 AMRO 공식 리포트를 작성해 왔다. 매년 1차례 이상 일본을 방문해 재무성, 경제산업성, 일본은행 등과 만나 일본 경제의 상황을 주기적으로 업데이트하고 있다. 일본 거시 경제 전문가 중 한 명으로 꼽히는 그를 인터뷰해 일본 경제와 이에 비교되는 한국 경제에 대해 들어봤다.

Q. 한국 경제가 일본처럼 '잃어버린 30년'이 될 것이라는 우려가 있습니다.

A. 멀리서 보면 한일 양국의 경제는 비슷해 보일지 몰라도 구체적으로 들여다보면 한국과 일본의 경제는 달라도 너무 다릅니다. 한국에서 경제 관료로 20년 일하고 국제기구에서 일본 경제를 10년간 연구하면서 얻은 결론입니다.

Q. 어떤 면에서 두 나라 경제는 다른가요?

A. 먼저 고용을 들여다볼까요. 버블 경제가 꺼진 뒤 일본은 취업 빙하기를 겪었습니다. 한국은 1998년 외환위기 이후 실업 충격을 겪었죠. 하지만 해결 방식은 달랐습니다. 한국은 재벌 대기업들이 쓰러지는 와중에 생존의 위협을 느낀 기업들이 대규모 해고를 단행했어요. 외환위기 탈출 이후에도 상시 구조조정을 하고 있죠. 한국의 평균 은퇴 연령이 50대 초반이니, 정년퇴임은 한국에서 유명무실해졌습니다. 대신 고용 형태가 유연해졌고 특히 정보기술(IT) 분야는 마치 미국 기업처럼 됐습니다. 다만 일부 대기업에는 강성 노조가 있고 이들의 투쟁은 지금도 강력합니다.

일본은 그렇지 않아요. 일본 기업들은 구조조정에 매우 신중하게 접근했습니다. 노조와 기업이 지금도 한 가족처럼 움직입니다. 한국에서 사실상 사라진 정년퇴직도 65세까지 실질적으로 보장하며 종신고용이 기본입니다. 한국은 능력에 따른 임금 지급으로

(삼성전자 등) 글로벌 대기업들은 높은 임금을 받고 있지만 일본은 30년째 임금이 제자리이죠. 어떤 나라가 낫다고 볼 수는 없습니다. 좋은 의미로든 나쁜 의미로든 한국의 외환위기 이후, 일본의 버블 붕괴 이후 생긴 변화입니다.

Q. 일본 경제의 가장 큰 문제는 뭐라고 보십니까?

A. 두 가지 아킬레스건이 있습니다. 국가부채가 지나치게 많고 저성장 기조가 장기간에 걸쳐 지속되면서 완전히 굳어졌다는 것입니다. 물론 지금의 일본 상황에서 국가부채 때문에 경제 위기가 오진 않을 것입니다. 하지만 극적인 반전이 일어나거나 경제가 확 좋아지는 일은 오기 어렵습니다.

　장기 저성장으로 일본 국민들은 디플레이션이 기본으로 마인드셋이 됐어요. 소비를 안 하고 쪼그라드는 경제가 20~30년씩 계속되다 보니 벌어진 현상이에요. 코로나19 때 돈을 풀어도 저축만 하는 건 일본만의 특이한 현상이었어요. 이러니 돈을 풀어도 해답이 보이지 않는 겁니다. 최근 세계적으로 인플레이션이 도래하고 일본도 물가 상승률이 높아지고 있지만 아직 디플레이션에서 벗어났다고 보기는 어렵습니다.

Q. 한국이 일본식 장기 침체는 겪지 않는다는 의미일까요?

A. 한국이 갖고 있는 활력과 잠재력을 볼 때 저성장, 장기 침체를 겪더라도 일본처럼 가진 않을 것이라고 봅니다. 한국만의 특이한 방식으로 갈 가능성이 높습니다.

저는 한국이 일본 같은 장기 침체에 빠질까를 걱정하느라 자칫 한국이 안고 있는 진짜 큰 문제를 놓치는 우를 범하지 않을까 하는 우려가 있습니다. 지금은 '우리도 일본처럼 되지 않을까' 걱정하기보다 한국의 문제를 고민하고 천착할 때입니다. 한국은 지금 풀어야 할 과제가 많은 나라입니다. 이미 일본보다 심각해진 저출산 고령화, 불안한 고용과 노후 빈곤, 가계부채 문제, 방향을 잃은 교육 정책 등 풀어야 할 숙제가 한두 가지가 아닙니다. 일본과 비슷해 보인다고 해서 일본의 문제 의식과 해결책에 끼워 맞춰서는 안 된다고 봅니다.

Q. 한국 경제에 가장 필요한 것은 무엇일까요?

A. 성장 잠재력 확충을 위한 구조개혁이 시급합니다. 사실 저성장은 미국 빼고 모든 선진국이 겪고 있는 문제입니다. 저출산 문제만 해도 한국이 유독 심하긴 하지만, 선진국들도 다들 겪고 있는 문제예요. 사실 이것을 푸는 방법은 결국 이민밖에 없습니다. 사회적 논란은 크지만 우리가 가야 할 방향을 직시할 필요가 있습니다.

저출산, 인력 미스매치, 교육 문제는 결국 하나입니다. 한국은 대학 진학률이 80%에 육박하는 세계 최고 수준입니다. 이걸 풀어야 하는데 비정규직을 일괄적으로 없애고 사립대학 등록금을 10년씩 동결하는 식의 정책으로는 근본적 문제 해결이 어렵습니다. 한국은 세계 최고 수준의 인재도, 밑에서 힘한 일을 하는 인력도 부족한 나라입니다. 톱(Top) 수준을 키우려면 세계적 수준의 연구 지원이 필요하고 인력 부족을 키우려면 외국인 근로자 유입이 필요합니다.

한국 경제의 또 다른 문제는 여전히 경제의 안정성이 취약하여 부침이 잦다는 점입니다. 경상수지 흑자 구조가 자리 잡은 것이 20년도 채 되지 않고 그나마 유가 등 요인에 따라 최근에는 적자가 나타나기도 했어요. 제2의 외환위기를 상상하긴 어렵지만, 대외부문 건전성을 어느 정도 한국 경제의 우선순위로 두지 않을 수 없습니다.

Q. 지금 한국 경제의 위기 상황에서 한국은 무엇을 해야 하나요?
A. 우선은 인플레이션 대응이 아주 중요합니다. 선제적으로 인플레이션을 잡아야 물가 상승이 인플레 기대심리를 자극해 임금 인상을 유발하고 이것이 다시 물가를 자극하는 '나선 효과'를 막을 수 있습니다.

미국 등의 기준금리가 오르고 원-달러 환율이 상승하는 상황에서는 가계와 기업, 은행이 금리 위험과 외환 변동 위험에 노출됩니다. 이를 관리하고 금융안정을 유지하는 것이 중요합니다. 한국에서 정부가 채권시장에 유동성을 신속하게 공급하고 부동산 시장의 급락을 막는 조치를 하고 있는데 저는 높게 평가합니다. 고물가와 고금리로 고통받는 취약계층에 대해서는 재정을 통한 선별적인 지원도 필요합니다.

Q. 앞으로의 일본 경제를 어떻게 보십니까?

A. 일본의 잠재성장률은 연 1% 미만이라고 봅니다. 최근의 성장세를 보면 선방하고 있고 성장률은 양호한 수준이라고 봅니다.

우리는 흔히 일본이 저성장의 늪에 빠졌다고 합니다. 하지만 정말 그럴까요? 일본이 저성장이라고 하지만, 미국을 제외한 선진국과 비교하면 나쁘지 않은 수준입니다. 일본은 세계에서 가장 많은 채권을 보유한 나라입니다. 전 세계적으로 소득수지 흑자로 경상수지가 안정적인 흑자를 유지하는 보기 드문 나라입니다. 무엇보다 실업률이 선진국 최저 수준으로 사실상 완전 고용이 이뤄질 정도로 일자리 사정이 좋습니다. 연금 등도 미국, 유럽 등에 비교하면 비교적 잘 자리를 잡고 있어 사회 안정성이 높습니다.

GDP 대비 국가채무비율(262.6%)이 높은 수준이라는 지적이 나오지만 당장 어떤 위기로 치달을 징후는 없습니다. 물론 현재와 같은 저성장 기조와 국가부채 증가가 지속된다면 장기적으로 국가 신용등급이 영향을 받을 수는 있습니다.

Q. 엔저 현상이 지속되고 있는데, 일본 경제의 구조적 문제 아닌가요?

A. 저는 동의하기 어렵습니다. 일본 엔저 현상의 원인은 미국과 금리 차이가 벌어지고 있고 무역수지 적자가 나타나고 있기 때문입니다. 이 두 가지가 계속돼 일본에서 달러가 빠져나간다면 문제겠지만, 일본은 그런 상황까진 아닙니다. 2007년 금융위기 직전에는 미-일 금리 차가 커졌지만 일본의 무역수지는 흑자였고, 2013년에는 무역수지는 적자였지만 금리 차는 적었습니다. 일부에서 주장하는 것과 달리 엔화의 기축 통화 지위에 근본적인 변화가 있다고는 보기 어렵습니다.

5부

×

경기 흐름 따라 울고 웃는 세대

일본 취업 시장은
그야말로 대호황

×
×
×

10년 사이에 높아진 일본 취업률

취업으로 고민하는 한국 대학생들에게 일본은 '취업 천국'이다. 국내 언론에서 잊을 만하면 나오는 '일본 대학생, 일자리 골라서 간다', '일손 부족에 취업 쉬워진 일본' 같은 기사를 보고 있노라면 취업할 곳을 못 찾는 한국의 대졸 예정자에게는 '저런 나라도 다 있나'라는 생각이 들 정도다. '문송합니다(문과라서 죄송합니다)'라는 말이 나올 정도로 문과 출신이 취업하기란 낙타가 바늘구멍 들어가기보다 어렵고, 이공계라 해도 자신이 원하는 수준의 취업을 하기는 쉽지 않은 한국의 현실에 비춰보면 골라서 취업한다는 일본의 이야기는 부러울 따름이다.

실제로 한국의 취업 준비생 중에서는 일본에 와서 취업을 하는 이

경기 흐름 따라 울고 웃는 세대

들이 적지 않다. 후생노동성의 2022년 10월 '외국인 고용상황' 통계에 따르면 일본 내 한국인 취업자 수는 6만7735명으로 일본 내 외국인 근로자의 3.7%를 차지한다. 베트남(25.4%), 중국(21.2%), 필리핀(11.3%) 등에 비해서는 적지만, 한국인 취업자 중 정보통신업 비중은 13.9%로 외국인 전체의 이 분야 비중(4.2%)의 3배가 넘는다. 동남아시아 개발도상국 취업자의 상당수는 공장이나 농촌, 간호 시설, 편의점 등 일본인이 꺼리는 곳에 주로 취업하지만 한국인들은 대체로 IT 분야나 서비스업을 비롯한 양질의 일자리를 갖는 경우가 많다는 해석이 나온다.

일본이 '취업 잘 되는 나라'로 주목받기 시작한 건 최근 10여 년 사이 일이다. 과거엔 '취업 빙하기'라는 말이 나올 정도로 취업이 어려웠지만 2010년대 들어 일본의 취업 시장은 크게 변했다. 돈을 무제한으로 푸는 '금융 완화'를 축으로 한 아베노믹스 정책이 시작된 뒤 일본에서는 취업 빙하기가 끝나고 10년 이상 고용 호조가 이어지고 있다.

특히 코로나19 이후 일본 취업 시장은 그야말로 최전성기를 구가하고 있다고 해도 과언이 아니다. 2024년 입사 예정 취업자 수가 1년 전보다 7.4% 증가해 2009년 이후 15년 만에 최대 폭의 증가세를 보이기까지 했다. 2009년은 리먼 브라더스 파산으로 고용 시장이 확 얼어붙은 2008년의 다음 해로 큰 폭의 하락세 이후 상대적으로 좋아지는 이른바 기저 효과가 크게 나타난 해다.

일본의 취업 시장 상황이 바뀐 것을 두고 자국 내에서도 여러 분석이 나오고 있다. 저출산 고령화 심화로 일할 사람이 줄어들어 사람 구하기가 어려워졌기 때문이라는 분석부터 돈을 푸는 아베노믹스 정책을 펴면서 일자리가 늘어났다는 지적, 여전히 디지털보다 아날로그식으로 업무를 하는 일본 특성상 사람 손이 많이 필요하다는 해석까지 다양한 분석이 나오고 있다.

한국도 곧 취업난 풀린다?

취업 잘 되는 일본의 현실을 언뜻 보면 조만간 한국에서도 이런 희망적인 상황이 실현될 것 같다는 기대감이 생긴다. 생산가능인구(만 15~64세) 감소가 이미 시작됐고 중소기업 및 3D 업종을 중심으로 이미 일손 부족이 나타나고 있는 게 한국의 현실이다. 그렇다면 지금의 초등학생, 중학생이 대졸 취업 준비생이 될 10여 년 뒤에는 지금처럼 취업 걱정을 하지 않아도 된다는 뜻일 수 있다. 이 때문에 '조금만 기다리면 일본처럼 취업이 쉬워질 테니 고민할 필요 없다'는 목소리도 일각에서 나온다.

과연 그럴까? 인구가 줄어들고 정부가 돈을 풀면 일본처럼 취업 잘되는 나라가 될 수 있을까? 겉으로만 보면 미래의 한국 취준생들은 시간만 가길 기다리면 될 것 같다. 하지만 지금의 일본이 미래의 한국이 되리라는 확신은 쉽게 할 수 없다. 인구 감소, 나랏돈 풀기로만 단순화

경기 흐름 따라 울고 웃는 세대

하기에는 무리가 따른다.

일본 방송국 기자 M 씨를 만난 건 취재 현장에서였다. 일본에서 태어난 일본인임에도 한국인으로 착각할 만큼 한국어가 매우 능숙했다. M 씨는 고등학생 시절 부산으로 수학여행을 간 게 계기가 되어 한국 문화에 푹 빠졌다고 했다. 독학으로 공부했지만 그의 한국어 실력은 한국어 능력시험인 TOPIK 6급(최고 등급)을 딸 정도로 높았다.

대학 시절 1년간 서울 K대학에서 유학 경험도 있는 그는 한국인 친구 얘기를 하면서 안타까워했다.

"저는 벌써 취업 5년 차인데 한국에서 알게 된 친구들 중 취업에 성공한 경우를 찾기가 어려워요. 다들 공부도 잘하고 취업 준비도 열심히 했는데, 이름을 들어본 대기업에 취업했다는 친구는 없어요. 취업이 안 돼서 유학도 가고 대학원 진학도 했다는데 나중에는 취업이 잘 될까요? 한국은 왜 그렇게 대학생 취업이 어려운 거예요? 저는 도쿄, 오사카에서 대학을 나오지 않았어도 이렇게 취업이 됐는데, 뭐가 다른 걸까요?"

2010년대 후반 일본의 한 유명 대학에서 직접 목격한 현실은 지금도 잊히지 않는다. 당시 도쿄를 방문한 한국의 한 경제 부처 장관은 일정 중 하나로 일본 대학의 3~4학년 학생들과 만나는 자리를 가졌다. 카페에서 편하게 만나는 자리였다. 지금도 그렇지만 당시도 한국에서는 대졸 취업난이 한창이던 때였다. 이 장관이 학생들에게 "지금 취업

할 회사가 정해진 학생은 손을 들어보라"고 하자 20여 명 중 2명을 제외한 학생들이 조용히 손을 들었다. 한국 같았으면 4학년 1학기 학생 20명 중 2명만 취업이 결정됐다고 해도 이상하지 않을 상황이었다.

경기 흐름 따라 울고 웃는 세대

대졸 취업률
97.3%의 기적

×
× ×
×

눈높이만 맞추면 언제든 열려 있는 문

일본은 대학 취업률이 높다. 4년제든 2년제 전문대든 일단 대학을 나오면 취업을 못 한다는 건 상상하기 어렵다.

2023년 후생노동성과 문부과학성이 국공립대 및 사립대 출신 4770명을 표본으로 조사한 결과 취업 희망자의 97.3%가 취업에 성공했다고 밝혔다. 일본 취업정보 회사 리크루트에 따르면 2023년 8월 기준 졸업 예정자의 취업 내정률은 86.6%에 달했다.[55] 일본 대학생이 3월에 졸업한다는 점을 감안하면 4학년 1학기가 마무리되는 시점에 이미

---

55 〈대학 4학년 취업 마무리, 초조해하지 말고 자신의 페이스대로〉에서 인용, 니혼게이자이신문, 2023. 8. 30.

10명 중 8명 이상이 취업에 성공한 셈이다. 일본의 사립 명문대 와세다대학에서 4학년 1학기가 끝날 무렵 설문조사를 한 결과 취업 준비생의 10% 정도가 아직 취업 준비 중이라고 답했다. 90% 정도는 취업에 성공했거나 대학원 진학, 유학 등을 이미 결정했다는 뜻이다. 한국의 대졸자 취업률이 통상 60%대 중반이라는 점을 감안하면 취업률은 일본이 훨씬 높다.[56]

일본에서 취업 관련 뉴스가 나올 때마다 항상 거론되는 통계가 있다. '유효 구인 배율'이라는 통계다. 구직자 1명 대비 일자리 수를 뜻하는 통계다. 2022년 연간 기준 평균 유효 구인 배율은 1.28배로 1년 전보다 0.15%포인트 높아졌다. 1명당 일자리가 1.28개가 있다는 뜻이니 산술적으로는 구직자보다 구인자가 더 많다는 뜻이고 1년 전보다 일자리가 더 많아졌거나 일자리에 비해 구직자가 더 많이 줄었다는 뜻이다.

생산가능인구 중 일자리를 구할 의지가 있는데도 취업하지 못한 비율을 뜻하는 완전 실업률은 2.6%로 4년 만에 최저 수준까지 떨어졌다. 경제학에서는 실업률이 3% 미만이면 '완전고용'이라고 본다. 물론 구직자 개개인이 원하는 일자리는 제각각이고, 눈높이 역시 모두가

---

56 한국은 대졸 전체 취업대상자 중 취업한 사람의 비율이고 일본은 취업을 원하는 희망자를 표본으로 추출해 취업률 통계를 발표하기 때문에 양국 취업률 수치를 직접적으로 비교하기는 어렵다.

다르기 때문에 모든 구직자에게 '취업 천국'인 건 아니다. 하지만 적어도 통계만 놓고 보면, 아니 실제로도 눈높이를 낮추고 무슨 일이라도 하겠다는 마음가짐이 있으면 일본은 자신이 원할 때 언제든지 일자리를 구할 수 있는 나라라고 볼 수 있다. 2013년 이후 일본에서는 유효구인 배율이 1 밑으로 내려간 적이 없다.

물론 일본이라고 선망하는 대기업에 누구나 척척 붙는 건 아니다. 일본에서도 선호도가 높은 외국계 기업이나 초일류 대기업이라면 수십 곳에 입사원서를 넣어도 한 곳도 붙지 못하는 경우가 많다. 졸업을 앞두고 원하는 곳에 취업이 되지 않아 울며 겨자 먹기로 원하지 않는 업체나 중소기업으로 눈높이를 낮추는 경우도 많다. 한국처럼 일본도 규모가 크거나 유명한 기업, 사내 복지, 워라밸(워크-라이프 밸런스·일과 생활의 균형)이 좋은 회사의 인기가 높다.

일본 경제주간지 도요게이자이가 2023년 9월 선정한 '취업 준비생이 선호하는 기업' 순위를 보면 8시 이후 야근 금지, 아침형 플렉스 타임 출퇴근제를 도입해 4년 연속 1위에 오른 이토추伊藤忠상사를 비롯해 일본 최대 생명보험사인 니혼세이메이日本生命(2위), 일본 유수의 광고회사 하쿠호도博報堂(4위), 한국에서도 유명한 전자 기업 소니(7위), 세계적인 게임 기업 닌텐도(11위) 등이 취준생들에게 인기를 끌고 있는 것으로 나타났다. 이런 회사들은 도쿄의 웬만한 명문 사립대를 졸업해도 입사를 장담하기 어렵다. 최근 들어서는 대기업을 중심으로 '일하는 방식 개혁'에 따라 근무 시간을 줄이고 주 3~4일제를 시행하는 회사도 속속 등장했다. 한국과 마찬가지로 일본 역시 과거에는 여성은 결혼을 하거나 아이를 낳으면 일을 그만둬야 하는 문화가 있었고, 출산 후 며칠 쉰 다음에 회사를 출근하는 게 미덕으로 여겨지던 시절도 있었다. 당시엔 남성이 육아휴직을 쓰는 건 뉴스에나 나올 법한 일이었다. 다 옛날 얘기다. 2019년 7%대였던 일본의 남성 육아휴직 이용률은 2년 만인 2021년 2배로 높아졌고 지속적으로 상승 추세다.

구직자가 갑

'문송합니다'라는 말이 나올 정도로 인문계 출신의 취직이 어려운 한국보다는 사정이 다소 낫다지만 일본도 이공계에 비하면 인문계의 취업은 어렵다. 2016년 일본에서 방영돼 그해 최고의 히트를 친 일본 민영방송 TBS 드라마 〈도망치는 건 부끄럽지만 도움이 된다〉逃げるは恥だが役に立つ의 여자 주인공 모리야마 미쿠리는 대학, 대학원에서 심리학을 전공한 뒤 24살에 취업 시장에 뛰어들었다가 구직에 실패하고 파견직을 전전한다. 고학력, 여성, 인문계라는 이유로 재계약에 실패한 뒤 일자리를 구하지 못해 가사 도우미로 일하며 남자 주인공과 로맨스를 펼치는 이 드라마는 흥미로운 서사 외에도 일본의 취업 시장이 결코 만만하지 않다는 현실을 보여주기도 했다.

물론 일부 상위권 기업의 취업이 어렵다고는 해도 취준생들의 전반적인 패턴을 보면 분명 일본이 한국보다 취업이 수월한 건 사실이다. 4년 내내 일정 수준 이상의 학점을 유지하기 위해 시험 기간에 도서관에서 밤샘 공부를 하거나 토익, 토플 등 공인 영어 성적을 받기 위해 큰 비용을 들여 학원에 다니거나 인터넷 강의를 수강하는 모습은 일본에서 좀처럼 찾아볼 수 없다. 일본에서 교편을 잡고 있는 한국인 대학 교수들은 "일본 대학생들은 한국 대학생보다 확실히 공부를 안 한다"고 이구동성으로 말한다. 바늘구멍 같은 취업 관문을 뚫기 위해 학점에 목을 매고 자격증 취득, 어학점수 획득을 위해 밤늦게까지 도서관에서 공부를 하는 모습은 일본에서는 찾아보기 힘든 풍경이다. 이력서에 경력을 채우기 위해 휴학을 하면서까지 공모전에 매달리거나 어학연수, 워킹홀리데이 등을 떠나는 것도 일본에서는 드문 일이다. 무엇보다 자신이 특별히 원하지 않았는데도 단순히 취업에 실패해 실업자인 채로 대학을 졸업하는 사례 자체를 일본에서 좀처럼 찾아볼 수 없다.

　　취업률이 높고 취업이 잘 되다 보니 우리 눈에는 신기한 일들도 벌어진다. 일본에서는 1980~1990년대 버블 경제 시절 이른바 '3S 접대'라는 게 있었다. 기업들이 대졸 예정자를 붙잡기 위해 '스시·스테이크, 사우나, 소프란도(안마시술소)'를 접대하면서 '제발 우리 회사에 꼭 와달라'고 사정을 했다고 한다. 신입사원 연수 등의 핑계를 대고 고급 호텔이나 유명 관광지에서 취업 예정자 모임을 하거나 신칸센을 태워 도쿄~후쿠오카(편도 5시간 소요)를 오가게 하는 해프닝도 있었다고 한다.[57] 일단 회사에 입사하면 회사 경비로 택시비를 지불하는 것은 기본, 주말에 접대를 이유로 거래처 사람들과 회삿돈으로 그린피만 2만 엔이 넘는 골프를 치는 것도 예삿일이었다.

경기가 어려워 한동안 사라졌던 취업 접대는 2010년대 중반 이른바 '오와하라ォワハラ'라는 형태의 갑질로 나타난다. 취업에 성공한 대졸 예정자들을 다른 기업에서 빼가려고 하는 쟁탈전이 벌어지면서 자신의 회사에 합격한 학생들이 다른 곳에 가지 못하게 취업 준비를 끝내라(오와루·おわる)는 갑질(하라스먼트·harassment·ハラスメント)을 한다는 뜻이다. 지원자나 합격자에게 매일이다시피 전화를 걸어 괴롭힌다거나 '다른 회사 취업 준비를 하지 않는다고 서약하면 이 자리에서 인사 발령을 내주겠다'고 약속하는 게 대표적이다. 합격자가 다른 곳에 가겠다고 하면 '앞으로 당신 학교 출신은 뽑지 않겠다'고 압박하는 사례도 있었다고 한다. 일본 정부는 이런 오와하라를 하지 말라고 캠페인을 벌이며 취업 준비생을 대상으로 공식 상담 창구까지 만들었다.

일본 주요 대기업은 매년 10월 1일 '내정식'이라는 이벤트를 갖는다. 신년도가 시작되는 4월 1일 입사식에 6개월 앞서 채용이 미리 완

---

57 〈마침내 정부도 언급한 취업 갑질의 심각한 실정〉, 도요게이자이신문, 2023. 4. 11.

료된 예비 신입사원을 대상으로 갖는 행사다. 이 때문에 매년 가을이 되면 도쿄의 오피스 거리에는 어색한 까만 정장을 입고 앳된 티를 아직 벗지 못한 예비 신입사원들이 무리를 지어 다니는 모습을 흔히 볼 수 있다. 일본에서는 4월부터 회계연도가 시작되는데, 1월 1일부터 시작되는 신년新年과 4월 1일부터 세는 신년도新年度가 확실히 구분된다. 10월 1일은 회계상 하반기가 시작되는 첫날이기 때문에 나름 의미가 있다. 10월 정도면 취업이 될 만한 취준생들은 대체로 취업할 곳을 확정하고 그야말로 남은 대학 생활을 즐긴다.

일본 취업정보회사 리크루트의 2023년 9월 조사에서 대학 졸업 예정자의 64.2%가 2개 회사 이상으로부터 취업 내정을 받았고 이중 17%의 예정자는 어디를 갈지 아직 정하지 못했다고 밝혔다. 연말까지 합격해 놓은 회사를 비교해 자신에게 맞는 회사를 골라 간다는 의미다. 니혼게이자이신문 조사에서 일본 기업의 28.5%는 '뽑은 인재의 절반 이상이 다른 곳에 가려고 입사를 거절했'고 응답했다고 한다. 한국에서는 화려한 스펙을 쌓은 최고급 인재가 어떻게든 합격하기 위해 몸부림을 친다면, 일본에서는 조금이라도 좋은 조건을 제시하는 곳으로 도망가려는 인재를 붙잡기 위해 기업이 구직자에게 고개를 숙인다.

내정을 받고도 취업 회사를 못 정한 예비 신입사원에게 간택을 받기 위해, 내정을 받고도 언제라도 다른 회사로 옮길 수 있는 예비 졸업자에게 선택받기 위해 일본의 주요 회사들은 안간힘을 쓴다. 식품 대기업인 쇼와산업은 내정자들을 모아놓고 자사 상품인 튀김가루를 활용하는 요리 클래스를 개최했다. 회사를 홍보하고 내정자들끼리 친해지는 기회를 만들어 회사를 그만두지 못하게 하겠다는 취지다. 대형 보험사 스미토모 생명보험은 운동 등으로 보험료 할인을 받을 수 있는 스마트폰 앱 체험을 활용했다. 나고야의 한 철도 회사는 내정자들에게 열차 한 량을 내주고 자사 열차를 체험하면서 퀴즈 맞추기를 하도록 행사를 주관했다.

회사가 사람을 유치하기 위해 치열한 경쟁을 벌이면서 일본 최대 경제 단체인 게이단렌経団連(일본경제단체연합회)과 일본 정부는 이른바 '취업 규칙'이라는 협정을 정해 각 기업들에게 통보했다. 매년 4월 1일 신입사원 입사식을 하는 일본 대기업들은 게이단렌 협정에 따라 신입사원 모집 홍보는 전년 3월 1일부터, 입사 전형은 6월 1일부터, 공식 합격 통보 및 내정은 10월 1일부터 하도록 권고받는다. 인재 입도선매를 위한 과당 경쟁을 하지 말자는 일종의 신사협정이다. 대부분의 대기업은 정부 시책을 잘 따르기 때문에 이에 맞춰 신입사원을 뽑지만, 실제로는 암암리에 뒤에서 사전에 내정을 하거나 1~2일짜리 단기 인턴 활동 등을 통해 비공식적으로 홍보를 하거나 모집을 하는 경우도 많다. 한국 취업 준비생의 시선에서 보면 모두 부러운 일들이다.

경기 흐름 따라 울고 웃는 세대

아무도 신입을 뽑지 않던
암흑기

× × ×

버블이 꺼지자 빙하기가 찾아왔다

그렇다고 일본에서 인구가 감소하기 시작하자마자 곧바로 일자리가 넘쳐난 건 아니다. '잃어버린 30년'이 시작되던 1990년대 중반 이후 일본에서는 이른바 '취업 빙하기'라고 불리는 취업난이 도래했다. 이 때문에 일본에서는 이 시대를 거쳐 온 1970년대 중반부터 1980년대 중반 출생자 세대를 이른바 '취업 빙하기 세대'라고 부른다. 버블 경제가 꺼지면서 10년 가까이 일본 기업들은 신입사원 채용을 크게 줄이면서 대응에 나섰고 이 세대가 직격탄을 맞았다.

일본에서 버블 붕괴 이후 취업 빙하기가 오게 된 가장 큰 요인은 기업들이 채용을 축소했기 때문이다. 버블 경제 시기에 신입사원을 과도하게 뽑은 기업들은 두고두고 인건비 부담을 짊어질 수밖에 없었다. 미국, 유럽 등에 비해 고용 안정성이 높다 보니 정규직으로 일단 채용되면 대규모로 해고하지는 않았지만 기업 입장에서는 제 발로 그만두지 않는 한 이들을 끌어안고 가야 하다 보니 자연스럽게 신입사원을 덜 뽑게 됐다.

일본의 신규 구인 배율을 보면 '잃어버린 30년' 시기에 일본의 신규 취업 상황이 어땠는지 감을 잡을 수 있다. 신규 구인 배율이란 신규로 일자리를 찾는 구직자 1명이 구할 수 있는 일자리 수를 보여주는 지표다. 수치가 높을수록 일자리가 그만큼 많다는 뜻이다.

일본 후생노동성 통계에 따르면 버블 경제의 마지막 시기였던 1990년 최대 2.14배에 달했다던 신규 구인 배율은 불과 4년 만인 1994년에

| 일본 신규 구인 배율 추이

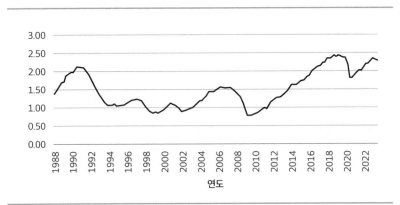

경기 흐름 따라 울고 웃는 세대

절반 이하인 1.08배로 뚝 떨어졌다. 그 뒤로 좀처럼 오르지 못하다가 한국, 태국, 말레이시아 등 당시 아시아 개발도상국들이 외환위기를 겪던 1998년 들어 1배 이하로 떨어졌다. 수치적으로도 구직자가 일자리보다 많았다는 뜻이다. 고용 통계에 들어가는 일자리에는 아르바이트, 파견직 등 조건과 상관없이 모든 일자리가 들어가기 때문에 취업 준비생들이 선호하는 대기업 정규직, 공무원 등 이른바 '질 좋은 일자리'는 더욱 적다.

2000년대 중반에 조금 오른 일본 신규 구인 배율은 2008년 리먼 브라더스 파산에 따른 글로벌 금융위기를 겪으면서 다시 1 이하로 추락한다. 한국에서는 글로벌 금융위기 당시 경기 침체는 있었어도 1998년 외환위기 때와 같은 대규모 실업 사태는 발생하지 않았다. 결과적으로 실물 경기도 예상만큼 크게 침체하지 않았다. 하지만 일본은 달랐다. 물론 일본은 한국처럼 1990년대 후반에 외환위기를 직접 겪진 않았다. 하지만 마이너스 성장률을 기록하고 장기신용은행이 파산하고 당시 4대 증권 회사 가운데 하나였던 야마이치 증권이 2600억 엔이 넘는 장부에 기재되지 않은 빚을 끌어안고 파산하며 버블이 본격적으로 꺼지는 위기가 시작됐다. 그런 큰 위기보다 2008년 리먼 사태가 일자리 측면에서 더 큰 위기였다는 뜻이다.

'대졸 신입'이 제일 큰 타격

취업 빙하기가 시작되자 가장 먼저 찬 바람을 맞은 건 단연 대졸 신입 채용이었다. 기업으로선 언제 쓰러질지 모르는 시대, 기존에 뽑았던 사원조차 감당하기 어려운 시대에 대졸 신입을 뽑는 건 엄두를 내지 못했다. 일단 채용을 줄이고, 꼭 필요하면 '즉시 전력감'인 경력직을 뽑는 고용 행태가 '잃어버린 30년' 초반기에 본격적으로 시작됐다. 한국에서 최근 벌어지고 있는 '경력직 선호 현상'의 원조가 바로 일본이었다. 기업은 당장 써먹을 경력직을 선호하는데 뽑을 만한 사람이 없고, 취업 준비생은 어디선가 경력을 쌓아야 하는데 신입을 뽑아주는 데가 없으니 갈 곳을 잃는 '일자리 미스매치'도 이 시기에 나타났다.

일자리 잡기가 어려워진 취업 빙하기 세대들은 어디라도 취업을 해야 했다. 당장 먹고 살아야 하니 비정규직이든 파견직이든 가릴 처지가 아니었다. 1990년 135만 명이었던 일본의 비정규직은 2014년에 230만 명으로 95만 명 증가했다. 이 기간에 정규직은 529만 명에서 242만 명으로 무려 287만 명이나 감소했다.

문제는 대학을 졸업하는 타이밍에 한번 일자리를 잡지 못하면 계속 어려움에 시달리게 된다는 점이다. 최근 한국의 상황에서 볼 수 있듯, 경력직 채용은 일본에서도 대기업이나 중소기업 중 관련 업계에서 인정받는 회사로 첫 취직에 성공한 사람들이 이른바 '경력 점프'로

경기 흐름 따라 울고 웃는 세대

이직하는 경우가 많다. 첫 시작이 '양질의 일자리'가 아닌 사람은 좀처럼 여기서 벗어나지 못하는 악순환을 겪기 시작했다. 취업 빙하기 시절 일본에서는 연간 10만 명 안팎이 취업에 실패했고 더 많은 사람들이 비정규직, 파트타임, 파견직에 머물러야 했다. '한 번 비정규직은 영원한 비정규직'이라는 우울한 현실이 펼쳐지는 셈이다. 일본 정부에 따르면 취업 빙하기 세대에 해당하는 30대 후반~40대 중반의 비정규직 및 프리터(아르바이트로 생계를 유지하는 사람)는 371만 명으로 세대 전체의 22%를 차지했다.[58]

1997년 외환위기로 국제통화기금(IMF) 구제금융을 받은 한국에서는 기업들이 대규모 구조조정을 단행하고 고용 분야에서 개혁을 했지만 일본은 그렇지 못했다. 국가 부도 위기에 처했던 한국은 예상보다 빠른 2000년대 초반 위기에서 벗어나고 IT 버블 등으로 상대적으로 빨리 신규 채용이 회복됐다.[59] 반면 일본은 상대적으로 기존 고용을 지키면서 신입사원을 뽑지 않는 쪽으로 버티기에 들어갔다. 당시 일본의 사회적 충격은 나라가 망할 뻔했던 한국보다는 작았지만, 후유증 및 여파의 기간은 오히려 한국보다 길었다는 평가가 나온다.

도쿄에서 만난 50대 여성 P 씨의 경력을 보면 비정규직의 굴레에서

58 〈'중년 히키코모리'에 놀란 일본, '취직 빙하기 세대' 지원 나서〉, 중앙일보, 2019. 6. 4.
59 통계청에 따르면 1998년 6.8%에 달했던 실업률은 3년 만인 2001년 3.1%로 크게 낮아졌고 실업자 수도 1998년 146만 명에서 2001년 69만9000명으로 절반 이상 감소했다. 물론 임시직, 비정규직 등이 늘어났다는 지적은 피하기 어렵다는 분석이 많다.

벗어나기가 얼마나 어려운지 알 수 있다. 그녀는 버블 경제가 한창인 1980년대 후반 증권 회사에 취업했지만 이후 개인 사정으로 5년 만에 회사를 그만뒀다. 결혼을 했지만 경제적 여유가 크지 않아 다시 구직에 나섰다. 지금은 조금 나아졌다지만 1990년대만 해도 한국이나 일본이나 기혼 여성이 정규직 자리를 잡는 건 매우 어려운 일이었다. 급한 대로 파견직으로 취직한 뒤 계속 정규직을 알아봤지만, 결과적으로 정규직 취업은 실패했다.

월급은 오르지 않고 언제 잘릴지 모르는 불안감이 계속되던 중 2008년 리먼 사태를 맞아 재계약을 하지 못했다. 100곳 넘게 입사원서를 썼지만 어디에도 취업을 하지 못했다. 몇 년 일하다 쉬다를 반복하다가 지금은 한 버스 회사의 경리직으로 일하고 있다. 지금도 비정규직이고 월급은 1990년대 증권 회사에 다닐 때보다도 못한 수준이다. 그녀는 비정규직의 늪에 빠진 셈이다.

경기 흐름 따라 울고 웃는 세대

노동 인구가 감소하면
상황이 나아질까?

✖
✖ ✖
✖

"누구라도 와서 일해줘"

엄혹했던 취업 빙하기는 2010년대 들어 극적으로 상황이 반전됐다. 2000년대 후반 리먼 브라더스 사태 당시 1배 미만으로 떨어졌던 신규 구인 배율은 이후 10년 넘게 지속적으로 상승했다. 공교롭게도 민주당 정권이 선거에서 패배하고 자민당이 재집권하며 아베 신조 총리가 권력을 잡았을 때다.

일본은 어쩌다가 이렇게 일자리가 많은 나라가 되었을까. 전문가들이 꼽는 가장 큰 이유는 인구 감소다. 한국보다 앞서 저출산 고령화 현상을 겪으면서 일본의 인구는 감소 추세에 접어든 지 오래다. 특히 일자리를 갖는 생산가능인구가 감소하기 시작하면서 일을 하려는 사람 자체가 줄어들고 있다.[60] 일자리 10개에 과거에는 15명이 도전했다가 사람이 줄어 10명만 도전하면 그만큼 취업이 쉬워지는 건 당연하다.

일본은 세계에서 가장 급격한 고령화를 맞이했고 세계에서 가장 먼저 저출산을 경험한 나라다. 내각부가 2022년 펴낸 《고령 사회 백서》의 인구 추이에 따르면 일본의 15~64세 인구는 1995년 8716만 명을 정점으로 꾸준히 감소하면서 2020년 7509만 명까지 감소했다. 25년간 일본의 일하는 인구가 1200만 명 넘게 줄어들었다는 뜻이다. 일본 정부는 2065년에 이 나이대의 인구가 4529만 명까지 줄어들 것으로 전망하고 있다. 미국, 유럽 등 서구 선진국들의 경우 이민자가 들어오는 것으로 인구 문제의 충격이 어느 정도 흡수되지만, G7 선진국 중 이민에 가장 까다로운 것으로 평가되는 일본에서는 저출산 고령화의 충격이 온전히 그대로 경제와 일자리 시장에 영향을 끼치고 있다.

일본 정부는 인구 감소에 따른 일자리 문제에 대해 "생산연령 인구의 감소로 노동력 부족, 국내 수요 감소로 인한 경제 규모 축소 등 다양한 사회 경제적 과제의 심각화가 우려된다"고 밝히고 있다. 일본 취업정보 기업 리크루트는 현 추세가 지속되면 2040년에는 일본 전역에

---

60 일본 총무성 발표에 따르면 일본 인구는 2009년 1억2700만 명을 정점으로 2023년까지 14년
    연속 줄었다. 대규모 이민을 받아들이지 않는 한 앞으로도 일본 인구는 감소할 것이 확실시
    된다.

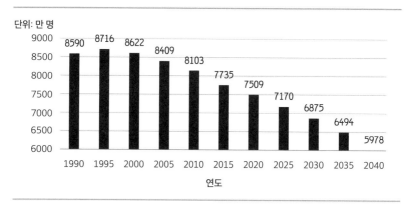

서 일할 사람이 1100만 명가량 부족할 것이라는 전망을 내놓고 있다.

구조적인 인구 감소로 일할 사람이 줄어들다 보니 일본 기업들은 언제나 사람을 구하지 못해 위기를 느낀다. 2023년 니혼게이자이신문 설문조사에서 일본 내 주요 기업 사장의 85.6%가 '회사 인력이 부족하다'고 응답했다. 시미즈 히로시淸水博 니혼세이메이 사장은 "노동 인구 감소 때문에 인력을 구하기 위한 경쟁은 그 어느 때보다 치열해질 것"이라고 말했다.[61] 특정 업계나 특정 회사가 아니라 일본 내 모든 업종, 모든 회사에서 일손 부족을 체감하고 있다. 2023년 일본의 한 설문조사에서 계획 대비 인력을 충분히 뽑았다고 응답한 기업은 55% 수준에 그쳤다. 종업원 수 300명 미만의 기업은 48%에 머물렀다. 일본에서는

---

61   〈인력부족, 80% 넘게 실감〉통계 및 코멘트 인용, 니혼게이자이신문, 2023. 7. 3.

갈수록 기업들이 원하는 만큼 사람을 뽑지 못하고 있다. 중소기업이라면 더욱 사람 구하기가 어렵다.

고용 문제에는 효과적이었던 아베노믹스

하지만 앞서 언급한 '취업 빙하기 세대'에서 볼 수 있듯 인구가 감소한다고 취업이 무조건 쉬워지진 않는다. 오히려 경제 측면에서 보면 반대가 되기 쉽다. 인구가 줄어들면 당장 제품을 사거나 서비스를 이용할 사람이 줄어들기 때문에 기업들이 '축소 지향형 경영'에 나서기 마련이다. 흔히 한국에서 '일본처럼 조만간 한국도 인구가 감소하기 시작했기 때문에 미래 세대는 취업하기 쉬울 것'이라고 생각하는데, 이것은 자칫 틀린 전망이 될 수 있다. 경기가 나빠져 기업들의 사정이 어려워지면 기업들은 가장 먼저 신규 채용부터 줄일 가능성이 높다.

'취업 빙하기'의 어두운 터널을 지나 일본에서 본격적으로 취업이 잘 되기 시작한 시기는 2010년대 들어서다. 리먼 브라더스 사태 직후인 2009년 7월 5.5%에 달하던 일본의 실업률은 아베 신조安倍晋三 일본 총리가 취임한 2012년 12월 4.3%로 꺾이기 시작해 아베 정권 7년 차였던 2019년 12월 2.2%까지 낮아졌다. 2017년에 일본에서는 '완전 실업률'이 버블 경제 직후인 1994년 이후 23년 만에 처음으로 3% 밑으로 떨어지며 사실상의 '완전 고용'에 들어갔다.

경기 흐름 따라 울고 웃는 세대

아베 정권에서 추진된 대표 경제 정책은 '아베노믹스'다. 20년가량 일본을 짓누르고 있던 저성장에서 탈출하기 위해 제로(0) 금리를 바탕으로 한 무제한 금융 완화 정책을 펴면서 일본 경제가 바닥에서 탈출하기 시작했다는 평가가 많다.

아베노믹스로 인해 일본 경제가 살아났는지에 대해서는 일본 내에서는 물론 세계 경제학계에서도 지금까지 논쟁거리다. 다만 고용만을 놓고 보면 적어도 효과가 있었다는 데 반론을 제기하는 사람은 많지 않다. 도요타자동차 등 일본 대기업들이 아베노믹스로 인한 엔저 현상으로 수출 경쟁력이 높아져 채용 인원을 계속 늘려가는 등 제조업 분야에서 적지 않은 일자리가 창출됐다. 해외 관광객 맞이에 열을 올리고 엔저로 외국에서 일본으로 여행을 올 환경이 조성되면서 호텔 등 숙박업, 음식업 등 관광 분야의 일자리도 크게 증가했다. '대담한 금융정책, 기동적인 재정정책, 민간 투자를 불러오는 성장전략'이라는 3개의 화살을 내세운 아베노믹스는 '성장전략' 변화까진 가져오지 못했지만 일단 돈을 푸는 것까지는 실현시켰다. 또 다른 거품에 불과하다는 지적도 있었지만, 그럼에도 아베노믹스 실행 이후 주가는 오르고 엔화 가치는 하락했다. 버블 붕괴 이후 20년가량 침체돼 있던 일본 금융 시장에 실로 오랜만에 활기를 불어넣었고 수출 기업의 가격 경쟁력에도 도움이 됐다. 금융에 온기가 돌고 수출이 잘 돼 기업 사정이 좋아지면 자연스럽게 기업이 고용을 늘릴 수 있는 힘이 생긴다. 이런 상황을 감안하면 2010년대 일본의 취업 시장이 좋아진 걸 단순히 '인구 감소에 따른 불황형 호조'라고 폄훼하긴 어렵다.

인구 감소로 일자리 경쟁률이 낮아졌다고 보기 힘든 또 다른 이유가 있다. 업종별 고용 증가세가 이를 보여준다. 일본에서 잘나가는, 최근 정부가 전략적으로 육성을 도모하고 있는 분야에서 고용이 1년 새 두 자릿수 퍼센트의 증가세를 보이고 있다. 단순히 인구가 줄어 괜찮아졌다면 합격자는 조금 줄어들고 지원자는 더 많이 감소하는 현상이 나타나야 한다. 하지만 일본에서는 이와 정 반대 현상이 나타나고 있다.

일본의 최대 인력 파견 회사인 월드홀딩스는 2024년도 내정자로 3348명을 뽑으며 입사자가 1000명이 안 됐던 1년 전보다 고용 규모를 3배 이상으로 늘렸다. 2024년부터 본격 가동에 들어가는 세계 최대 파운드리(위탁) 반도체 기업 TSMC의 구마모토 공장의 완공에 맞춰 IT 관련 파견 인력을 대거 뽑은 탓이다. 최근 반도체에 힘을 넣고 있는 일본의 분위기를 보여주는 대규모 인재 채용이다.

코로나19 팬데믹 회복세가 가장 빠른 호텔과 여행업에서는 2024년 채용이 1년 전보다 220% 늘었고 항공(89%), 철도 및 버스업(35.5%) 등도 많이 뽑았다. 디지털 전환에 따른 정보기술(IT) 인재가 많이 필요한 은행업도 채용이 늘었다. 일본 3대 금융그룹 미즈호 파이낸셜은 초봉 인상, 채용 분야 확대를 통해 전년보다 31% 늘어난 500명을 선발했다.

경기 흐름 따라 울고 웃는 세대

정책이 만들어낸 499만 개의 일자리

아베노믹스에 따른 일자리 증가는 숫자로 드러난다. 2012~2019년 일본의 일자리 수는 499만 개 증가했고 이 중 정규직은 149만 개, 비정규직은 350만 개가량 증가했다. 이를 두고 아베노믹스가 질 나쁜 일자리만 양산했다고 비판하는 목소리도 있었지만, 중요한 건 일자리 전체가 증가했고 정규직도 어쨌든 150만 개 가까이 증가했다는 점이다. 2019년 1인당 실질 임금이 2012년 대비 4.6% 감소했지만, 이는 일하는 방식 개혁으로 1인당 근로 시간이 줄었기 때문이라는 분석도 가능하다. 육아휴직, 간호휴직 등이 예전보다 쉬워지면서 근로자의 평균 노동시간은 감소했고 이로 인해 실질적으로 시간당 실질 임금은 상승했다고도 보인다.[62]

물론 낮은 노동생산성, 비정규직 고용 처우, 아날로그 스타일의 답답한 일하는 방식 등은 개선될 여지가 있다. 하지만 이런 불만은 결과적으로 일자리가 증가했기 때문에 생기는 논쟁이다. 마치 배가 고플 때는 일단 배를 채우기 위한 고민을 하지만 배가 부르면 영양 균형이 잡힌 식사를 했는지, 패스트푸드만으로 배를 채우진 않았는지, 얼마나 맛있는 음식을 즐기는지를 따지는 것과 같다.

---

62 타무라 무네히사(田村統久), 〈고용, 소득 면에서 본 아베노믹스는 실패한 것인가〉, 다이와 총연, 2020. 9.

일본에서 20대 젊은이들의 자민당 지지율이 상승한 것도 취업률이 올라가면서 나타난 결과라는 해석이 있다. 일본에서 20대의 자민당 지지율은 2000년 23%에서 2016년 47%로 배 이상 증가했고, 세대별로도 2017년 총선거에서 60대 29%에 비해 20대 47%로 오히려 젊은 층이 보수화된 모습을 보였다. 공교롭게도 취업 빙하기가 끝난 2010년대 들어 일본의 구인 배율은 극적으로 증가했고 그 뒤로 기업보다 구직자가 갑이 되는 분위기가 형성된 게 사실이다.[63] 아베 정권이 우경화 성향이 짙고 한국 등 주변국과 마찰이 커지면서 한국에서는 마치 악마 비슷하게 묘사된 점이 없지 않았지만, 이념에 큰 관심이 없는 젊은 세대는 "아베 정권은 큰 실책이 없고, 취업도 잘 되니 정권을 교체할 이유가 없다"고 입을 모으고 있다.

청년 취업이 잘 되는 나라가 됐고 취업률 호조도 10년 가까이 지속되고 있다는 점, 그럼에도 일본 경제에 별다른 부작용이 발생하지 않고 2023년 기준으로 25년 만에 한국보다 경제 성장률이 높을 것이라는 전망이 나온다는 점 등을 감안했을 때 '아베노믹스 = 일자리 증가'라는 공식을 일본에서 부정하기는 쉽지 않다. 2010년대 이어진 한일 관계 악화로 한국에서는 아베 전 총리에 대한 인식이 워낙 좋지 않고 '잃어버린 30년'이라며 일본 경제에 혹평하는 목소리가 워낙 컸기 때

---

63 〈헤이세이(平成)라는 것은: 제3부 변하는 공기, 안정도 변화도, 미래상 찾는 젊은이〉, 아사히신문, 2018. 9. 6.

경기 흐름 따라 울고 웃는 세대

문에 제대로 평가받지 못한 측면이 있다. 하지만 일본의 일자리 증가를 '숫자뿐인 허상', '비정규직만 잔뜩 늘어난 실패한 정책'이라고 비난하는 건 오히려 본질을 왜곡하는 일일 수 있다. 적어도 지금의 청년 고용만을 놓고 보면 한국 취업 준비생에게 일본은 부러운 나라다.

일할 사람이 없어서
문 닫는 가게

✖
✖ ✖
✖

물류·간호·가사 서비스… 3D 직종의 위기

일자리를 구하는 개인 입장에서는 일자리가 많은 게 좋은 현상이지만, 일할 사람을 구해야 하는 기업으로서는 심각한 위기다. 특히 구조적으로 근로자에게 돈을 많이 주기 어려운 직종의 경우 생존을 걱정해야 하는 심각한 상황이다.

일본의 운수업계는 최근 '2024년 위기'를 코앞에 두고 고민이 크다.[64] 2024년 4월부터 '근무 방식 개혁법' 적용 대상 확대로 가뜩이나 인력이 부족했던 운전사가 더욱 줄어들어 사회적 문제가 될 수 있다

---

64 〈2024년 문제란? 인력 부족, 노동시간·임금 문제에 직면하는 운송업계〉, 닛케이비즈니스, 2023. 4. 13.

경기 흐름 따라 울고 웃는 세대

는 것이다. 일본에서는 이 법에 따라 물류업계의 경우 2024년부터 연간 최대 초과근무 시간이 960시간으로 제한된다. 한국과 마찬가지로 살인적 노동강도의 운전으로 업계가 겨우 굴러갔던 물류업계로서는 큰 위기다. 당장 사람을 구하지 못하면 트럭을 운전할 사람이 없어 물건을 운반할 수 없는 물류 마비에 직면할 수 있다는 것이다. 노무라 종합연구소에 따르면 현 상태에서 변화 없이 그대로 유지될 경우 2025년에는 28%의 화물을, 2030년에는 35%의 화물을 나를 수 없는 상황에 직면할 것으로 보인다.

일본에서는 고속철도인 신칸센을 개조하거나 여객 열차 좌석 밑에 짐을 넣는 식으로 화물 철도를 확대하는 검토에 들어갔다. 택배업체인 야마토홀딩스는 일본항공(JAL)과 제휴해 국내선 화물 항공기 운항을 2024년부터 시작할 계획이다. 각 업체마다 다양한 아이디어를 내면서 실행에 옮기고 있지만 일손 부족을 근본적으로 해결할 것이라는 평가는 아직 나오지 않고 있다. 결국 일본 정부가 직접 나서 트럭을 대체하는 선박 및 철도 수송량을 향후 10년 새 2배로 늘리기 위한 대책 마련에 나섰다. 기시다 총리가 "국민 생활, 경제를 지지하는 중요한 사회 인프라인 물류의 정체가 우려되는 '2024년 위기' 해결은 긴급한 과제"라며 대책 마련을 지시할 정도로 물류업계의 일손 부족은 일본 경제를 뒤흔들 문제로 꼽힌다.

서민들의 발인 버스도 상황은 비슷하다. 근무 방식 개혁법으로 연간 근무시간이 3300시간으로 제한되고 퇴근 후 다음날 운전대를 잡을 때까지 반드시 확보해야 할 최저 휴식 시간이 8시간에서 11시간으로 늘어난다. 여기에 인구 감소 등으로 버스 운전에 필요한 대형 2종 면허 보유자 수가 2012년 102만 명에서 2022년에 80만 명으로 줄어드는 등 감소 추세에 접어든 지 오래다. 특히 20~30대 대형 2종 면허 보유자는 10년 전의 절반 수준에 그치고 있다. 오사카와 인근 시골 지역을 이어줬던 시내버스 업체 콘고金剛 버스는 승객 수가 줄고 버스 운전사를 구하지 못하면서 2023년 9월 14개 버스 노선 사업을 접었다. 한국처럼 일본 역시 시골에는 운전이 어려운 고령자가 거주한다. 인구 감소와 운전사 부족으로 시내버스가 폐지되고 이 때문에 지역의 삶의 질이 더욱 악화돼 지방 거주 여건이 더욱 나빠지는 악순환이 나타나고 있다.

일본에서 오랫동안 일손 부족에 시달리는 또 다른 분야는 병 간호(개호)다. 병 간호를 필요로 하는 노인들은 갈수록 늘어나는데, 간호를 해줘야 하는 젊은이들은 줄어들면서 나타나는 현상이다. 인구 구조 변화가 직접적 원인인 대표 분야다. 일본 공익법인 '개호 노동 안정 센터'에 따르면 2013년 17.4%였던 60세 이상 간호 분야 종사자 비율은 2018년에 21.6%까지 증가했다. 여기에 연 수입이 300만 엔대(약 3000만 원) 수준으로 낮아 사회적으로 좋은 일자리라는 평가를 받지 못하면서 기피 현상은 더욱 심각해졌다. 2022년 기준 일본의 방문 병 간호 분야

경기 흐름 따라 울고 웃는 세대

의 유효구인 배율은 무려 15.53배에 달했다. 이 분야에 일자리가 15개 있다면 일을 하기 위해 나서는 사람은 1명에 불과하다는 뜻이다. 요양 병원 등 간호 시설의 유효구인배율 역시 3.79배로 일자리 3~4개에 일 하려는 사람은 1명에 불과했다. 일본에서는 이런 상황이 지속되면 노 인 복지라는 사회 서비스 자체가 붕괴될 수도 있다는 위기감의 목소 리가 나온다.

특히 고령자가 급증하고 젊은이들이 떠나는 지방은 상황이 심각하 다. 일본 후쿠시마에서는 사회복지 및 간호 분야에서 일하는 외국인 이 2022년 286명으로 10년 전의 10배로 늘었다. 일본 전국적으로 사 회복지 등에 종사하는 외국인은 7만4339명으로 해마다 늘고 있다.

한국에서 최근 논의하기 시작한 외국인 가사 도우미 도입을 일본 에서는 이미 시범적으로 실시하고 있다. 아베 신조安倍晋三 전 총리 시 절인 2017년부터 시행된 '국가전략특구' 제도에 따라 도쿄, 오사카, 나 고야 등 대도시 및 인근 지역에서 외국인 가사 도우미 제도를 시범 도 입했다. 한국처럼 일본 역시 가사 도우미는 급여가 낮고 일이 험하다. 사회 전반적으로 일자리가 많아지면서 힘든 일을 하지 않으려는 풍조 는 일본도 예외가 아니다. 힘들고 어려운 다른 일을 외국인이 하는데 가사 도우미만 일본인이 할 리가 없다.

외국인이 일본에서 가사 도우미로 일하려면 18세 이상, 실무 경력 1년 이상, 일정 수준의 일본어 구사 능력 등이 필요하다. 한국에서 도입하려는 외국인 가사 도우미처럼 일본의 외국인 가사 도우미들은 대부분 필리핀 출신이다. 개인과 1대1로 계약하는 것보다는, 주로 기업형 가사 지원 서비스업체에 소속되는 경우가 많다. 주된 일은 요리, 청소, 세탁, 육아 등이다. 시행 첫해인 2017년 599가구에 불과했던 이용가구 수는 2020년에 5518가구로 불과 3년 만에 10배 가까이 늘었다.

6년이 흐른 지금 대도시보다 일손 부족 현상이 더 심각한 주요 지방자치단체를 중심으로 "우리도 외국인 가사 도우미를 허용해 달라"는 요청이 늘어나면서 중앙정부가 긍정적 검토에 들어갔다. 시행 지역을 주요 대도시에서 지방으로 넓히고, 현행 5년인 최장 체류 기간을 7년 안팎으로 늘리는 방안을 일본 정부는 검토 중이다. 고령화와 저출산으로 일손 부족이 갈수록 심각해지는 현상이 가사 도우미 분야까지 미치고 있다.

외국인 근로자 쟁탈전

오사카 간사이국제공항과 오사카의 중심 번화가 우메다梅田 사이에 사카이堺라는 도시가 있다. 한국으로 치면 부천, 성남 같은 오사카의 위성도시다. 이곳에 일본 농기구 1위, 건설 기계 3위의 중장비 대기업 쿠보타Kubota 공장이 있다. 1890년 창업해 130년을 훌쩍 넘긴 일본의 대기업이다.

경기 흐름 따라 울고 웃는 세대

20만m² 면적의 대규모 공장에서는 트랙터, 엔진 등을 생산하고 있다. 공장에 들어서니 기계 특유의 쇠 냄새와 석유 냄새가 진하게 풍기면서 귀를 먹먹하게 할 정도의 소음이 들려 왔다. 연간 3700억 엔 규모 매출에 달하는 기계 제품의 70%는 일본 밖 외국으로 수출된다. 미국, 유럽 등의 농장에서 쿠보타 농기계는 튼튼하고 고장 안 나기로 유명하다.

공장 곳곳에서 눈에 띄는 건 단연 외국인 근로자들이었다. 다소 짙은 피부에 한눈에 봐도 동남아시아 사람인 게 확 드러났다. 필자가 공장에서 만난 어느 외국인은 인도네시아에서 왔다고 했다. 이 공장에서만 근무하는 외국인이 300여 명. 전체 근로자 2900명의 10%를 넘는 인원이었다.

사카이 '쿠보타' 공장에서 인도네시아 직원들이 일하고 있다.

쿠보타 같은 대기업은 그나마 외국인이 덜 근무한다. 대우가 좋은 대기업이니 현지 특성화고 및 전문대 졸업생들이 선호하는 직장이기 때문이다.

일본에서 가장 외국인을 쉽게 만날 수 있는 곳 중 하나는 단연 편의점이다. 도쿄 시내 어디에서든 계산대에 외국인 근로자가 있다. 일본인보다 외국인이 많다고 해도 과언이 아니다. 도쿄에는 코로나19 이전까지만 해도 하루 24시간 교대 근무자 전원이 외국인인 편의점도 있었다. 편의점 특성상 하루 8시간, 주 40시간을 채우지 않고 교대 근무로 조금만 일해도 되기 때문에 유학생이 특히 많다. 일본에서 공부하는 유학생은 주 28시간까지 합법적으로 일할 수 있는 자격이 부여된다. 4년제 대학, 대학원에서 공부하는 학생도 있지만, 상당수는 일본 취업을 목표로 온 동남아시아 출신이 많다. 일본어 학교에 다니면서 편의점에서 아르바이트를 하고, 일본어 실력을 늘려 전문학교 등에 진학해 기술을 익혀 번듯한 직장에 다니는 게 이들의 꿈이다. 물론 이들 국가 소득 수준에 비해 매우 높은 학비 및 집세를 내야 하는 상황에 일본 내에서도 최저임금 수준인 편의점 시급만 받다가 두 마리 토끼를 모두 놓치는 안타까운 경우도 종종 있지만, 그래도 이들에게 편의점은 돈도 벌고 공부도 할 수 있는 일터 중 하나다.

일손 부족이 만성화되고 있는 일본은 외국인에게 갈수록 문호를 넓히고 있다. 일본의 이런 모습은 한국에서도 이미 일부 찾아볼 수 있

경기 흐름 따라 울고 웃는 세대

다. 총인구 대비 외국인 근로자 비중은 한국이 1.6%(84만 명), 일본이 1.4%(182만 명)다. 한국은 주로 경기 안산시 등 공단이나 농촌에 외국인 근로자가 많고 일본은 도쿄 도심 편의점, 간호 분야 등에도 외국인이 많아 피부에 와닿는 느낌이 다르긴 하지만 한국도 이른바 3D(힘들고 위험하고 지저분한) 업종이나 중소기업, 농촌에서는 외국인이 없으면 돌아가지 않는 게 현실이다.

일본에서는 외국인이 없으면 경제 유지가 안 된다는 현실을 깨닫고는 규제 완화가 한창이다. 체류 기한 제한이 없고 가족도 데려올 수 있는 외국인 근로자 비자인 '특정 기능 2호' 확대를 추진하고 있다. 처음에는 조선업, 농업 등을 대상으로 검토했다가 간호, 운수업 등 일손 부족에 시달리는 다른 업종에서도 '특정 기능' 대상을 추가해 달라고 강력하게 요구하고 있다. 현 추세대로라면 몇 년 뒤에는 동남아시아 사람이 운전하는 버스나 택시가 일본에서 부쩍 늘어날 가능성이 있다.

한국 역시 'K-포인트 E74'라는 제도를 시행하고 있다. 4년 이상 국내에 체류하고 일정 수준 이상의 한국어 능력을 갖추면서 1년 이상 근무 중인 기업의 추천을 받은 외국인을 대상으로 연간 최대 3만5000건까지 숙련 기능 인력 비자 발급을 해주는 제도를 시행하기로 했다.[65]

---

65 〈숙련기능인력 3만5천 명 혁신적 확대 방안(K-point E74) 시행〉, 법무부 보도자료, 2023. 9. 25.

동남아시아, 중앙아시아, 아프리카 등의 인력을 확보하는 데 있어서 한국과 일본은 이미 경쟁 모드에 들어갔다고 해도 과언이 아니다. 자국 인력만으로는 국내 산업을 유지하고 돌리는 데 한계가 있다고 인식하고 있는 한일 양국은 아시아 특유의 이민 분야 폐쇄성이라는 한계를 넘으려 하고 있다. 그 전까지 외국인 근로자에 대한 일본의 기본 개념은 '선진국인 우리가 개발도상국 사람들에게 5년간 일할 기회를 주고 기술을 가르쳐 준다'였다. 잘 사는 일본이 못 사는 후진국을 돕는다는 게 기본 철학이었다. 하지만 이제는 상황이 완전히 달라졌다. 외국인 근로자가 없으면 국가 경제와 인프라가 돌아가지 않는 수준까지 왔기 때문이다.

'외국인 인재에게 선택받는 나라가 되겠다'는 게 일본 정부의 궁극적인 목표다. "향후 간부, 임원으로 발탁할 인재 육성까지 생각하면서 중장기적 시각으로 보겠다"(게이단렌)는 목소리도 나오고 있다. 국내 일부에선 늘어나는 외국인에 대한 배타적인 인식, 때로는 혐오감까지 드러내며 반대하는 목소리도 적지 않지만 산업 현장에서는 이미 외국인은 '값싸게 데려올 수 있는 인력'의 차원을 넘어 없어서는 안 될 필수 인재가 된 지 오래다.

경기 흐름 따라 울고 웃는 세대

부업 겸업 허용하며 독려

일손 부족 해결을 위한 일본의 또 다른 대책은 '부업 겸업 허용'이다. 2018년 후생노동성이 '부업 겸업 촉진 가이드라인'을 제정하면서 공식적으로 부업 금지를 해제했다. 이 때문에 일본에서는 2018년을 '부업 원년'으로 부른다.

1인 1직업 종신고용이 기본이었던 일본에서 부업은 '한눈판다'는 이미지가 강했다. 하지만 IT가 고도화되고 다양한 매체가 발달하면서 '평생 하나의 일만 해야 하나'라는 의문이 강해졌다. 부업을 하면서 자신이 가진 새로운 능력을 발견할 수도 있고, 본업을 하는 데 자극이 될 수도 있다. 회사에 평생 몸을 의지해야 한다는 샐러리맨 특유의 '열패감'도 씻을 수 있는 계기가 된다. 무엇보다 과거처럼 주 5일 하루 8시간 회사에 묶어놓는 형식만 고집하다가는 갈수록 심해질 일손 부족에 대응하기 어렵다는 게 일본 정부의 판단이다.

일본 기업의 부업 허용은 대세다. 게이단렌에 따르면 2013년 20%대에 머물렀던 부업 허용 회사는 2022년 53.1%까지 늘었다. 향후 부업 허가를 검토하는 회사까지 합치면 83.9%로 늘어난다. 일본 최대 여행사인 JTB는 부업 희망자에게 가이드라인을 지키겠다는 서약서를 받고 경쟁사에 기밀 누설을 하지 않는다는 조건으로 월 35시간까지 부업을 허용한다. 일본 대형 항공사인 전일본공수(ANA)의 경우 스튜어

디스를 위주로 2022년 기준 700명이 부업을 하고 있다. 일본 증권사 SMBC닛코는 주 3~4일 근무제를 도입하면서 입사 4년 차 이상 정규직을 대상으로 회사에 신고하는 조건에 부업을 허용한다.

일본의 부업도 한국과 크게 다르지 않다. 은행에 다니는 여직원 H 씨는 학창 시절부터 푹 빠졌던 수예 취미를 살려 '핸드메이드 뜨개질' 스웨터, 목도리 등을 온라인 쇼핑몰에서 판매한다. 30대 회사원 C 씨는 주말을 활용해 일본 음식배달 서비스 '우버 이츠' 배달을 한다. 오토바이 배달이 대세인 한국과 달리 일본은 오토바이 못지않게 자전거가 배달 수단으로 인기다. 자전거 타기가 취미인 C 씨는 배달 일을 '자전거로 운동도 하고 돈도 버는 일석이조'라고 생각한다. 주식 투자나 외환 투자의 경우 한국에서는 직장에서 몰래 짬짬이 하지만, 일본에서는 부업으로 여기는 경우가 많다.

일본에서 부업은 이미 대세가 됐다. 만성적인 구인난에 시달려 온 일본 회사는 직원을 붙잡아 두는 일이 최대 관건이다. 종신고용 관행이 사라져 가는 시대 상황에 맞춰 '투잡'을 뛰거나 부업을 하려는 직원이 늘고 있다. 학위나 자격증 취득을 통한 자기계발 욕구도 강해지는 추세다. 과거처럼 회사에 붙들어 매려다 직원들이 회사를 그만두면 지금의 일본 상황에서는 전적으로 회사의 손해다. 기껏 교육한 인력이 그만둬 구멍이 나는 것보다 더 큰 타격은 없기 때문이다.

니혼게이자이신문, 일본 퍼솔종합연구소에 따르면 일본 정규직 중 부업을 하는 사람은 10.9%에 달하고 지금 부업을 안 하는 사람 중에서 앞으로 부업을 하고 싶은 사람은 41.0%에 이른다.[66] 물론 부업을 해서 큰 소득을 올리기는 어렵다. 대체로 월 5~10만 엔 수준이다. 하지만 아침 일찍 출근해서 저녁 늦게 퇴근해 파김치가 되면서 '왜 일을 하는지', '무엇을 위해 일하는지'에 대한 생각을 잃어가며 멍해지는 사람들에게 부업은 새로운 자기실현의 수단이 될 수 있다. 일본 정부는 지방 거주를 독려하며 기업이 재택근무나 주 4일 이하 근무제 등을 도입할 것을 권장하고 있다. 일본 최대 경제단체 경단련經團聯은 회원사를 대상으로 주 3일제 근무 및 장기휴가 제도 도입을 촉구하고 있다.

회사들로서도 부업 허용은 기회가 될 수 있다. 한국의 쿠팡, 배달의 민족 등을 생각해 보면 부업으로 배달을 하는 사람이 없다면 회사의 유지 자체가 어려울 정도로 부업에 나선 사람들의 역할은 크다. 이미 한국에서도 부업은 확산 일로다. 통계청, 잡코리아 등에 따르면 국내에서 부업을 하고 있는 근로자 수는 2022년 기준 54만 6000명으로 4년 전인 2018년(43만3000명)보다 10만 명 늘어나 매년 역대 최고치 기록을 갈아치우고 있다.[67] 개인으로서는 물가 상승, 경기 부진으로 부업 소득을 노리는 사람들이 그만큼 많아졌다는 뜻이다.

66   〈부업 실태 의식 조사 결과〉, 일본 퍼솔종합연구소, https://rc.persol-group.co.jp/news/201902120001.html
67   〈"월급만 안 올라 뭐든 해야" N잡러 54만 명 조용한 부업 열풍〉, 중앙선데이, 2023. 10. 21.

달리 보면 회사로서도 부업에 나서려는 사람들에게 적극적으로 '러브콜'을 보내야만 성장과 회사 운영이 가능하다는 뜻으로도 해석할 수 있다. 과거 1960~1970년대처럼 시골에서 보따리를 싸 들고 '무작정 상경'을 하는 사람도 없고 연간 100만 명 가까운 아이들이 학교를 졸업하고 20살이 되는 시대도 아니다. 저출산 고령화가 장기화되고 시골에서 도심으로 향하는 노동력 공급이 사라지는 시대에는 노동력이 귀하다. 일본은 한국보다 앞서 일손 부족의 심각함을 깨닫고 부업 독려에 나섰고 한국도 이를 뒤따라 비슷한 길을 가고 있다고 볼 수 있다.

국가 경제 전체로는 이제까지 없던 기업을 새로 탄생시킬 수 있는 정도의 잠재력이 있다는 뜻이다. 그 예로 사내 벤처 형태로 부업을 권장하기도 한다. 일본 안약 제조사인 로토Rohto 제약은 사내 여러 부서 일을 겸업하는 '사내 더블잡', 본업을 하면서 주말이나 퇴근 후 일하는 걸 허용하는 '사외 챌린지 워크'를 시행하고 있다. ANA항공은 아예 승무원을 대상으로 주 2일 근무를 허용하는 제도까지 시행하며 '주업이 부업'인 고정관념 파괴까지 단행했다. 주 2일제를 신청해 승인받은 승무원은 연초에 결정된 한 해 동안 쉬는 날에 맞게 근무표가 짜인다. 특정 노선 위주로 일할 수도 있다. 미쓰이스미토모해상보험은 승진할 때 자회사 파견, 부업 경험이 필수이기까지 하다.

심지어 일본에서는 스님들마저 부업을 한다는 뉴스가 나온다. 한국 불교는 속세와 인연을 끊고 출가해 산에 들어가 스님이 되는 게 보통이지만, 일본 불교는 결혼을 해 아내, 자식 등 가족을 두고 고기도 먹는 '대처승'이 많다. 집안이 대를 이어 가업으로 절을 운영하는 경우가 많고 머리도 기른다.

일본 불교 사찰은 전통적으로 묘지 관리, 장례식, 제사 등이 주 수입원이고 부동산을 보유한 일부 절은 빌딩 및 주차장 경영, 음식점, 숙박업을 하기도 한다. 하지만 저출산 고령화가 심화되고 현대화에 따른 사람들의 인식 변화로 사찰을 찾는 인구가 줄면서 사찰마저 부업에 뛰어들게 됐다고 한다. 스님이 대학에서 강사로 겸업을 하거나 관광객을 대상으로 다양한 비즈니스 모델을 개발하는 경우도 있다.[68]

일손 부족에 확산되는 로봇

최근 일본에선 일손 부족의 대안 중 하나로 적극적인 로봇 도입이 떠오르고 있다. 과거에는 거대한 자동차, 기계 공장에서나 찾아볼 수 있던 로봇을 최근에는 도쿄 동네의 프랜차이즈 음식점에서도 쉽게 찾아볼 수 있다. 2010년대부터 일부 레스토랑에 도입되기 시작한 로봇은 이제는 대기업 운영 레스토랑 체인점을 중심으로 없어서는 안 될 존재로 자리를 잡았다. 일할 사람을 구하기 점점 더 어려워지는 시장

---

68 〈스님 절반이 부업… 잘나가던 日 불교 위기 맞은 까닭〉, 한국경제, 2021. 6. 12.

일본 패밀리 레스토랑 '가스토'에서 고양이 얼굴의 서빙 로봇이 돌아다니고 있다.

상황을 로봇이나 태블릿 PC 도입 같은 자동화로 풀고 있다. 로봇 가격이 내려가고 디지털에 익숙해진 사회 분위기도 한몫했다.

도쿄 미나토구 패밀리 레스토랑 체인점 '가스토'. 주문한 지 10여 분만에 익숙한 전자 음성으로 요리가 다 됐다는 안내가 들려 왔다. 빈자리를 찾기 힘들 만큼 북적이는 점심시간에 음식을 가져다준 건 종업원이 아니었다. '하이젠 로봇配膳ロボット'으로 불리는 서빙 로봇이었다. 선반에 올려진 음식을 집어 테이블에 놓은 뒤 로봇 화면 버튼을 살짝 누르자 밝은 멜로디가 나오면서 로봇은 이내 왔던 길을 되돌아갔다. 테이블 20개가 넘는 이 음식점에서 주문한 음식을 손님에게 가져다주

경기 흐름 따라 울고 웃는 세대

는 일은 전적으로 로봇 몫이다. 종업원 1명이 돌아다니면서 가게 구석 구석을 살피지만 가게 점검 정도를 할 뿐이다.

주문도 종업원이 받지 않는다. 테이블에 설치된 태블릿 PC를 조작 하며 음식을 고른다. 대부분의 식당에서 영어로 메뉴 전환이 가능하 고 곳에 따라서는 한국어, 중국어 메뉴 전환도 가능하다. 외국인한테 는 오히려 이런 곳이 더 편리하다. 맥도날드 등 패스트푸드점이 계산 대 앞 키오스크에서 주문을 받고 그 자리에서 신용카드 등으로 결제 를 한다면 이곳에서는 테이블의 태블릿 PC로 주문을 받고 식사를 마 친 뒤 계산대에서 결제를 하는 정도가 차이다. 음식은 서빙 로봇이 갖 다준다. 물과 음료수는 스스로 떠서 마신다. 식사를 마친 뒤 계산은 음식점 출입구에 설치된 '셀프 계산대'에서 한다. 고객이 사람과 마주 칠 일이 사실상 없는 셈이다.

일본 전국에서 가스토, 조나단 등 26개 외식 브랜드 3054개 점포를 운영하는 일본 최대 패밀리 레스토랑 업체 '스카이락'은 2022년 말 기 준 전국 2100개 점포에서 자율주행형 로봇 3000대를 도입했다. 2021 년 8월 처음 로봇을 도입한 이후 1년 4개월 만에 가게당 1.5대꼴로 보 급한 것이다. 반응은 좋다. 회사 자체 설문조사 결과 고객 90%가 로봇 이 하는 접객에 '만족한다'고 응답했다. 또 그릇 정리 등에 걸리는 시 간이 35% 단축돼 인력 대체 효과도 컸다고 한다. 회사 측은 "로봇 전 면에 넣은 고양이 얼굴 모습이 귀엽다는 평가를 받으면서 어린이 고객에게 특히 인기가 높다"며 "향후 디지털 기술 진화에 따라 고객 편리성과 직원 업무 편의성을 채워줄 수 있는 로봇 활용을 지속적으로 검토해 나가겠다"고 밝혔다. 로봇을 도입한 매장은 통로 폭을 로봇이 돌아다닐 수 있을 정도로 넓히고 로봇과 사람의 동선이 엉키지 않게 음료수 코너 면적을 확대하는 등 내부 공간을 재정비했다.

일본의 식당 중 기계화가 가장 진전된 곳은 회전초밥집이다. 일본 최대 회전초밥 업체 '스시로'에 가면 기계화 레스토랑의 진수를 맛볼 수 있다. 일단 들어서면 "이랏샤이마세(어서오세요)"라는 기계음이 손님을 맞이한다. 계산대 옆에 비치된 화면을 터치해 번호표를 뽑아 자신의 순서가 될 때까지 기다리면 된다. 자기 번호가 불리면서 "00번 고객은 XX번 테이블로 가세요"라는 안내 문구가 나오고, 손님은 기계가 배치해 주는 자리에 앉으면 된다.

태블릿 PC를 터치하면서 메뉴를 고르며 주문을 한다. 한국어도 있어서 생선 이름 때문에 고민할 필요도 없다. 주문을 하고 몇 분이 지나면 회전초밥 컨베이어 벨트에 실린 주문 요리가 도착하면서 "주문하신 음식이 도착했습니다"라는 안내 멘트가 나온다. 식사를 마친 뒤 태블릿 PC의 계산 버튼을 누르면 손님이 먹은 메뉴 목록이 나오며 정산이 된다. 틀린 게 없다는 걸 확인하면 '완료' 버튼을 누르고 바코드가 새겨진 전표를 들고 가 계산대에서 계산을 한다. 도움이 필요할 때 호출 버튼을 누르면 직원이 나오긴 하지만, 별문제가 없다면 가게에 들

경기 흐름 따라 울고 웃는 세대

어선 후 식사를 마치고 나갈 때까지 단 한 번도 사람과 마주할 일이 없다. 이 정도면 내가 식당에 간 것인지, 초밥 공장에 들른 것인지 헷갈릴 정도다.

일본 레스토랑의 로봇 도입은 일손 부족의 나비 효과다. 앞서 언급했듯 소득이 좀처럼 오르지 않는 일본에서는 웬만해선 음식값을 올려선 안 되고 설사 올리더라도 어떻게든 원가, 비용을 낮춰 오름폭을 최소화해야 한다. 지금도 점심은 1인당 1000~2000엔, 저녁은 2000~3000엔 수준을 넘지 말아야 하는 게 프랜차이즈 패밀리 레스토랑의 불문율이다. 회전초밥 역시 대규모 체인점은 예전엔 1접시당 100엔, 지금은 올라서 120~150엔에 최저가를 맞춘다. 비용 절감이 이 업체들의 최대 과제이지만 식자재 가격과 전기료 등은 갈수록 상승하니 결국 인건비를 줄일 수밖에 없다. 가뜩이나 사람은 구하기 어렵고 인건비는 줄여야 하니 단순 반복 작업에는 최대한 로봇과 기계를 투입한다.

로봇 가격이 크게 낮아진 점도 로봇 확산의 또 다른 이유로 꼽힌다. 스카이락이 도입한 서빙 로봇은 중국 로봇 회사 '푸두 로보틱스' 제품이다. 가격은 1대당 3000만 원 안팎으로 알려져 있지만 대량 주문을 하면 자연스럽게 가격이 낮아진다. 여기에 금융기관을 통한 리스(장기 임대) 계약으로 들여오게 되니 업체 부담이 그리 크지 않다. 2023년 8월에는 일본 최대 편의점 업체인 패밀리마트가 도쿄를 비롯한 수도권 30개 매장에 창고 음료수 재고 정리 작업을 하는 인공지능(AI) 로봇

'TX 스카라'를 시범 도입했다. 페트병이나 캔 음료수를 냉장고에 진열할 뿐 아니라 AI 기술을 활용해 어떤 음료가 잘 팔리는지, 무엇을 보충하고 미리 주문할지를 예측하는 기능까지 탑재했다. 2022년에는 도쿄역 인근 빌딩가에 세계 최초 파스타 자동 조리 로봇을 도입한 레스토랑 '에비노 스파게티'가 문을 열어 일본에서 화제가 됐다.

문제는 이렇게 하는데도 음식점이 제대로 돌아가지 않을 정도로 일손이 부족하다는 데 있다. 얼마 전 도쿄 고토구 주택가에 있는 회전초밥 체인점 '스시로'에서 직접 겪은 일이다. 이곳은 일본 1위 회전초밥 전문점으로 저렴한 가격에 괜찮은 초밥을 맛볼 수 있어 서민들에게 인기가 높다. 한국의 평범한 초밥집보다 질 좋은 초밥을 제공하는데도 4인 가족이 배불리 먹는 데 가격은 5000엔 남짓이면 충분하다.

마침 주말이라 평소보다 사람이 많았지만 입구는 그야말로 인산인해, 마치 명절을 앞둔 서울 고속버스 터미널을 방불케 했다. 40여 개남짓한 테이블이 있는 큰 식당이고 곳곳이 빈 자리였는데도 대기 중인 손님들은 들어가질 못했다. 테이블마다 치우지 않은 초밥 그릇이 수북이 쌓여 있었다. 직원 2명이 바쁘게 뛰어다니며 자리를 치우고 손님들의 요청 사항을 들어주느라 정신이 없었다.

일본인들은 웬만해선 줄을 서면서 화를 내거나 항의하지 않지만 이날 이곳의 손님들은 기다리다 지쳤다. 끝내 한 손님이 "30분만 기다리면 된다면서 1시간 반을 기다리고 있다. 대체 어떻게 된 거냐"며 종업

경기 흐름 따라 울고 웃는 세대

원을 붙들고 따져 물었다. 귀까지 벌게진 종업원이 연신 "죄송하다. 며칠 전 직원 2명이 그만둬서 사람이 부족해 대응을 제대로 못 하는 점을 양해해 달라"며 허리를 숙였다. 누가 봐도 이렇게 큰 식당 홀에 종업원 2명으로는 부족해 보였다. 겨우 자리를 잡아 앉았지만 초밥을 주문해도 음식은 좀처럼 나오지 않았다. 일본 최대 체인으로 자리 안내, 음식 주문, 음식 서빙 등을 사람 손이 아닌 기계, 태블릿 PC로 처리하는데도 그랬다. 100명 가까운 손님들의 몰려드는 주문을 주방 직원들은 제대로 소화하지 못했다. 초밥에 들어가는 샤리(밥)를 먹기 좋은 크기로 뭉치는 것까지 기계로 해서 일손은 최소 수준으로 필요한 곳이었는데 그랬다.

일본에서는 이 식당처럼 일할 사람을 구하지 못해 곤란을 겪는 곳이 한두 곳이 아니다. 종업원을 구하지 못해 점심 장사를 포기하고 저녁에만 문을 여는 식당은 일본에서 이제 흔하다. 한국의 빠릿빠릿한 직원과 비교하면 속이 터질 정도로 답답하고 일을 못하는 직원들도 많지만, 점주 입장에서는 '고양이 손이라도 빌리고 싶을 정도로' 일손이 부족하기 때문에 누구라도 일을 해주겠다며 오는 것 자체가 고마울 뿐이다. 서빙 종업원이 부족하면 영업 시간을 줄이면 되지만, 후계자를 구하지 못하는 식당은 아무리 오래된 노포라도 문을 닫는다.

한국에서 중소기업 가면
'실패자'

✕
✕
✕

한국의 미래 – 취업 편

인구가 감소하고 경제가 그럭저럭 유지되면 한국도 일본처럼 일자리가 넘치는 나라가 될 수 있을까? 결론부터 얘기하면 일본의 실물 경제를 현장에서 오래 지켜본 입장에서 '그렇다'고 단언하기 어렵다.

한국에서는 일본 경제를 '잃어버린 30년'으로 뭉뚱그려 표현한다. 30년간 일본 경제가 활력을 잃었다는 뜻이다. 맞는 말이지만, 일본 경제는 2000년 이후 글로벌 금융위기 때인 2008년과 2009년, 코로나19에 따른 부작용을 겪은 2020년 정도를 제외하고 22년 중 18년을 플러스(+) 성장률을 기록했다. 한국 경제가 외환위기 이후 일정 부분 성공한 구조개혁, 중국 경제의 급속한 성장, 삼성전자·현대자동차 등 글로벌 수준으로 발전한 대기업 등에 힘입어 선진국으로 도약한 것보다 성장세가 둔하긴 하지만 최소한 뒷걸음질은 치지 않았다는 뜻이다. 저출산 고령화 심화, 버블 경제 붕괴 등 성장을 저해하는 다양한 장애물에 맞닥뜨린 것을 감안하면 오히려 방어전에 성공했다는 평가를 받을만 하다는 분석도 있다.

한국이 '취직 잘 되는 일본'을 따라갈 수 있을지에는 몇 가지 조건이 필요할 것으로 보인다. 무엇보다 저출산 고령화 현상이 지나치게 급속화되는 상황이 위험하다. 2021년 기준 한국의 합계 출산율은 0.81명으로 세계 최저 수준이다. 일본이 낮다고 해도 1.26명 수준이다. 일본보다 훨씬 낮은 출산율 수준을 감안하면, 취업 경쟁률이 낮아지는 걸 기대하기에 앞서, 국내 수요 둔화로 기업이 물건 및 서비스 팔 곳을

| 한국과 일본의 경제성장률 추이

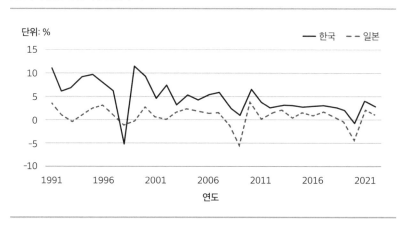

잃어 일자리의 수가 급속하게 줄어들지 않을까 걱정해야 한다.

한국 정부가 2019년 일본의 수출 규제 이후 소재 부품 장비 생태계 구축에 나섰지만 반도체 소재 장비 등에서 한국은 아직도 일본의 기술 경쟁력을 따라잡지 못한 상황이다.[69] 여기에 이제는 중국의 기술력 발전까지 걱정해야 하는 처지에 몰렸다. 일본 정부가 조사한 '상위 1% 주목 논문'에서 한국은 연평균 331건 수준으로 글로벌 점유율이 1.8%인데 반해 중국은 29.3%로 미국의 22.6%까지 앞서며 세계 1위에 올랐다.[70] 국내 시장을 기대하기 어렵다면 해외 시장을 넓혀야 하지만 지금 상황대로라면 세계 시장에서 승부할 기술 경쟁력이 현재보다 나아질 것이라고 기대하기는 쉽지 않다. 내수 시장도, 글로벌 시장도 쉽지 않다면 결국 국내 기업들의 성장세는 둔화될 가능성이 높고 일자리 창출을 기대하기도 쉽지 않다.

결국 인구 구조의 변화에 따른 일자리 부족 현상은 상대적으로 진입 장벽이 낮은 저숙련, 중소기업, 3D 업종 등에 집중될 가능성이 크다. 하지만 갈수록 고등교육을 많이 받는 데다[71] 저임금 업종 기피 현상이 날로 심각해지는 걸 감안하면 이 분야의 일자리 증가 및 취업 경

---

69 일본은 세계 반도체 소재 시장에서 점유율 55%로 1위를 차지하고 있다. 일본 경제산업성에 따르면 반도체 생산에 필수적인 포토레지스트 시장은 일본 기업이 90% 이상을 장악한 상태다. JSR·도쿄오카공업 양 사의 점유율만 50%가 넘는다. (출처:〈소재 강국 日과 공조 강화… 韓 소부장 경쟁력 업그레이드〉, 서울경제, 2023. 6. 3.)

70 〈과학기술지표 2023〉개요, 일본 문부과학성 산하 과학기술·학술정책연구소.

71 한국교육개발원 교육통계 분석에 따르면 2022년 기준 한국의 대학 진학률은 73.8%이다.

경기 흐름 따라 울고 웃는 세대

쟁률 저하가 '취업난 해결'로 이어지기는 어렵다는 분석이 지배적이다. 저숙련, 중소기업 등의 일자리는 지금도 상시적인 '구인난'이 벌어지고 있는 가운데 이른바 일자리 미스매치(구인·구직의 수급이 맞지 않는 상황)는 갈수록 심각해지며 만성화되고 있다. 고용노동부에 따르면 지난해 3분기 기준 '미충원 인원'은 제조업, 운수업, 숙박·음식업 등을 중심으로 18만5000명이라는 역대 최고치를 기록했다. 한국과 일본이 이제까지 그래 왔듯이 일자리 미스매치로 발생하는 인력 부족은 외국인 근로자 도입 등으로 해결될 가능성이 높은 게 현실이다.

한국의 미래 – 자영업 편

한국과 일본의 일자리 중 가장 다른 부분 중 하나는 자영업이다. 한국은 2023년 5월 기준 전체 취업자(2736만 명)의 20%인 550만 명이 자영업자다. 반면 일본은 2022년 기준 취업자 6740만 명 중 자영업자가 648만 명으로 10%가 채 안 된다. 일본 인구가 한국의 2배 이상인데도 자영업자는 고작 20% 정도 많을 뿐이다.

이유는 여러 가지겠지만, 일손 부족과 저출산 고령화에서 찾을 수 있다는 게 중론이다. 한국에서 자영업에 나서는 상당수가 취업을 못하거나 취업 자리가 마땅치 않아서, 혹은 중·장년에 구조조정 및 조기 퇴직으로 그만둔 뒤 제2의 인생을 위해 창업에 나서는 경우가 많다.

하지만 일본에서는 2012년 이후 10년간 자영업자가 100만 명 가까이 감소했다. 일본이 아베노믹스로 취업 시장 활황을 보이고 기업에서 일손이 부족해 퇴직자에게 고용 연장의 기회를 줄 때와 시기적으로 일치한다. 한국에서 최근 자영업자 비율이 다소 축소됐다고 하지만, 이는 최저임금 인상 및 코로나19에 따른 쇼크 탓이 크다.

일각에서는 일본은 한국과 달리 세대를 이어가며 가업을 잇는 경우가 많아 한국의 자영업과는 차원이 다르다고 분석하기도 한다. 틀린 말은 아니지만 일본 자영업의 전부를 설명하진 못한다. 일본에서 대를 이어가며 자영업 및 소상공업에 종사하는 이른바 '쇼쿠닌(職人·장인)'은 한국보다 분명 많지만 자영업의 대세라고 보기 어렵다. 필자가 1년 반가량 거주한 도쿄의 주택가 인근 역세권을 보면 1년 사이에 10곳 가까운 음식점 및 자영업 가게가 폐업을 하고 새로운 가게가 등장하거나 빈 점포로 남아 있다. 한국에서 한 손에 꼽히는 유명 치킨 프랜차이즈가 야심 차게 오픈한 체인, 고향의 농산물을 사용해 자신만의 프랑스식 요리를 대접했던 작은 레스토랑, 머리에 두건을 질끈 동여매고 일본 드라마에 나올 법한 포스로 주방에서 땀을 흘리던 라멘집 등이 문을 닫아 안타깝게 했다. 2018년에는 도쿄 신주쿠 와세다대학 앞에 있던 일본식 돈까스 덮밥의 원조 격인 산초안三朝庵이 112년의 역사를 뒤로하고 문을 닫아 화제가 되기도 했다. 100년 넘은 장인 가게가 후계자가 없어 문을 닫는 건 최근 일본에서 드물지 않은 일이다.

경기 흐름 따라 울고 웃는 세대

자영업 비교에서 보듯 개인이든 기업이든 국가로든, 인구 구조의 변화는 향후 일자리 문제의 중요한 변수가 되는 것이 틀림없다는 게 전문가들의 중론이다. 하지만 일본에서 보듯 인구 구조가 향후 취업 상황의 모든 걸 결정짓는 요소가 되기 어렵다. 정부로서는 기업이 일자리를 많이 만들 수 있는 환경 조성에 힘을 쏟아야 하고, 기업들은 기술 경쟁력 확보로 국내에서 고급 인력이 일할 만한 자리를 많이 만들어야 한다. 앞으로 취업 전선에 나서거나 이직, 전직 등을 생각하는 예비 구직자라면 줄어들 가능성이 큰 국내 소비 및 산업 수요를 감안해 자신의 취업 경쟁력을 높이기 위해 어쩌면 지금보다 더 노력해야 할 필요가 있다. 굳이 국내에 시선을 고정시킬 필요 없이 가까운 일본이나 동남아시아, 미국 등으로 눈을 돌려도 된다. 인구가 줄어든다고 한국이 '취업 천국'이 되리라 예단하기에는 아직 이르다. 그렇게 되지 않을 가능성도 크기 때문이다.

대기업만 바라보지 않는 사회

여전히 '실질 임금'은 제자리를 면치 못하고 있지만 물가가 상승하고 임금이 조금씩이나마 오르기 시작한 일본은 이제 '잃어버린 30년'을 끝내겠다는 각오가 대단하다. 일본의 '잃어버린 30년'을 돌아보면 일자리는 결국 정부와 사회, 당시의 경제 상황이 만들어내는 종합적인 결정체라고 할 수 있다. 개인의 일자리, 특히 대학을 졸업하고 사회에 갓 발을 내딛는 취업 준비생들의 질 좋은 일자리는 개별 기업의 힘으로 만들어내거나, 혹은 개인이 없는 일자리를 만들어내기가 대단히 어렵고 한계가 있다.

앞서 언급했던 일본의 50대 P 씨의 사례에서 보듯 취업 빙하기를 지나온 일본의 현 기성세대 중에는 대졸 시절에 좋은 일자리 한번 잡지 못한 뒤 지금까지 자신의 경제 여건과 인생의 반전을 이뤄내지 못하며 근근이 살아가는 경우가 많다. 취업 빙하기 시절 사회생활의 첫발을 비정규직이나 파견직으로 내딛거나, 운 좋게 정규직으로 시작했어도 여러 이유로 한 번 정규직 대열에서 이탈한 사람들은 다시 정규직의 울타리로 들어오기가 대단히 어려운 게 일본의 현실이다. 미국, 유럽과 달리 대학 졸업 전 취업 준비생 때 이른바 '신졸'로 공채에 입사하는 게 주된 취업 관문인 일본에서는 이때 한 번 삐끗하면 좀처럼 다시 기회가 돌아오지 않는다. 이는 한국도 마찬가지다. 한 번 실패하면 취업에서 좋은 기회가 돌아오지 않는다는 측면에서는 오늘날의 한국이 훨씬 심각하고 엄격한 것도 사실이다.

한국의 취업 시장에서 가장 문제로 지적되는 부분은 '양질의 일자리'가 부족하다는 점이다. 좋은 일자리는 결국 기업이 만드는데, 한국은 일단 기업의 절대 수가 일본보다 적다. 경제 규모, 인구의 차이에서 비롯된 측면이 있지만 어찌 됐든 취업 시장을 비교하는 관점에서 볼

경기 흐름 따라 울고 웃는 세대

때 일본의 운동장이 한국의 운동장보다 넓다는 건 부인할 수 없다.

비록 비교 시점은 다르지만, 한국에서 매출 1조 원 이상 기업은 258곳인데 반해 일본에서 매출 1000억 엔 이상 기업은 936곳에 달한다.[72] 대기업의 일자리가 무조건 좋다고 단언할 수는 없지만, 일자리 생태계에서 대기업 일자리가 가장 좋은 위치를 차지하는 건 부인할 수 없는 현실이다. 이를 감안하면 간과할 수 없는 숫자다.

대기업 바로 아래에서 일자리의 '양'을 책임지는 중소기업은 비교 자체가 어렵다. 일본에서 창업 100년 이상의 중소기업은 4만여 개에 달한다. 창업 200년 이상 기업도 3100여 개로 전 세계 200년 이상 역사 기업의 40% 이상이 일본에 있다. 반면 한국의 중소기업 평균 수명은 12.3년에 불과하고 신생 기업이 5년 이상 살아남을 확률은 30% 수준에 불과하다는 조사 결과가 있다.[73] 2019년 일본 정부가 한국 대법원의 강제징용 배상 판결에 대한 보복 조치로 반도체 수출 규제 조치를 단행했을 때, 한국에 대한 수출이 막혔던 반도체 소재의 대부분은 일본에서 중소·중견기업이 제조한 제품이었다. 짧아도 수십 년, 길면 100년 이상의 역사는 기업의 경쟁력으로 이어졌고, 이런 기업에서 일하는 근로자들은 자연스럽게 자신의 일자리를 안정적이라고 여기게

72   〈국내 1000대 상장사 매출 현황 분석 자료〉, 한국CXO연구소, 2023. 6. 〈우리나라의 기업 그룹의 상황에 대하여 - 경제 센서스〉, 일본 총무성 통계국, 2016. 9.
73   〈지속경영 꿈꾼다면 10년 중장기 전략부터 세워라〉,《기업나라》, 중소벤처기업진흥공단.

된다. 중소기업 일자리를 'X소기업'이라고 비하하기까지 하는 한국의 분위기와는 전혀 다르다.

문제는 한국에서 대기업 혹은 경쟁력 있는 중소·중견기업의 일자리는 적은 데 반해 이런 일자리를 원하는 취업 준비생은 취업 시장에 많다는 점이다. 한국의 대학 진학률은 73.3%(2022년 기준)로 세계에서 가장 많이 대학에 진학하는 나라다. 경제협력개발기구(OECD) 회원국 중 1위다. 일본이 생각하는 한국의 이미지는 '대학 입시가 힘든 나라'다. 매년 수학능력 시험일이 되면 일본 주요 지상파 TV에 한국의 신기한 입시 열기가 집중 조명된다. 수능 시험장 앞에서 후배들이 하는 열렬한 응원, 사찰 등에서 부모가 자녀의 입시 성공을 위해 간절히 기도하는 모습, 수능 시험에 늦어 경찰 오토바이를 타고 시험장에 아슬아슬하게 도착하는 모습은 일본 TV에서 매년 집중적으로 조명된다.

한국에서도 저출산 장기화로 고등학교 졸업생보다 대학 정원이 많은 시대가 되면서 도산하는 대학도 속속 등장하고 있고 대학에 안 가고도 원하는 걸 하면 된다는 생각이 예전보다 많이 퍼졌다지만 여전히 '고등학교-대학교'라는 공식은 좀처럼 바뀌지 않고 있다. 2000년대 후반 마이스터고가 등장하면서 특성화고를 졸업하고 곧바로 취업에 가는 문이 넓어졌던 적이 있지만 이 정책 역시 지속적으로 추진되진 못했다. 개인이 대학에 진학하고 대기업 일자리에 취직하는 게 잘못된 것도 결코 아니다. 하지만 사회 전체적으로 일자리의 밸런스를 볼

경기 흐름 따라 울고 웃는 세대

때 흔히 '양질의 일자리'로 꼽는 제한된 대기업 취직 자리 외에 별다른 선택지를 주지 못하고, 대기업 일자리 및 전문직 말고 사회에 꼭 필요한 다양한 일자리에 제대로 된 대우를 못해주고, 이런 일자리를 선택하게 하는 사회적 분위기를 조성하지 못하는 것은 분명 따져봐야 할 부분이다.

저성장 시대에 맞는 새로운 가치관

그런 점을 볼 때, 일본에서 나타나는 진로의 다양성은 주목할 만하다. 2020년 기준 일본의 대학 진학률은 남성 56.6%, 여성 50.7%로 한국보다 20%포인트가량 낮다.[74] 고교 졸업 후 곧바로 취업을 하는 경우(17.7%), 전문학교 진학(16.4%) 등이 차지하는 비중도 결코 낮지 않다. 고등학교 학과 공부에 흥미를 느끼지 못하거나 자신만의 길을 가겠다고 생각하는 학생들에게도, 이들을 위한 다양한 대안이 존재하고 선택지 역시 다양하게 갖춰져 있다.

일본도 한국 못잖은 학력 사회다. 명문 고등학교라면 도쿄대 등의 명문대 진학 실적으로 학교 순위를 평가받는다. 대기업에 대한 선호도 역시 높지만, 적어도 한국처럼 대기업 취업을 못 하면 인생의 실패

---

[74] 《남녀 공동 참가 백서 2021년판》, 일본 내각부.

자 취급을 받는 문화는 존재하지 않는다. 한국처럼 공기업, 공무원 선발시험이 수백 대 일의 경쟁률을 기록하거나 의대 입시가 모든 이과를 통틀어 압도적인 인기를 끄는 일은 일본에서 드물다. 각자의 뚜렷한 인생이 있고 각자의 뚜렷한 생각이 분명한 사회가 일본이다. '평범한 월급쟁이는 언제 잘릴지 모르는 인생이니, 공부를 잘하면 무조건 의사가 돼야 한다', '대기업 정규직이 아닌 직업은 의미가 없다'는 식의 개념은 일본에선 찾기 힘들다.

거시 경제에 있어서는 세계적으로 전례를 찾기 힘들 정도의 장기 침체였던 '잃어버린 30년'이었지만, 어찌 됐든 물건 값이 오르지 않고 안정적 물가가 지속된 일본의 장기 디플레이션은 적어도 개인의 생활 및 행복도에 있어서 도움이 됐다는 평가를 내릴 수 있다. 딱히 좋은 직업을 갖기 위해 노력하지 않은 채 아르바이트만 해도, 대우가 좋지 못한 일을 해도 어느 정도의 생계는 충분히 유지할 수 있는 안정성이 일본에서는 역설적으로 불황에 접어들면서 가능해졌다. 버블 붕괴 이후 일본에서 본격적으로 등장한 '프리터족(고정된 직업 없이 아르바이트만으로 먹고 사는 사람)'은 사회적으로는 불안한 일자리, 일본 불황의 상징이 됐고 일본 정부에서도 해결해야 할 경제 정책의 과제로 꼽지만, 정작 이렇게 사는 당사자에게 "당신은 불행하십니까"라고 물어보면 동의하지 않을 사람도 많다.

저성장은 선진국으로서 겪어야 할 피할 수 없는 숙명이다. 물론 국가나 사회로서는 새로운 성장 동력을 부단히 찾아야겠고 양질의 일자리를 만들어내기 위해 노력해야겠지만, 현실 세계에서는 미국 이외에 어느 나라도 성공하지 못한 게 사실이다. 실업률이 10%를 훌쩍 넘는 스페인, 터키 같은 나라와 일본은 현실에서 비교를 하는 것 자체가 무리다.

저성장 시대에 살아갈 우리는 과거와는 다른 삶의 가치관을 찾아야 하지 않을까? 과거 고도 성장을 구가했던 일본이나 최근까지 한국에서는 모두가 하나의 '표준화된 모델'을 좇아 그대로 따라 살려고 했던 패턴을 보였다. 하지만 모두가 똑같은 스탠더드로 산다는 건 불가능할뿐더러, 정해진 틀대로 사는 게 행복과 거리가 멀다는 것 역시 우리 모두 경험을 통해 알게 됐다. 물론 좋은 직장과 직업을 갖기 위해 부단히 노력하는 모습, 그렇게 해서 성공을 거둔 사람은 박수를 받을 만하고 사회적 귀감으로 칭찬할 만하다. 방송인 서장훈이 따끔하게 지적하듯, 한 번 사는 인생에서 자신이 목표하는 바를 성취하기 위해 개인의 편한 삶을 어느 정도 포기하고 독하게 도전해야 하는 건 분명 필요하고 때로는 권할 만한 일이다. 하지만 도전해야 할 목표가 정말로 자신이 가치 있다고 여기는 게 아닌, 누군가가 정해놓은 그럴듯해 보이는 것이라면 얘기가 달라진다.

선진국에 진입한 한국에서 살아가야 할 우리에게 필요한 건 남들이 정해놓은 길 대신 자신이 정말로 원하는 진로와 적성을 스스로 찾고 그 안에서 나의 행복을 추구해야 하는 것이 아닐까.

주변에서 자신이 불행하다고 생각하는 사람은 자신이 정말로 무엇을 원하는지를 찾지 못한 경우가 대부분이다. 장기 불황에 접어들 가능성이 큰 '선진국' 한국에서 사회에 첫발을 내딛을 사람이라면 '이런 저런 직업이 좋다'는 사회가 만들어 놓은 틀에 억지로 자신을 맞추지 말고 내가 추구하는 행복이 무엇인지, 나는 어떤 자아실현을 하고 싶은지를 물어야 한다. 지독하게 남의 눈을 신경 쓰고 사회의 공기에 맞춰 따라가기에 바쁜 일본조차 이제는 철저히 자기 행복을 추구하는 삶을 미덕으로 평가하고 있다.

개인의 노력, 사회의 노력

장기 불황에 접어들 가능성이 큰 한국에서 젊은이들에게 아르바이트나 안 좋은 일자리라도 빨리 잡고 다음 기회를 노리라고 말하기는 솔직히 어렵다. 그러기에는 긴 인생에서 짊어져야 할 부담이 크다. 첫 취업 때 웬만한 수준의 기업에 들어가지 않고서는 향후 경력, 이직 등을 고려할 때 계속 핸디캡을 안고 가야 하는 게 현실이다. 일본의 취업 빙하기 세대 중 지금까지도 어려움을 겪는 이들이 적지 않다는 게 이를 방증한다. '한 번 알바는 영원한 알바', '한 번 비정규직은 영원한 비정규직'이라는, 부정하기 어려운 엄연한 현실이 취업 준비생 앞에 놓여 있다는 걸 그럴듯한 희망으로 포장할 순 없다.

개인으로서, 국가로서 선택지는 단순하다. 개인으로서는 열심히 능력을 키워 대기업, 전문직, 자격증 같은 안정적인 일자리의 이너서클 안으로 진입하도록 노력해야 한다. 물론 그렇게 살길 원하지 않는 이들에게까지 이런 방식이 옳다고 강요할 생각은 없다. 아르바이트를 전전하는 것보다 안정적인 좋은 직업이 있는 게 분명 개인의 삶에 좋다는 '평범한 진리'를 말하는 것뿐이다. 기업은 열심히 성장해 더 많은 고용을 하고 더 많은 일자리를 창출해야 한다. 정부는 기업을 독려하고 다양한 성장 정책을 통해 양질의 일자리를 만들 여건을 조성해야 한다.

하지만 이게 말이 쉽지, 현실 세계에서 누구나 할 수 있었다면 취직 때문에 우울증에 걸릴 정도로 심각한 고민을 하는 사람은 나오지 않았을 것이다. 일본이 '잃어버린 30년'에 빠지지도, 남유럽 국가들이 높은 실업률에 허덕이지도 않았을 것이다. 특히 개개인 한 명 한 명에게 주어진 현실은 극복하기 어려운 높은 벽이다. 사람마다 능력이 제각각인데 냉혹한 세계에서 '알아서 좋은 직업 찾아 제 밥그릇 잘 꾸리라'는 조언은 꼰대 취급 받기 쉽고 공감대가 없다는 비판을 사기 딱 좋다.

되풀이되는 얘기지만, 냉정한 교훈을 던진다면 우리는 현실 앞에서 더욱 차가워져야 한다. 경제가 최악이었을 때도 일본은 1억2500만 명의 거대한 내수 시장과 세계적인 제조업 기술 경쟁력을 잃지 않았다. 일본에 가까운, 어쩌면 일본보다 더 차가운 장기 불황이 이어질 가능성이 있는 한국은 이런 자산이 부족하거나 없다. 가파른 저출산 고령화 속도는 이제까지 겨우 일궈놓은 복지 제도의 지속가능성을 단박에 무너뜨릴 수 있다.

개인으로서는 우리 앞에 놓인 엄중한 현실에서 눈을 돌리지 말고 스스로 할 수 있는 최선의 노력을 해야 한다. 꼭 대기업, 전문직이 아니더라도 자신의 적성과 흥미를 찾아서 자신이 가질 수 있는 최선의 직업을 찾기 위해 힘쓰지 않으면 냉혹한 현실에서 살아남기 어렵다는 게 일본이 보여주는 반면교사다.

한 번 장기 불황이 시작되면 좀처럼 빠져나올 수 없고, 개인이 이를 극복하는 것은 정말로 어렵다. 일본의 지난 30년이 보여줬다. 물론 한국이 선진국으로 진입하면서 과거처럼 아무런 사회보장 없이 빈곤에 내몰리거나 하루 세 끼 쌀이 없어서 밥을 굶을 가능성은 매우 낮아졌다. 하지만 연금, 건강보험 등 사회보장은 줄어들면 줄어들지 지금보다 더 늘어나긴 어려울 것이고, 저출산 고령화 심화에 사회가 개인을 부양하는 것도 한계가 있을 것이다. 어쩌면 지금 일본의 취업 빙하기 세대보다 더 냉혹한 현실이 지금 20대가 40~50대에 접어들 미래에 찾아올 수도 있다.

일본은 중국이 고도 성장을 하기 전까지 세계 2위의 경제 대국이었다. 높은 기술력으로 기업 경쟁력을 쌓아왔고 지금까지도 세계에서 가장 많은 자산을 보유한 나라로 자리매김하고 있다. 장기 불황이 찾아왔을 때 개인이 아무런 대책을 세우지 않은 채 '어떻게 하다 보면 일본 프리터족 정도의 삶은 살 수 있겠지'라고 생각했다가는 취업에 실패한 뒤 중년이 되도록 자리를 잡지 못하고 있는 일본 취업 빙하기 세대처럼 될 수가 있다.

6부

×

당신의
노후는
안녕하십니까

돈 없어서
은퇴 못한다

× × ×

대기업 퇴직해도 시급 1만 원

최근 한 여성 대기업 임원 출신 퇴직자의 인터뷰 기사가 화제를 끌었다. 이름만 대면 누구나 아는 유통 대기업에서 20년간 잘나가며 상무까지 승진한 J 씨 이야기다. J 씨는 50대 초반에 임원 배지를 달았지만, 임원 1년 차에 실적 부진을 이유로 퇴직 통보를 받으며 회사를 나와야 했다. 대기업을 그만둔 것보다 충격적이었던 건 퇴직자인 그가 접한 냉엄한 현실이었다. 서울의 한 면접 학원에 취직해 일하면서 그가 받은 시급은 1만 원에 김밥 한 줄. 평생 누구보다 열심히 몸과 마음을 바쳐가며 직장 생활을 하고 당장이라도 어디서든 대기업 고위 임원을 해도 모자라지 않을 인재가 시급 1만 원짜리 허드렛일 말고는 일

당신의 노후는 안녕하십니까

자리가 없다는 사실이 놀라웠다.

그나마 J 씨는 사정이 매우 괜찮은 편이다. 유명 대기업 상무까지 했고 아직 50대로 젊은 데다 언론이 주목할 만한 이른바 스토리를 갖고 있었다. 유튜브 채널에도 많이 출연하고 베스트셀러까지 출간하면서 퇴직자들 사이에서 이른바 '셀럽'이 됐다. 이 정도면 흔히 말하는 '상위 1% 퇴직자'라고 해도 모자람이 없다.

현실에서 대부분의 퇴직자들은 회사를 그만둔 뒤 당장의 생계를 걱정해야 하는 처지다. 근로자라면 누구나 누려야 하는 최저임금 권리조차 받기 어렵다. 퇴직자 중 23%가 제대로 권리를 누리지 못하며 최저임금의 사각지대에 있다는 조사 결과도 있다. 대부분의 고령자는 노동의 굴레에서 벗어나는 완전 퇴직을 감당할 수 없는 경제적 여건 때문에 노동 시장을 떠나지 못하며 '일하는 퇴직'을 대안으로 선택하고 있다.[75] 대기업을 퇴직한 뒤 치킨집을 열었다가 쫄딱 망한 이야기, 너도나도 개인택시에 도전해 개인택시 사업자 평균연령이 올라갔다는 뉴스 등을 TV, 신문 등에서 종종 접할 수 있다.

그래도 한국에서 이 정도 수준의 퇴직자들은 퇴직금, 연금이라도 있어서 상대적으로 형편이 낫다고 할 수 있는 사람들이다. 이보다 훨씬 많은 노인들은 생존 그 자체가 절체절명의 과제일 정도로 힘든 형

---

[75] 지은정, 〈생애 주된 일자리 퇴직자의 최저임금 사각지대 연구: 서울시 전일제 재취업자를 중심으로〉, 지방행정연구 제34권 제4호, 2020. 12.

편에 시달리고 있다. 한국에서 볼 수 있는 노인의 흔한 모습 중 하나는 산더미만 한 폐지를 리어카에 담아 힘겹게 언덕길을 오르는 풍경이다. 대기업을 퇴직하면 최저임금이라도 받지만, 폐지 줍는 노인들은 하루 11시간 폐지를 주워 고작 1만 원을 손에 쥔다.[76] 오늘이라도 당장 그만두고 싶지만 폐지를 줍지 않으면 하루 끼니를 해결할 수 없기 때문에 폐지 수집에 나선다. 이들에게 '목숨을 건다'는 말은 수식어가 아니다. 서울경찰청에 따르면 2015~2017년 폐지 수집을 하다가 교통사고로 숨진 65세 이상 노인의 수는 서울에서만 21명이었다. 리어카를 끄는 노인에게 우산을 씌워주는 젊은이의 이야기가 감동 스토리로 종종 언론에 등장하지만, 현실에서 이 노인들은 목숨을 걸고 아스팔트 길바닥이라는 전쟁터에 나선다.

한국 현대사의 '낀 세대'

정부에서 다양한 복지 제도를 만들고 촘촘히 관리한다고 나서지만 극단적 빈곤에 놓인 노인들은 좀처럼 줄어들지 않고 있다. 한국은 1999년에야 모든 국민에 대해 국민연금 제도를 실시했다. 그 이전에 사회생활을 한 지금의 노인들은 연금 사각지대에 놓여 있다. 2021년

---

76   국회 보건복지위 강선우 더불어민주당 의원이 2022년 10월 한국노인인력개발원에서 제출받은 〈폐지 수집 노인 현황과 실태〉 연구보고서.

기준 65세 이상 노인 중 20년 이상 노령연금 가입자가 인구 대비 3.6%에 불과하고, 최소한의 소득 보장이 가능한 15년 이상 가입자도 65세 인구 대비 8.4%에 불과하다.[77]

학력도 낮고 정보도 부족하다 보니 그나마 있는 복지 제도의 혜택조차 제대로 받지 못하는 경우가 태반이다. 젊었을 때만 해도 자식을 키우는 게 곧 스스로에 대한 노후 대비인 줄 알았던 현재의 노인 세대들은 막상 늙고 보니 독거노인으로 살게 되는 현실에 직면하게 됐다. 전쟁의 폐허 속 개발도상국에서 젊은 시대를 보내고, 세계 8대 경제 대국인 선진국에서 노후를 보내고 있는 이들 세대는 어쩌면 한국의 현대사에서 생애 내내 가장 힘들게 살아가는 '낀 세대'가 아닐까 싶다.

한국보다 앞서 고령화를 겪고 있는 일본은 어떨까? 6·25 전쟁을 겪거나 전후 궁핍한 시절을 관통한 '낀 세대'인 한국의 어르신에 비해 일본 고령자들은 제2차 세계대전 패전 후 잠깐 가난한 시절을 겪었던 걸 제외하면 상대적으로 풍족한 생활을 했다. 6·25 전쟁 특수로 경제가 부활한 뒤로 고도 성장기를 구가하며 1960년대부터 이미 선진국 대열에 들어섰기 때문이다.

세계에서 노인 빈곤이 가장 심한 한국에 비해 일본은 연금 수익도 상대적으로 풍족하고 삶의 질도 비교적 높다. 하지만 '잃어버린 30년'

77   〈노인 빈곤과 노후 소득보장에 대한 제언〉, 〔정책분석과 동향〕, 한국보건사회연구원, 2022. 03.

을 겪으면서 '일본의 부자 노인'이라는 말도 옛말이 됐다는 지적이 나온다. 국민연금 혜택을 받는 고령자가 이제야 본격적으로 나오기 시작한 한국과 젊은 시절 세계 최고 수준의 소득을 거두며 연금 혜택을 누려온 일본을 직접적으로 비교할 순 없다. 다만 선진국으로 진입한 한국에서 고령화로 크게 늘어날 노인들이 미래에 어떤 삶을 살게 될지를 예상할 때 일본의 사례는 충분히 참고할 만하다.

정부 믿지 말고
2억은 모아라?

✗
✗
✗

"매달 25만 엔, 내 노후는 만족"

일본 사이타마현에 사는 79세 오기노 씨를 만난 건 2022년 연말이 었다. 일본의 대기업 건설사를 정년퇴직한 뒤 딸 2명을 모두 시집보낸 후 아내와 둘이 산다고 했다. 수입은 나라에서 나오는 국민연금과 회사에 다닐 때 가입했던 후생연금, 건물 경비로 일하면서 받는 월급이 었다.

오기노 씨는 회사에 다닐 때나 지금이나 스스로를 중산층이라고 생각한다고 했다. 자신의 생활에 몇 점을 매기고 싶냐고 물어보니 100점 만점에 95점이라고 했다. "아이들 결혼해서 잘 살고, 우리 부부 크게 아픈 데 없고, 살 집이 있고 매달 수입이 있는데 이 정도면 괜찮은 인생 아니냐"는 게 그의 대답이었다. 만족스러운 노후를 보낸다는 그가 부러웠다.

오기노 씨의 매달 수입은 25만 엔 안팎이다. 연금 수입이 절반, 건물 경비로 일해 받는 월급이 절반 정도다. 경비 일은 일주일에 이틀, 주말에만 하기 때문에 10만 엔 조금 넘는 수입이지만 "이 나이에 무리해 가면서 돈 벌고 싶은 생각은 없다"는 게 그의 생각이다. 보험이 몇 개 있고 저축도 조금 있지만, 매달 생활비에 도움이 될 만한 수준은 아니다. 건설사에서 한창 잘 나갈 때 월급의 10분의 1 수준에 불과하지만 쓰는 돈도 그 정도니 딱히 불만은 없다.

오기노 씨는 일본 노인 중에서는 경제적으로 준비가 덜 됐다고 말하긴 어려운 편이다. 40년 전에 구입한 집에서 지금까지 살면서 주택담보대출을 모두 갚아 주거비로 들어가는 돈이 따로 없는 게 큰 도움이 되고 있다. 한국과 비교해 일본인들은 웬만해선 이사를 잘 가지 않는다. 특히 나이를 먹을수록 거주지를 옮기는 경우는 드물다. 가장 많은 지출을 차지하는 부분은 역시 의료비다. 운 좋게도 아직 부부 모두 큰 병 없이 건강한 생활을 유지하고 있지만, 2022년 10월부터 75세 이상 후기 고령자의 의료비 자기부담 비율이 10%에서 20%로 높아진 것은 타격이 컸다.

고령 인구가 늘면서 건강보험 의료비 부담이 커지자 일본 정부는 75세 이상 고령자에게 받는 자기 부담 비용을 2배로 늘렸다. 일반 성

당신의 노후는 안녕하십니까

인의 자기 부담 비율인 30%에 비해서는 여전히 낮지만 병원에 잘 가지 않는 건강한 일반 성인과 여기저기 아픈 곳이 많을 수밖에 없는 고령자의 체감 부담은 크게 다르다. 특히 직장에서 은퇴해 연금이나 아르바이트 말고는 딱히 수입이 없는 고령자들에게 이 정도의 부담 증가는 버겁다.

자신의 삶에 만족한다고 말하지만, 오기노 씨에게 일본의 연금 시스템에 대해 어떻게 평가하냐고 물으니 "솔직히 너무 적다"는 말이 돌아왔다.

"안정적으로 확실하게 연금을 받는 건 좋죠. 근데 너무 적은 것도 사실이죠. 젊은 시절 그렇게 많이 연금을 냈는데, 어떻게 이런 숫자가 나오는지 의문이에요."

일본에서 연금 납부를 더 많이 하고 연금 수령 개시 연령을 늦추기 위해 진행하는 연금개혁에 대해서도 그는 만족하지 않았다.

"나야 이미 연금을 받고 사니 괜찮지만, 국민들에게는 무리가 많죠. 근데 어쩔 수 없는 것 같아요. 일본은 나랏빚이 너무 많으니까…."

'노후자금 2000만 엔' 논란의 진실

일본에서는 2019년에 노후 자금과 관련해 거센 논란이 벌어졌다. 일본 총리 자문기관인 금융심의회가 펴낸 보고서가 발단이었다. 보고서에는 연금에 의존하는 무직의 남편 65세, 아내 60세의 노년 부부가 20~30년 동안 살기 위해서는 최대 2000만 엔, 우리 돈으로 2억 원가량의 저축이 필요하다는 내용이 담겼다. 연금만으로 살면 매달 5만 엔의 적자가 난다는 게 금융심의회의 계산이었다.

당초 이 보고서는 고령자의 자산 형성을 촉구하고 금융투자를 유도하기 위해 만들어졌다. 사실 내용 자체로는 나쁠 게 없었다. 노후를 위해 저축을 독려하는 조언은 누구나 생각할 수 있고 정부로서 못할 말도 아니었다.

한국에서는 과거 '저축의 날(매년 10월 마지막 주 화요일, 현재는 금융의 날)'을 정해 정부가 저축의 중요성을 강조하고 유명 연예인을 저축 유공자로 포상하기도 했다. 젊은 시절 개미처럼 일하고 알뜰하게 절약, 저축해 목돈을 만드는 것. 국민연금 수령자가 본격적으로 나오기 시작한 최근 몇 년 정도를 제외하고는 그렇게 자신의 노후는 자신이 알아서 책임지는 게 이제까지의 한국 현실에서 유일한 노후 보장이었다.

하지만 일본에서 불똥은 다른 곳으로 튀었다. '개미처럼 열심히 일하면 노후는 국가가 책임진다'며 일본 정부가 2000년대 초반 연금 개혁 당시 내걸었던 '100년 안심 플랜'이 결국 허구였다고 정부가 고백한 것이나 마찬가지였기 때문이다. '서민 중에 2000만 엔 현금 저축을 갖고 있는 사람이 얼마나 되냐', '연금 정책의 실패를 개인에게 떠넘기고 있다'는 불만이 터져 나왔다. 아소 다로麻生太郎 당시 부총리 겸 재무상

당신의 노후는 안녕하십니까

이 문제가 된 보고서를 채택하지 않겠다고 밝히면서 진화에 나섰지만 야당이 부총리 불신임 및 문책 결의안을 제출할 정도로 정치권에서는 논란이 컸다.

결과적으로 당시의 논란은 지금까지도 후유증이 남아 있다. 일본인 누구나 미심쩍어했던, 하지만 누구도 현실을 인정하지 않고 정부 차원에서는 외면했던 노후 자금 문제가 수면 위로 올라왔기 때문이다. 논란과 상관없이 이 보고서 논쟁의 핵심은 일본 정부가 자국 국민들에게 말한 "더 이상 정부의 사회보장에만 의존하지 말고 스스로의 노후를 위해 알아서 2억 원 정도는 모아둬라"라는 메시지다.

이 보고서를 장관이 받아들이지 않는다고 해서 '정부가 인정하지 않았으니 국가가 내 노후를 책임져 주겠구나'라고 생각할 정도로 일본 국민은 바보가 아니다. 일본 국민이 받은 충격은 우리가 생각하는 것 이상으로 컸다. 평생 입 밖으로 말은 안 해도 속으로는 다들 '저축해 놓은 돈이 없으면 내 노후는 비참해질 수 있겠구나'라고 생각했을 것이다. 실제로 이후 일본에서는 연금 지급 개시 연령이 늦어지고 의료비 자기부담금이 늘어나는 등 사회보장 축소가 현실화됐다. 어쩌면 당시 일본 정부가 내놨던 '노후자금 2000만 엔'은 일본 국민에게 노후 빈곤은 알아서 해결하라며 경고를 보낸 것과 다름 없을지도 모른다.

연금 덕분에 폐지 줍지 않는
일본 노인

✖
✖
✖

소득이 줄었으나 빈곤하지 않은 이유

대체 일본 고령자들의 경제 상황이 어떻길래 이런 논란이 벌어진 것일까. 숫자로 살펴보면 감이 조금은 올 것이다. 일본 내각부가 내놓은 《2022년 고령 사회 백서》에 따르면 노인 가구의 연간 평균 소득은 312만6000엔이다. 일본 모든 가구(552만3000엔)보다는 적지만 일을 해서 돈을 버는 세대가 포함된 평균 가구 소득의 절반을 넘어선다는 점이 눈에 띈다.

그나마 20년 전인 2002년 노인 가구의 연간 평균 소득(328만9000엔)보다 16만 엔가량 줄어들었다. 일본 직장인들의 평균 급여가 줄어든 것처럼 일본 노인들의 소득 역시 20년 사이 감소한 셈이다. 일본 노인들

당신의 노후는 안녕하십니까

이 그만큼 가난해졌다는 뜻으로 해석할 수 있겠지만, 바꿔 해석하면 20년 전 일본 노인들이 당시 한국의 평범한 직장인 이상의 소득 수준을 누렸다는 뜻이기도 하다. 소득이 다소 뒷걸음질쳤다고 하지만, 한국과 달리 일본은 이 기간 중 물가가 거의 오르지 않았기 때문에 노인들의 일상생활 질이 크게 떨어졌다고 보긴 어렵다.

일본의 노인 소득이 낮지 않고 일정 수준에 올라와 있는 가장 결정적 요인은 연금이다. 일본에서는 1961년에 국민연금법이 제정됐고 1985년에 전업주부까지 가입 대상으로 지정되면서 전국민 연금 시대가 열렸다. 연금 수령액도 상당하다. 2019년 기준 직장인 남편과 전업주부 아내 기준 월평균 연금 수급액은 22만 엔, 맞벌이 부부였다면 27만 엔을 후생연금 및 국민연금으로 받게 된다.[78] 1988년 처음 도입돼 1999년에서야 도시 지역까지 연금이 확대돼 모든 국민이 국민연금 혜택을 받게 된 한국은 연금 혜택에 있어 일본보다 10~20년 뒤처졌다고 봐도 틀린 말은 아니다.

일본 평균 가구의 구성원 수는 2022년 기준 2.48명이지만 한두 명이 사는 노인 가구 구성원은 평균 1.56명이다. 이 말은 평균 가구보다 소득이 다소 적어도 노인 1명이 실제로 쓰는 소득은 꼭 적다고 볼 수 없다는 뜻이다. 노인 가구의 소득 수준을 보면 연 소득 150만~200만

---

78 후생노동성 〈2019 후생연금보험 및 국민연금 사업 개황〉 기준.

엔 수준의 가구가 12.3%로 가장 많지만 연 소득 500만 엔을 넘는 부자 노인 세대도 10%를 넘는다. 이러다 보니 일본 내각부 조사에선 65세 이상 일본인의 68.5%가 '경제적 생활에 걱정이 없다'는 결과가 나왔다. 세계 최고 수준의 노인 빈곤율로 고민인 한국으로서는 부러운 일이다.

연금 제도와 함께 일본 노인 복지의 큰 축을 이루는 제도는 개호보험이다. 2000년에 창설된 제도로 한국에서 2008년부터 시행된 장기요양보험제도의 원조 격이다. 정부와 지방자치단체가 절반, 만 40세 이상 국민이 절반씩 보험료를 부담해 이를 재원으로 간호 서비스를 이용할 수 있다.

노인이 자신이 살고 있는 지자체 주민센터 창구에서 신청을 하면 지자체 직원 등이 해당 가정을 방문해 실제로 간호 서비스가 필요한지 조사를 한다. 지자체 조사원과 의사 등이 참여하는 심사위원회에서 간호 서비스가 필요하다고 판정하면 노인은 전체 비용의 10~30%만 부담하면서(나머지 70~90%는 보험으로 충당) 간호 서비스를 이용할 수 있다.

서비스는 다양하다. 방문 개호원(헬퍼)이 직접 방문해 대·소변을 받아주고 목욕, 식사 등을 돕는 서비스부터 시작해 휠체어 대여, 통원 물리치료, 노인 홈(장기요양시설) 입주 등의 서비스까지 제공한다. 일본에서 20년 넘게 시행하면서 다양한 노하우를 쌓은 서비스는 양질의 노인 복지를 위한 자산이 되고 있다. 국민연금, 건강보험, 개호보험 등 일

당신의 노후는 안녕하십니까

본 사회보장제도의 뼈대는 한국에서도 롤모델이 돼 일부 변형된 형태로 실시되고 있다. 한국보다 짧게는 10~20년, 길게는 40년 가까이 앞선 일본의 노후 사회보장은 일본 고령자의 빈곤 타파에 큰 도움을 주고 있다.

이 때문에 일본은 한국처럼 도심 쪽방 같은 열악한 집에서 사는 노인이 한국보다 훨씬 적다. 산더미 같은 폐지를 싣고 리어카를 끄는 노인도, 전철역 계단 앞에서 쭈그리고 앉아 바구니에 채소를 담아 파는 노인도 일본에서는 찾아보기 어렵다. 적어도 오늘 하루 끼니를 위해 폐지를 줍다가 차에 치여 교통사고로 사망하는 극단적이고 안타까운 사례는 일본에서는 흔하지 않다.

연금 고갈은 우리만의 고민이 아니다

그렇다면 일본 노인은 모두 행복하다고 볼 수 있을까? 최근의 상황만을 보면 꼭 그렇지만은 않다. 오늘날 일본의 노인 세대는 세계 최고 수준의 소득을 누렸던 경험을 갖고 있다. 이 때문에 고령화 심화로 복지 혜택이 갈수록 축소되는 것에 두려움을 느끼고 있다.

최근 일본에서는 노인 복지 축소를 상징할 만한 뉴스가 나왔다. '경로의 날(9월 셋째 주 월요일)'을 둘러싸고 나온 '축하금 논란'이 그것이다. 일본 주요 지자체에서는 80세, 90세, 100세 등을 맞이하는 지역 주민들에게 이른바 '경로 축하금'을 지급한다. 아키타현 센보쿠시도 그중 하나였다. 80세부터는 매년 5000엔씩, 100세부터는 매년 10만 엔씩을 줬다. 큰돈은 아니고 노인 복지에 도움이 될 만한 수준도 아니지만, 단어 그대로 노인을 공경하는 취지에서 나온 축하금이라 이를 받는 노인들의 즐거움은 결코 무시할 만한 수준이 아니다.

하지만 일부 지자체에서 이를 줄이거나 없애겠다고 나오며 논란이 커졌다. 아키타현의 센보쿠시는 2023년에 경로 축하금을 폐지하겠다고 나섰다. 지역 살림이 어려우니 노인 예산을 줄여 육아 예산으로 돌리겠다는 취지다. 시의회에서 찬성 4, 반대 11로 부결됐지만 전국적으로 화제가 됐다. 갈수록 줄어드는 노인 복지의 상징처럼 여겨졌기 때문이다. 저출산 타개를 위한 육아 예산 확충은 분명 중요하지만, 굳이 노인 복지 예산을 빼내 충당해야 하는지에 대한 논란이 컸다. 후쿠오카현 기타큐슈시에서는 77세, 88세, 99세, 100세 주민에게 지급하던 축하금을 88세와 100세에게만 지급하기로 변경하고 액수도 줄였다.

일본 노인 복지의 양대 축이라고 할 수 있는 연금과 개호보험도 국민이 부담해야 하는 보험료가 늘어나기 시작했다. 2000년대 초반부터 후생연금 개혁에 착수한 일본은 2004년부터 단계적으로 보험료율을 13.58%에서 18.3%까지 올렸다. 한국의 국민연금 보험료율은 9%로 일본의 절반 수준이다. 여기에 국민연금 납부 기간을 40년에서 45년으로 늘려 기존 60세인 납부 기한을 65세로 늘리는 방안을 추진 중

당신의 노후는 안녕하십니까

이다.[79] 여기에 현재 소득 수준에 따라 9단계로 나눠 부과하는 고령자 개호보험료를 더 세분화해 소득이 많은 이들에게 더 많은 보험료를 내도록 할 계획이다.[80]

이 같은 조치는 고령자가 갈수록 늘어나는 일본에서 노인 복지의 지속가능성을 위해 추진 중인 연금 개혁의 일환이다. 한국에서도 이를 주시하며 향후 연금 개혁의 방향을 가늠하려는 분위기가 있다. 연금이 고갈되면 국가 재정에서 이를 메울 수밖에 없고, 늘어나는 고령자 수를 감안하면 이는 나라 살림은 물론 국가 경제 전체의 부실을 야기할 수 있다. 일본에서 75세 이상 고령자는 연금, 건강보험, 개호보험 등으로 연간 300만 엔이 넘는 급부금을 받을 것으로 추산되지만 이들이 내는 보험료 액수는 15만 엔 수준에 그친다는 분석도 있다. 이러다 보니 현역 세대가 지불하는 보험료 대부분이 고령자를 위해 쓰인다는 비판이 나온다.[81] 일본에서는 저출산 고령화로 고령 인구가 증가하고 이를 부양하는 젊은 세대의 인구가 감소하는 것을 심각하게 바라보고 있다.

연금 개혁은 세계 어느 나라에서든 뜨거운 감자이고 유럽에서는 연금에 손을 대다가 정권이 교체되기도 한다. 한국에서도 매 정권마다

---

79 〈日국민연금 납부 기간 40년 → 45년 추진… 반대 여론 거셀 듯〉, 연합뉴스, 2022. 10. 15.
80 〈일본, '개호 보험' 인상 추진… '국민연금' 납부 기간 연장도 검토〉, 한겨레, 2022. 11. 1.
81 〈노인 부양하느라 허리 휜다… 연금 폭탄에 우는 이 나라〉, 매일경제, 2023. 4. 21.

'더 내고 덜 받는' 연금 개혁이 필요하다는 총론에는 큰 이견이 없지만, 이를 언제 어떻게 추진할지를 놓고는 매번 진통을 겪고 있다. 특히 한국의 경우 세계에서 가장 심각한 고령 빈곤을 겪고 있기 때문에 연금을 축소하는 것은 고령자의 생계에 직격탄이 된다. 누군가는 반드시 해야 하지만 선거 득표에는 전혀 도움이 되지 않기 때문에 어느 정권이든 이를 쉽게 건드리지 못한다.

그나마 일본은 집권 자민당을 위협할 만한 야당이 보이지 않고 예측 가능한 계획에 따라 장기적으로 연금 개혁을 점진적으로 추진한다는 평가를 받는다. 국가 재정과 지속 가능한 연금 유지를 위해서는 반드시 필요하지만, 어찌 됐든 결과적으로 연금에 의지해 살아가야 하는 노인들과 조만간 연금 세대에 들어서는 중·장년층에게는 현실적인 숙제로 다가온다. 갈수록 연금 지급액이 줄어드는 상황에서 물가가 오를 경우 일본에서도 노인 빈곤은 더욱 현실화될 가능성이 높다. 지금의 일본 노인 및 중·장년층이 가장 두려워하는 부분이다.

건강보험 부분에서는 이미 노인들의 경제 부담 증가가 현실화됐다. 오기노 씨가 큰 부담이라고 언급했던 후기 고령자 자기부담금 확대 조치 때문이다. 2022년부터 이 자기부담금이 20%로 올라간 것이다. 쉽게 말해 노인들이 병원에 한 번 갈 때마다 내야 하는 병원비가 2배로 늘어나는 정책이다. 일본에서는 1973년 70세 이상 노인에게 병원비를 무상으로 하는 정책을 실시했다가 1983년부터 월 400엔, 2001

당신의 노후는 안녕하십니까

년부터 진료비의 10%를 환자 부담으로 하면서 부담이 늘었고 2022년에는 더욱 늘어난 것이다. 갈수록 기대 수명이 늘어나고 의료 발전으로 병원에 가는 횟수가 증가하기 때문에 일본의 고령자 의료비 부담은 갈수록 커지는 구조가 됐다.

동서고금을 막론하고 사람은 늙으면 병에 걸린다. 큰 병에 걸리면 한국이나 일본이나 경제적 어려움을 겪는 건 당연하다. 2022년 일본 시민단체 '캔서 인터넷 재팬'이 실시한 설문조사에 따르면 암 환자의 52%가 치료비로 경제적 부담을 느낀다고 답했다.

일본에서는 당초 정부가 예상했던 것보다 저출산 고령화 속도가 훨씬 빨라 다시 연금 적자 위기가 불거지고 있다. 이미 일본은 65세 이상 고령층 인구 비중이 28.4%로 세계 최고 수준이다. 2040년엔 65세 이상 인구 비중이 35.3%까지 늘어나 현행 연금 제도를 유지할 경우 2049년 지급할 수 있는 연금액이 지금보다 20~30% 줄어들 것으로 전망된다. 모든 국민이 가입해 받는 국민연금은 2040년대부터, 회사원 및 공무원 등이 가입하는 후생연금은 2030년대부터 기금이 고갈될 것이라는 지적이 제기되고 있다. 일본에서는 국민연금 재원 절반을 국가가 부담한다. 가뜩이나 일본은 나랏빚이 세계 최대 수준이라 부담금이 제때 적립되지 않았고 이 때문에 구멍은 더 커졌다.

부모보다 가난해지는
첫 세대

× × ×

단카이 세대가 75세 넘기는 2025년

최근 일본에서는 '2025년 위기'라는 말을 미디어에서 자주 접할 수 있다. 제2차 세계대전 패전 이후 갑자기 많이 태어났던 일본의 1차 베이비붐 세대인 '단카이 세대(1947년생~1949년생)'가 모두 만 75세를 넘는 시기이다. 이 세대는 젊었을 땐 일본 고도 경제 성장의 수혜를 가장 많이 입었고 중년기에 들어섰을 때는 버블 경제 붕괴의 쓴맛을 봤다. 이들이 한꺼번에 직장에서 정년퇴직을 한 2000년대 후반에는 각 기업들이 퇴직금에 따른 경영 압박과 갑작스러운 인력 축소로 충격을 받을 정도로 이들 세대의 위력은 컸다.

그런 단카이 세대가 이제 일본에서 흔히 '후기 고령자'라고 하는

75세의 벽을 넘게 된다. 아무리 100세 시대이고 장수가 흔한 사회라도 해도 75세 인구가 급증하는 사회는 부담이 커지게 마련이다. 의료비가 급증하면서 건강보험 부담이 커질 수 있고 기존의 사회 복지 시설만으로는 이들을 감당하기 충분하지 않을 수 있다. 단카이 세대가 후기 고령자가 되면서 일본 모든 세대의 부담을 키우고 있다는 분석이 등장했고 보이지 않는 '세대 간 갈등'이 생겨날 수 있다는 우려까지 나온다.

단카이 세대를 부양해야 하는 40~50대의 간호 부담도 크다. 가뜩이나 일본은 병 간호를 위해 일을 그만두는 직장인이 많은 게 주요 기업들의 고민이다. 일본인들이 한국인보다 딱히 효심이 있어서가 아니다. 소득이 적은 비정규직, 아르바이트로 일하는 사람들의 경우 병원비, 간호비용, 요양 보호 등에 들어가는 돈이 크기 때문에 차라리 직장을 그만두고 부모 병 수발을 드는 게 경제적인 경우가 많아서다. 일본인 고령자의 연금 소득이 한국보다 높기 때문에 부모 연금을 나눠 쓰는 게 경제적으로 이득인 경우도 없지 않다.

문제는 단카이 세대를 부양해야 하는 자식들이 노후를 맞이하는 향후 20~30년 뒤에는 자신들의 부모 세대보다 더 가난한 노년을 맞이할 가능성이 크다는 점이다. 일본 산케이신문은 2000년대에 취업 빙하기를 겪었던 베이비붐의 자식 세대가 대거 퇴직하는 2042년부터 연금 가입 기간이 부족해 연금을 적게 받거나 아예 못 받는 노인이 급증할 것이라고 예측했다. 1990년대 일본 버블 경제 붕괴로 과거 공식 월급에 포함되지 않았던 상여금, 주택 임차료 지원 등이 크게 줄어 현재의 직장인 세대들은 노후를 준비하기도 버겁다는 지적이 나온다.[82] 한국에서는 최근 젊은 세대를 두고 '대한민국 역사에서 처음으로 부모보다 가난해질 가능성이 있는 첫 세대'라고 일컫는데 일본에서는 이미 '부모보다 가난한 세대'가 중·장년층 고비를 넘어 노년층으로 향하고 있고, 이들은 가난한 노인으로 전락할 위기를 맞고 있다.

이런 현상으로 최근 일본에서는 '8050 문제'라는 신조어까지 등장했다. 자식이 부모를 돌보거나 걱정하는 게 아니라, 80대 부모가 50대 자식을 책임지고 걱정하는 것을 가리킨다. 자식이 50대가 되도록 번듯한 직장 없이 평생을 가난하게 살다 보니 자연스럽게 결혼도 안 하고 집에서 나이가 든 80대 부모와 함께 사는 경우가 늘어났다. 이런 가정에서 가장 확실한 수입은 다름 아닌 부모의 연금이다. 부모의 연금에 의존해 생계를 유지하다 보니 부모가 죽었는데도 사망 신고를 하지 않고, 때로는 사체를 유기하는 사건까지 발생해 사회적으로 주목받기도 했다.

8050 문제가 발생하는 또 하나의 이유는 이른바 '히키코모리'라 불리는 방콕족에서 찾을 수 있다. 과거에는 10대, 20대에서 주로 찾아볼

---

82 유야마 아쓰시, 〈일본 노인빈곤 현황과 최근의 논의〉 일부 인용, 《국제사회보장리뷰 2018 가능호 Vol. 6》

수 있었던 히키코모리가 이제는 나이가 들어 40대, 50대로까지 확산됐다. 부모는 부모대로 나이가 먹어 몸을 움직이기 힘들고 이런 자식이 부끄러워 자신마저 방에 숨어 히키코모리가 된다. 이런 경우 나이가 든 부모가 갑자기 건강이 나빠져 쓰러지거나 병원 신세를 지게 될 경우 집안 전체가 극단적 위기에 몰릴 가능성이 높다. 일본에서는 현 추세대로라면 2035년에는 40~50대에서 남성의 30%, 여성의 20%가 미혼으로 부모와 함께 살 것이라고 보고 있다.

연금만 믿으면 위험

노인들의 형편이 예전 같지 않아지면서 일본에서는 과거에 흔치 않았던 '노인 빈곤' 문제가 사회적 문제로 대두되고 있다. 일본의 고령자 상대적 빈곤율은 2021년 기준 15.4%로 경제협력개발기구(OECD) 평균인 13.5%를 상회하고 있다. 가처분소득 중간값의 절반에 미치지 못하는 소득으로 생활하는 빈곤 생활자들이 그만큼 많다는 뜻이다.

일본 내각부의 《2022년 고령 사회 백서》에서 노인 가구의 연간 평균 소득은 312만6000엔이었고 연 200~400만 엔 소득 가구가 34.3%에 달했다. 하지만 이면을 들여다보면 연 100만 엔 미만으로 사는 고령자 가구도 12.7%나 됐다. 한국 돈으로 치면, 월 75만 원 미만으로 살아야 한다는 뜻이다. 소득이 낮은 세대는 금융, 부동산 등 자산이 작거나 없는 경우가 많기 때문에 없는 돈을 쪼개 주택 임차료까지 부담해야 한다. 한국이나 일본이나 노년에 집이 없다는 건 경제생활에 큰 타격을 준다.

한국을 비롯한 다른 나라도 다르지 않지만 일본 역시 고령자 경제생활에 가장 큰 위험 요인은 배우자 사망이다. 평생을 함께 한 반려자를 잃은 아픔은 무엇과도 비교할 수 없을 정도로 큰 고통이지만, 경제적으로도 큰 타격을 준다. 연금 수령이 노인 소득의 대부분인 일본에서 고령자 부부 중 한 사람이 세상을 떠나면 수입이 절반으로 줄기 때문이다. 수입은 감소하지만 식구가 1명 준다고 정확히 그만큼 생활비가 줄어드는 건 절대 아니다. 작은 집이나 주거비가 저렴한 지역으로 이사를 가는 것도 고령자에게는 여의치 않다. 일본은 한국과 달리 이사에 따른 비용이 클 뿐 아니라 젊은이와 달리 고령자는 생활비를 아끼기 위해 생활 근거지를 바꾸는 게 매우 어렵다.

일본에서는 독거 노인의 증가를 향후 노인 빈곤이 늘어날 주된 요인으로 보고 있다. 일본 고령사회 백서에 따르면 2000년 기준 308만 가구였던 노인 독신 가구는 2019년에 736만 가구로 늘었고 2040년에는 896만 가구까지 증가할 것으로 전망된다. 연금에만 의존하는 노인들에게 독거 생활은 심각한 경제적 위기다. 특히 젊은 시절 평생 일을 하며 회사 연금을 쌓아 온 남성에 비해 여성은 정부가 지급하는 국민연금이 사실상 전부이기 때문에 경제적으로 더 열악하다. 일본에서는 고령 여성의 상대적 빈곤율이 남성보다 6% 이상 높다는 통계도 있다.

최근에는 고령 부모와 미혼의 중·장년 독신 자식이 함께 사는 가정 역시 노인 빈곤의 새로운 양상으로 떠오르고 있다. 고령 부모에 얹혀 사는 자식들은 취업 빙하기 때 제대로 일자리를 잡지 못해 평생을 아르바이트, 파견직을 전전하는 경우가 많다. 앞서 말했듯이, 고령 부모가 앓아눕기라도 하면 아르바이트, 파견직의 자녀가 회사를 그만두고 부모 간호에 나서는 '간호 실직'을 하는 경우도 적지 않다. 효심이 지극해서가 아니다. 아르바이트로 버는 돈보다 부모의 연금을 받는 게 경제적으로 이익이다 보니 부모의 간병비를 대기 위해 일을 하는 대신 차라리 직장을 그만두는 것이다. 간병비를 위해 일을 하려면 그 시간에는 병 간호 헬퍼를 써야 하는데 버는 돈보다 헬퍼비가 더 들면 나가서 일을 할 이유가 없다.

그러다가 부모가 세상을 떠나면 정말로 곤란해진다. 병 간호 때문에 경력이 단절된 상태라 일을 구하기가 쉽지 않다. 아무리 일본에 일자리가 많다고 해도 경력 단절 중·장년이 할 수 있는 일은 아르바이트 수준에서 벗어나기 어렵다. 결혼을 안 한 경우가 많아 스스로 경제적 책임을 지지 못하면 도와줄 사람도 마땅치 않다. 부모가 사망하면서 상속받을 재산이라도 있으면 그나마 다행이지만, 병 간호를 하느라 돈을 다 써 버렸다면 빚을 안 지는 게 다행이다. 결국 평생 가난과 실직, 아르바이트의 굴레에서 벗어나지 못하는 경우도 생긴다.

기네스북 오른 93세 현역 직장인

연금에만 생활을 의지하기 버거운 일본 노인들의 선택지는 근로 소득이다. 일을 해야 돈을 버는 건 동서고금의 진리. 일하는 노인이 많다는 것은 동전의 양면 같은 성격이 있다. 나이를 먹고도 경제적 어려움 때문에 노동에서 벗어날 수 없는 현실을 비판하는 목소리가 있는 반면, 노인이 됐어도 사회에서 여전히 자신이 기여할 수 있는 역할이 있다는 보람도 있다.

일본에는 기네스북이 인정한 세계 최고령 총무사원이 있다. 오사카에 있는 나사못 전문 기업 '선코Sunco 인더스트리'에서 근무 중인 93세(2023년) 다마키 야스코玉置泰子 과장이다. 기네스북 인증서를 받은 뒤 주요 신문, 방송에서 다뤄질 정도로 일본에서는 유명 인사다.

430명이 근무하며 100만 종류의 나사를 취급하는 이 회사에서 다마키 과장은 매일 깔끔한 정장 유니폼을 입고 출근을 한다. 근무시간은 오전 9시부터 오후 5시까지로 일반 사원들과 다르지 않다. 편도 1시간 거리를 버스, 전철을 갈아타며 출퇴근한다. 만원 전철 안에서는 발꿈치를 들고 발가락으로 서는 동작을 반복하며 다리 근력 운동을 할 정도로 자기 관리를 철저히 한다.

그녀의 업무는 회사 보고서를 정리하고 거래처에 보낼 메일 등을 작성하는 일이다. B2B 업무 특성상 거래처와의 관계는 회사 매출과

당신의 노후는 안녕하십니까

직결되기 때문에 다마키 과장이 맡고 있는 업무는 회사에서 매우 중요하다. 다소 느리긴 해도 컴퓨터도 능숙하게 다룬다. 51세 때 PC를 배워 워드를 익혔고 60세가 지난 나이에 엑셀까지 익혀 자유자재로 쓴다. 40년 전부터는 신입사원 연수도 맡고 있다. 청소를 깨끗이 하고 예절과 매너를 잘 지켜야 한다는 가르침은 다른 사람이 하면 '꼰대 소리'가 될지도 모르지만, 68년 차 세계 최고령 사원이 하면 누구도 범접할 수 없는 '인생 대선배'의 가르침이 된다. "100세까지 일한 뒤 에세이를 쓰고 싶다"는 게 그녀의 포부다.

15살 때 아버지를 여읜 다마키 과장은 3형제를 먹여 살리기 위해 여상을 졸업하고 20살 때 사회에 뛰어들었다. 현 회사의 전신인 산코압정에서 일하게 된 건 25살 때인 1956년. 당시 정년이었던 55세에 정규 사원으로서는 퇴직을 했지만 담당 거래처가 많은 데다 다마키 과장만큼 일을 잘하는 사원을 구하기 어렵다고 판단한 회사는 그녀를 촉탁사원으로 재계약했다. 81세인 이 회사 회장도 다마키 과장보다 12살 어리다. 회장은 "나보다 회사의 경영 상태를 더 잘 알고 있다. 다마키 과장의 일을 대신 해줄 사람은 없다"고 말한다.

선코 인더스트리는 60세가 정년이지만, 자신이 원하면 모회사인 지주회사 산코홀딩스로 소속을 바꾼 뒤 매년 계약을 갱신하면서 일할 수 있다. 임금은 20% 정도 깎이지만 사실상 정년이 없다시피 한다. 다마키 과장이 기네스북에 '세계 최고령 총무사원'으로 등재된 뒤 이 회사는 시니어 세대를 우대하는 회사로 일본 미디어의 주목을 받았다. 고령자 재취업이 많은 일본에서도 상당수의 회사는 파트타임, 파견직 등으로 고용하지만 이 회사는 소속은 바뀌어도 엄연한 사원으로 대우하며 복리후생 혜택도 달라지지 않는다.

고령자는 일하고 싶어도
자리가 없다

✖
✖ ✖
✖

일본의 2배, 독일의 4배 넘는 한국의 노인 빈곤율

일본에서 고령자의 재취업에 대해 본격적으로 논의가 시작된 건 2000년대 중반부터다. 2차대전 패전 이후인 1947~1949년에 태어난 일본 베이비붐 세대인 약 800만 명의 단카이 세대의 법정 정년 연령이 다가오는 2000년대 후반을 앞두고서다. 각계에서 정점에 오른 숙련된 인력 수백만 명이 한꺼번에 은퇴할 것이라는 전망에 일본 사회의 우려가 커졌다. 이들의 빈 자리는 어떻게 채울 것인가, 단카이 세대를 부양해야 할 젊은 세대는 줄어들고 있는 상황에서 이들에게 연금은 제대로 줄 수 있을까, 이들이 더 나이를 먹으면 급증하는 의료비를 사회가 감당할 수 있을까 등이 일본 사회의 걱정이었다.

일본 정부는 정년퇴직을 하는 고령자를 계속 회사에서 쓸 수 있도록 법 개정에 들어갔고 2013년부터 고령자 고용안정법이 시행됐다. 직원이 원할 경우 65세까지 고용을 의무화하는 게 골자다. 정년을 65세까지로 연장하거나, 정년은 60세로 하되 촉탁직 등으로 재고용하는 '계속 고용제도'를 도입하거나, 아예 정년 자체를 없애거나 세 가지 중 하나를 선택하도록 했다. 대부분의 기업들은 부담이 덜한 계속 고용제도를 도입했다.[83]

초고령사회인 일본에서 일하는 노인은 매년 크게 늘고 있다. 65세 이상 취업자 수는 2012년 596만 명에서 2022년 912만 명으로 53% 증가했다.[84] 전체 취업자에서 고령자가 차지하는 비중 역시 2012년 9.5%에서 2022년 13.6%로 4%포인트 넘게 늘어났다. 고령화가 진행되면서 일하는 노인은 자연스럽게 늘고 있다. 일본에서 65세 이상 고령자의 취업률은 25.2%이고, 특히 65~69세 취업률이 50.8%로 2년 연속 50%를 넘었다. 일본에서는 고령자 고용안정법 시행 이후 65세가 넘어서도 일하는 고령자가 늘었다는 분석이 제기된다.

흥미로운 지점은 고령자 취업률 자체만 놓고 보면 한국이 일본을 훨씬 앞지르고 있다는 점이다. 2022년 기준 한국의 65세 이상 취업률은 36.2%로 일본보다 10% 넘게 앞선다. 일본을 제외한 G7 국가 중 고

---

83 〈"노인 대접 받을 생각 없소" '젊은' 일본 단카이 세대의 지혜〉 인용, 동아일보, 2021. 1. 31.
84 〈2023년 통계로 본 일본의 고령자·고령자 취업〉, 일본 총무성 통계국.

령자 취업률이 가장 높은 미국(18.6%)의 2배에 달한다. 숫자만 놓고 보면 한국의 노인은 일본 이상으로 일에서 보람을 찾고 일정 수준의 사회적 역할을 한다고도 볼 수 있다.

하지만 한국과 일본의 결정적 차이는 노인의 경제적 수준이다. 노인 빈곤율(65세 이상 노인 인구 중 소득 수준이 빈곤선인 중위소득 50% 아래인 인구 비율)에서 한국은 40.5%로 일본(20.0%)의 2배를 넘고 독일(11.0%)의 4배에 달한다. 통계청은 "고령층 고용률이 상대적으로 높지만 일자리가 없는 고령층이 여전히 많은 데다 연금 수급률도 40%대에 그치고 있다. 급속하게 진행되는 고령화 속도에 우리 사회가 아직 제대로 대비하지 못하며 노인 빈곤율이 높은 상황"이라고 분석하고 있다.[85]

고령자 일자리의 질에 있어서도 한국은 아직 일본에 못 미친다. 일본 후생노동성에 따르면 일본 기업의 25.6%가 70세까지 고용 기회를 확보하고 있는 것으로 나타났다. 일본 대표 화학기업인 스미토모화학은 정년을 65세로 끌어 올렸다. 일본 기계업체 무라타제작소는 64세까지 정년을 선택할 수 있는 제도를 도입했다. 일본 우동 체인점 마루가메세멘을 운영하는 토리돌홀딩스는 현장 책임자의 연령 상한을 70세로 올렸다. 법에 따라 정년을 늘리거나 재계약 기회를 주는 등 고령자 고용 기회를 마련하는 의무가 생겨 이름만 들으면 알 법한 대기업

---

85 〈한국 노인 취업률 세계 1위인데… 빈곤율도 압도적 1위 왜〉 통계청 관계자 분석 인용, 중앙일보, 2018. 9. 28.

들에서 고령자가 정규직일 때보다 다소 불리한 조건으로나마 일할 수 있는 기회가 크게 늘었다.

이에 더해 일본은 기본적으로 정년퇴직을 하는 회사원이 한국보다 훨씬 많다. 일본은 정규직 사원 10명 중 7명이 50대 후반까지 일을 하고 60대 전반까지도 10명 중 4명이 근무한다는 통계가 있다. 60대 취업자의 근속연수가 평균 20.7년이고 '31년 이상' 근무한 비중이 31.4%에 달한다는 건 산업 현장에서 정년 제도가 의미 있게 운용되고 있다는 뜻이다.

반면 한국은 법적 정년은 60세임에도 실제 퇴직 연령이 남성 51.2세, 여성 47.6세에 달해 10년 이상의 격차가 존재한다.[86] 대기업의 일부 생산직 근로자 정도를 제외하면 한국에서 60세 정년퇴직은 현실에서는 꿈같은 얘기다. 일본처럼 정년 이후에도 비정규직이나 소속처를 달리해 계속 대기업에서 근무하는 건 아직 상상조차 하기 어렵다. 노인 빈곤율이 세계 최고이고 일자리 불안전성이 큰 이유, 나아가 젊은 이들이 대기업 대신 9급 공무원 시험에 매달리고 의대 선호도가 비정상적으로 높은 이유 등이 상당 부분 여기에서 찾을 수 있다고 해도 과언이 아니다.

---

86   정혜윤,〈일본의 정년정책: 한국과 비교의 관점에서〉, 국회미래연구원, 2022. 10.

퇴직 후 치킨집은 기본 공식

한국은 청년 일자리 문제와 고령자 고용 문제를 동시에 풀어야 하는 상황에 처해 있다. 전문가들 사이에서는 일본처럼 고령자의 임금을 낮추고 비정규직, 파트타임 등으로 근로 계약을 돌려 기업의 고용 부담을 낮추면 한국도 자연스럽게 고령자 빈곤 및 기업의 일손 부족 문제를 해결할 수 있을 것이라는 제안이 나오고 있다. 물론 이는 개인이 풀 수 있는 문제가 아니고 정부와 사회가 진지한 논의를 통해 해결해야 하는 문제다.

다만 파업을 찾아보기 힘들 정도로 노사 갈등이 적은 일본과 달리 한국은 세계에서도 유례를 찾기 힘든 수준의 전투적 노사 관계 때문에 청년 일자리 및 고령자 고용에 대해 노사 간에 합리적인 논의 자체가 이뤄지지 못한다는 지적이 있다. 노사정 논의에 나서야 하는 노동자 대표 단체인 전국민주노동조합총연맹(민노총)이 정치 파업의 색채가 짙은 파업에 잇따라 나서고 있고 과거 노조가 저지른 불법행위, 회계 부실에 대한 반성 없이 목소리만 높여 반발만 하는 태도는 국민들 사이에서 설득력을 갖지 못한다는 지적이 나온다.[87]

미래의 한국 근로자들이 지금의 일본 근로자들처럼 의미 있는 정년

---

87 〈경제 주름살 키우는 민노총 총파업, 당장 멈추라〉 인용, 동아일보, 2023. 7. 4.

을 맞이할지, 퇴직 이후에도 치킨집, 개인택시, 공공근로가 아닌 기업에서 생산성 있는 일자리를 가질 수 있을지는 청년 일자리에서 지적했듯 단순히 인구 구조 변화나 저성장 지속에 따른 경제 구조 재편만으로 설명하기 어렵다. 일본과 비슷한 변화를 맞이할 한국에서 정부와 사회가 얼마나 치열하게 논의를 하면서 고용 구조를 바꿀 수 있을지, 저성장이나마 기업이 일자리를 유지할 만한 경제 성장을 유지할지 여부가 관건이다.

한국도 궁극적으로는 일본과 유사한 길을 가게 될 가능성이 높다. 세계적으로 경쟁력 있는 대기업들이 많고 이를 뒷받침하는 중소기업도 상당수다. IMF 외환위기 직전인 1990년대 중반 이전에 입사한 세대가 한꺼번에 물러나고 갑작스러운 저출산 여파로 회사에 들어올 인재가 부족해지면 한국에서도 일본 같은 일손 부족을 겪을 수 있다.

하지만 앞서 짚었듯 일본의 일손 부족과 고용 호조는 단순히 저출산으로 인구가 줄었기 때문만은 아니다. 해외에 나간 기업들을 불러오기 위해 다양한 유인책을 강구했고 반도체 등 첨단 산업의 잃어버린 경쟁력을 회복하기 위해 정부와 업계가 혼연일체가 돼 대대적인 산업 진흥책을 마련했다. 외국인 관광객을 유치하기 위한 정책도 많았다. 그러다 보니 젊은이만으로는 일손을 감당하기 어려워지면서 외국인은 물론 중·장년층까지 일자리의 아랫목 온기가 퍼졌다. 돈 주고도 못 사는 소중한 노하우를 지닌 고령자는 자연스럽게 일본 사회에서 어엿한 근로자로 대우를 받게 됐다.

한편 제도 개혁 못지않게 필요한 것이 고령자 고용을 바라보는 사회의 인식이다. 개인마다 차이는 있지만 아무리 노하우가 축적됐다고 해도 고령자는 젊은이보다 일 처리 속도가 느리고 최신 기술 학습에 어려움을 겪는 게 당연하다. 일본의 슈퍼마켓, 택시, 공사장 안내 유도 등 고령자를 흔히 접할 수 있는 일터에서 이들은 반응이 빠르지 못하고 실수할 때도 많다. 한국의 대형마트 계산대였다면 손동작이 빠르지 못해 계산대에 줄이 길어졌을 때 당장이라도 '지금 뭐 하는 거냐', '왜 빨리빨리 하지 못하냐'고 항의가 들어올 수 있겠지만, 일본에서는 느리면 느린 대로 대체로 참고 너그럽게 봐준다. 작은 실수를 했을 때 인격 모독이라 느낄 정도의 항의나 불만 표시도 좀처럼 찾아볼 수 없다.

우리가 미래에 양질의 일자리를 가질 수 있을지는 어쩌면 우리 스스로가 정하는 것일 수도 있다. 고령자에게 차가운 시선을 보내는 사회, 나이 든 어르신에게 '그것밖에 못 하냐'며 타박하는 사회라면 아무리 좋은 제도를 만들고 법을 바꾼들 기업들이 고령자를 위한 일자리를 창출하긴 어렵다.

"버티기 위한 노력이 필요한 때"

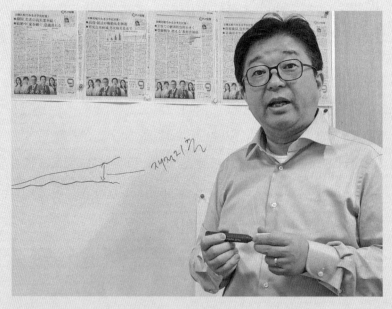

김명중(닛세이기초연구소 주임연구원, 일본 아세아대학 특임교수)

"한국과 일본은 비슷한 것 같지만 들여다보면 크게 다른 나라예요. 일본은 우리가 알고 있는 것보다 훨씬 많은 돈을 국민들에게 나눠주고 있어요. 이런 정책이 맞냐 틀리냐 논의와 별개로, 한국 현실에서 이런 정책을 도입하기는 쉽지 않을 겁니다."

일본에서 20년 넘게 한일 양국 경제와 사회보장 정책을 연구하고 있는 김명중 닛세이기초연구소 주임연구원은 '잃어버린 30년'을 버틴 일본의 뒤를 한국이 따라가기 어려울 것이라는 견해를 밝혔다. 언뜻 보면 비슷해 보이지만 경제 불황의 성격도, 이에 대처하는 정부의 정책도, 불황에 대비하는 국민들의 생각도 한국과 일본은 많이 다르다는 게 김 연구원의 생각이다.

김 연구원은 2000년 일본 게이오대학 경제학과 대학원에 입학한 뒤 게이오대 석·박사를 취득했다. 일본 노동정책연구·연구기구, 일본 경제연구센터 등을 거쳐 2008년부터 일본 최대 생명보험사인 니혼세메이(일본생명) 산하 연구소에서 한일 양국 경제를 연구하고 있다. 일본 여자대학, 요코하마시립대학, 아세아대학, 게이오대학 등에서 강의도 맡았다. 일본 주요 지상파 TV, 유력 신문에서 한국 경제 및 한일 경제 비교 등을 테마로 자주 출연 및 기고를 하는 그는 일본에서는 한국 경제 전문가로 유명하다. 일본에 장기간 거주하면서 일본 경제의 현실을 오래 피부로 체감한 김 연구원에게 한일 양국 경제 사정에 대해 들어봤다.

Q. 일본은 어떻게 '잃어버린 30년'으로 불리는 초장기 불황을 버틸 수 있었을까요?

A. 오랫동안 불황을 지나오면서 불황에 버틸 수 있게 사회 시스템이 세팅됐습니다. 일본처럼 일정 수준 이상의 물건을 저렴한 가격에 파는 나라가 없어요. 대부분의 사람들이 조금이라도 싼 슈퍼, 재고 처리 매장을 이용하는 걸 당연하게 생각합니다. 일본처럼 100엔숍이 많은 나라가 없어요. 미국 등의 1달러숍은 저소득층이 이용하고 지역에 따라서는 이런 가게를 못 들어오게 막기도 한답니다. 하지만 일본은 이런 가게를 저소득층뿐 아니라 모든 사람들이 이용하죠.

　일본에서 오래 살아보니 이곳은 적은 돈으로 뭔가를 살 수 있는 선택지가 굉장히 다양한 나라예요. 옷은 유니클로에서 사고, 밥은 덮밥집이나 서서 먹는 우동집에서 500엔 이하로 먹을 수 있어요. 이런 가게가 일부가 아니라 대다수예요. 편의점 삼각김밥은 최근 값이 올랐지만 슈퍼마켓에서는 지금도 99엔짜리 주먹밥이 많습니다. 그렇다고 제품 질이 떨어지는 것도 아니에요. 최고는 아니지만 웬만큼 내구성이 있고 음식 맛도 괜찮아요. 게다가 친절하고 깔끔하기까지 하잖아요. 1억2500만 명의 인구로 내수 시장 규모가 크니 기업들이 극단적 박리다매를 해서 이런 사회가 돌아가는 거예요.

Q. 최근에는 정부가 임금 인상을 독려하고 있습니다만.

A. 30년간 임금이 안 올랐으니 이제는 임금이 올라야 디플레이션을 탈출할 돌파구를 열 수 있다고 일본 정부가 판단했기 때문입니다. 엔저 현상 장기화로 수출 대기업들이 돈을 많이 벌었어요. 임금을 올려줄 여유가 생겼습니다. 일본은 한국보다 기업이 정부 지침을 잘 따릅니다. 정부가 임금 인상을 독려하고 내부 유보금에 대해 세금을 매긴다고 압박하면 기업들은 임금 인상에 나서요. 일본의 독특한 정부-기업 관계이자 문화지요.

　이제까지는 돈을 많이 벌면 내부 유보금으로 쌓아놓고, 그 돈이 은행으로 가고, 은행은 이 돈으로 국채를 매입했습니다. 국채를 발행해 돈을 마련한 정부는 국민들에게 보조금, 급부금을 지급하는 게 이제까지의 일본 경제의 흐름이었습니다. 실제로 대기업들은 임금 인상에 적극 나서고 있습니다. 유니클로처럼 파격적으로 임금을 올려주는 곳도 나오고 있죠. (유니클로는 2021년 1월 직원 월급을 최대 40% 인상하겠다고 밝혔다.)

Q. 일본의 임금 인상 온기는 중소기업까지 가고 있습니까?

A. 그렇게 보기는 어렵습니다. 아직은 대기업이나 탄탄한 중견기업 일부 위주로 임금 인상이 이뤄지고 있죠. 일본 기업의 99.7%는 중소기업이고 이들이 고용에서 차지하는 비중이 70% 이상입니다. 일

본에서는 최근 임금이 오르는 것보다 물가가 더 올라 실질 임금은 되레 낮아지고 있다는 지적이 나오지 않습니까. 대기업이 임금을 올려 주는데 전체적으로 실질 임금이 낮아진다면, 현실에서는 피해가 중소기업 근로자와 소상공인, 비정규직, 파트타임 등으로 쏠리고 있다는 뜻으로 해석할 수 있죠.

Q. 그래도 일본은 한국보다 불황에 잘 버티고 있다는 인상을 줍니다.

A. 지난 30년간 고용 형태가 다양화되면서 비정규직, 파트타임 등 다양한 형태로 일하는 근로자들이 많아졌습니다. 이들은 어쩔 수 없이 낮은 임금을 받았는데, 앞서 언급한 100엔숍이나 값싼 덮밥집 등이 양질의 저렴한 물건과 음식을 제공하니 낮은 임금으로 버틸 수 있었던 겁니다. 최고는 아니지만 중간 이상 품질의 제품과 서비스가 싼값에 원활하게 공급되는, 불황에 최적화로 세팅된 게 일본 사회다 보니 어느 정도 삶의 수준을 유지하며 지금까지 선진국 국민으로서 일정 수준 이상의 삶을 유지할 수가 있었던 거죠. (선진국보다는 낮다지만) 지금 같은 물가 인상이 지속되면 이 사이클이 위험해질 수 있습니다.

Q. 일본이 한국보다 복지가 낫다고 평가할 수 있을까요?

A. 일본은 한국보다 나랏돈을 많이 푸는 나라입니다. 2차대전 패전

이후 경제성장을 하면서 연금 제도, 현금 급부금 등 복지 제도를 차근차근 만들어 왔죠. 일본의 복지 제도는 한국과 달리 국민에게 직접 현금을 쥐여주는 제도가 많습니다. 그러다 보니 불황기에는 재정 지출이 늘어 국가부채비율이 250%를 넘기도 했지만, 국민들로서는 복지 혜택을 한국보다 많이 누릴 수 있었죠.

반면 한국은 일본보다 훨씬 압축적으로 성장하다 보니 사회보장 제도를 정비할 여유가 없었습니다. 연금제도 등의 역사도 짧고요. 전통적으로 한국의 복지는 현금을 주는 것보다 서비스 및 시설을 지원해 주는 형식이 많습니다. 대표적인 사례가 바로 경로당입니다. 시골 곳곳에 있는 운동 시설 등도 대표적이고요. 언뜻 보면 예산 낭비 같지만, 현금을 주는 것에 비해 재정 지출은 적고 눈에는 확 띕니다. 정부가 생색도 낼 수 있죠.

Q. 한국도 일본처럼 복지 제도를 손보면 안 되나요?

A. 쉽지 않은 문제입니다. 단순히 제도를 바꾸는 문제가 아니라 사회적 신뢰와 직결되는 문제입니다. 한국은 국민연금 보험료율이 소득의 9%입니다. 1999년부터 묶여 있어요. 반면 일본 후생연금 보험료율은 점진적으로 올라 18.3%입니다. 젊었을 때 일본이 한국보다 국민연금 보험료를 2배 납부하고 받는 건 비슷한 구조입니다. 언뜻 보면 한국이 적게 내고 많이 받으니 좋은 것 같지만, 현실적

으로 말이 안 되는 구조인 거죠. 조금 내고 많이 받는 구조는 장기적으로 지속 가능할 수가 없습니다.

한국에서 국민연금에 대해 사람들의 불신이 강한데, 제가 보기에는 솔직히 아슬아슬합니다. 정치적으로 이용당하는 부분도 많습니다. 정권이 바뀔 때마다 서로의 잘잘못을 탓하고 비난을 하니 연금 제도에 대한 국민 불신감이 많이 쌓였어요. 그 과정에서 제대로 된 연금 개혁은 이뤄지지 않고 있고요. 일본은 적어도 연금, 사회보장에 대해서는 정치적으로 이용하지 않는 분위기입니다.

한국의 지금 상황은 국민들이 연금보험료 등은 적게 내고, 국가가 재정 지출을 하는 것에 대해서는 거부감을 갖고 납득하지 못하면서도 개개인은 더 많이 받길 원하죠. 한국의 현재 상황에서는 정부가 국민에게 더 많은 복지 지출을 할 수 없어요. 국민연금을 어떻게 바꿀 것인지, 어떻게 재원을 마련할 것인지에 대해 어떻게 논의하고 국민적 합의를 이뤄낼지가 관건입니다. 이걸 못 하면 일본과 같은 지속 가능한 고령자 복지는 하기 어렵습니다.

Q. 단순히 제도의 문제로 보이진 않는데요.
A. 한국인은 잘 살고 싶은 욕망이 크죠. 일류대학을 가고 싶고 대기업을 가고 싶은 욕심도 일본보다 훨씬 큽니다. 욕구를 이루기 위

해 사교육을 많이 받고 개인들이 스스로에 대한 투자를 많이 합니다. 나쁘다는 게 아닙니다. 다만 내가 투자한 만큼 벌어야겠다는 생각이 일본보다 더 강한 것 같습니다. 한국 사정을 조금 아는 일본인들은 내게 "한국인들은 왜 그렇게 돈을 많이 벌려고 하냐. 어느 정도 먹고 살면 되지 않느냐"고 되묻는 경우가 많아요.

　일본인들의 생각이 실제로 그렇습니다. 생활이 어렵고 힘들고, 돈이 많이 없지만 그래도 현 수준에 만족해하면서 사는 사람이 많습니다.

Q. 한국도 저출산 고령화로 조만간 취업하기 쉬워질 것이라는 주장이 나오는데요.

A. 취업률이 개선되긴 할 것 같습니다. 다만 일본과 상황이 같아지길 기대할 순 없다고 봅니다. 무엇보다 한국은 잡셰어링, 워크셰어링에 대한 개념이 일본과 다릅니다. 일본에서 공사장이나 건물 수리 현장을 가 보면 한국에서 한두 명이 할 일을 10명이 하는 것 같지 않나요? 힘든 일을 나누고 안전을 위해서라고 하지만 사실은 나눠 먹기죠. 한국은 일본보다 애초에 고용을 적게 하고 있기 때문에 베이비붐 세대가 은퇴한다고 일본의 단카이 세대 공백 같은 충격이 나오기 힘들다고 봅니다.

　일본에서는 연봉 1000만 엔을 받던 사람에게 은퇴 후 300만 엔을 제시하며 '이 정도 대우라도 일할래' 해서 재고용하는 경우가 많았습니다. 좋은 조건이라고 할 순 없지만 한국의 노인 빈곤을 생각하면 이런 선택지라도 있어야 하는 게 아닌가 싶어요. 한국에서는 고용 유연화에 대한 거부감이 심한데, 노사 간 서로 양보와 타협이 필요하다고 봅니다. 회사도, 고용자도 충격을 완화하면서 서로에게 무엇이 최선인지를 찾아야 합니다.

Q. 말씀하신 대로 일본처럼 고령자에게 비정규직의 낮은 임금 일자리라도 주면 어떨까요?

A. 일부는 가능할 겁니다. 하지만 일본도 들여다보면 직종 간 차이가 있고 회사마다 상황이 제각각이에요. 사무직의 경우 일본도 공급 과잉입니다. 정년은 그나마 보장하지만, 퇴직 후 낮은 연봉에라도 재고용하려고 하지 않아요. 기술직이나 생산직이라면 젊은 사람들에게 기술을 가르쳐 주고 상담을 해주고, 때로는 직접 일을 할 수도 있겠지만 사무직은 회사에 그런 수요가 없습니다. 물론 더 낮은 처우로 일부 고용을 하긴 하겠지만 그걸로 모두 커버하기는 힘들어요.

　근본적으로 고령자 일자리 문제를 해결하려면 리커런트, 이른바 생애주기 학습을 젊었을 때부터 장려해야 한다고 봅니다. 생애 교육을 활성화해서 사무직 등의 근로자가 다른 분야로 재취업할

수 있는 환경을 만들어줘야 합니다. 물론 일본에서도 잘 이뤄지지

는 않지만, 장기적인 노력이 필요한 부분이에요.

맺는 말

그들은 어떻게 버티고 살아남았는가

책을 쓰는 내내 스스로에게 질문을 했다. '한국이 장기 침체에 들어 간다면, 미래의 한국인은 지금까지의 일본인처럼 살아야 하는 것일 까? 잃어버린 30년의 일본보다 더 좋지 않은 상황에 빠지게 되는 건 아닐까?

한강의 기적을 써 온 한국인에게 경제 발전은 이제까지 너무도 당 연한 일이었다. 1960년대 경제 개발이 본격화된 뒤, 1970~2022년에 연간 6.4% 성장했다. 그러니 월급이 늘어나고 자산이 불어나는 게 당 연했다. 인구는 늘어났고 그에 따라 소비도, 부동산 수요도 증가했 다. 평균 급여도 꾸준히 올랐다. 언론에서는 늘 한국 경제가 위기라고 경고음을 보냈지만, 크고 작은 문제가 있긴 했어도 되돌아보면 착실 한 성장을 해 왔다. 1953년 67달러였던 1인당 국민소득은 2022년 3만 2661달러까지 늘어났다. 여러 차례 부침도 있고 위기도 겪었지만 개인 차원에서 봐도 한국처럼 생활 수준이 급격히 업그레이드된 나라는 없다.

하지만 이제는 한국의 사회 구조가 변하고 있고, 일부는 이미 상당 부분 달라졌다. 한국의 산업 현장 곳곳에서 나타나는 일손 부족은 저출산 고령화에 따른 인구 감소와 그에 따른 구조적 불황이 먼 미래가 아닌 이미 우리 앞에 닥친 현실이라는 걸 보여준다. 산업 현장, 농촌에서는 이미 주된 인력으로 자리매김한 외국인 노동자가 없으면 돌아가지 않는 수준이 됐다. 어쩌면 한국은 이미 1990년대 직후 '잃어버린 30년'을 겪은 일본 같은 나라로 진입하고 있는지도 모른다.

장기 저성장이 현실화된다면 우리는 이제까지 누구도 겪어보지 못한 새로운 생활 패턴을 몸에 익혀야 한다. 지금까지는 서울 수도권 및 지방 대도시의 웬만한 지역에서 낡은 집을 허물고 재개발 재건축을 하면 주거 환경을 바꾸고 새 집을 가질 수 있었다. 하지만 경기 침체가 계속된다면 일본 같은 빈집이 서울에도 곳곳에 생길 수 있다. 월급이 오르지 않는 사회에서는 집에서 싸 오는 도시락이나 편의점 삼각김밥이 당연한 점심 식사가 될 것이다. 최고급 수입차를 살 게 아니면 대중교통을 타고 다니는 게 낫다며 '마이카'를 포기하는 젊은이들이 늘어날지도 모른다. 그런 현상은 일부에선 이미 시작됐다.

이제까지 '그렇게까지 궁상을 떨어야 하나'라며 일본을 비웃고 '정말 그런 세상이 올까'라며 짐짓 겁이 나기도 했지만, 어쩌면 그런 생활 방식은 불황을 버티고 이겨내는 데 최적화된 생활 방식일지도 모른다. 성장 동력이 약해진 나라에서 개인의 수비적 경제생활은 합리적인 선택이다. '투자해 두면 언젠간 오르겠지'라는 막연한 믿음 혹은 확산은 선진국에 진입해 저성장에 접어드는 한국에서 더 이상 통하지 않는 신화가 될지도 모른다. 그렇다면 부동산도, 주식도, 일상의 소비도 장기 저성장 시대에는 달라져야 한다. 이미 한국 곳곳에서는 이런 새로운 불황형 경제생활이 속속 등장하고 있다.

이 책은 장기 저성장 불황이 왔을 때 일본인들은 어떻게 대처했고, 앞으로 한국인들은 어떻게 변해야 하는지를 중심으로 썼다. 하지만 사실 진짜 불황이 왔을 때 개인이 할 수 있는 건 한계가 있다.

그렇게 될 것이라고 예측하지 않았지만 한국에서 어느 날 불현듯 일본식 집값 폭락이 온다면 개인으로서는 충격을 피할 길이 없다. 집값이 몇억씩 빠졌는데 은행에 앞으로 수십 년간 갚아야 할 대출금이 고스란히 쌓여 있을 때, 개인이 별일 없었던 것처럼 무난하게 이 위기를 지나간다는 건 불가능에 가깝다. 날아간 집값을 원망하며 쌓인 대출금을 갚느라 정작 소비할 돈은 부족해진다. 이미 크게 오른 금리, 서울 강남에서도 내린 집값은 이런 현상의 전주곡일 수 있다.

맺는 말

무리하게 투자한 사람이 한두 명이라면 몰라도 나라 전체가 이렇게 되면 위축되는 소비는 경제 전체를 얼어붙게 만든다. 기업들은 팔리지 않는 제품을 재고로 떠안아야 한다. 일본에서 '더 싸게'를 밀어붙이며 어떻게든 살아남았다고 하지만, 실상은 품질을 일정 정도 포기한 저가형 제품으로 겨우 살아남았다는 말이 더 어울린다. 과거의 일본을 기억하는 한국의 중·장년층이 요즘 일본에 와서 '살 물건이 없다'고 한숨을 내쉬는 건 이런 이유다. 과거의 일본을 모르는 젊은 층은 신기한 먹거리나 위스키, 수입 명품이나 애플 컴퓨터를 면세로 사면서 싼 가격에 환호하지만, 과거 '메이드 인 재팬'의 세계 최고 수준의 품질은 이제 찾아보기 어렵게 됐다.

한국은 장기 저성장이냐 재도약이냐의 기로에 서 있다. 일본은 20여 년에 걸친 깊은 불황과 10여 년간 이어온 아베노믹스 정책으로 이제 겨우 장기 침체에서 탈출했다. 그나마 불황에도 사라지지 않은 거대한 내수 시장과 탄탄한 경쟁력이 있어 겨우 가능했다. 저출산 고령화에 디플레이션이라는 악재에서 이만큼이나마 버티고 다시 부활의 불씨를 살렸다는 것 자체가 일본의 저력이다. 그런 면에서 2023년 한국 경제 성장률이 30년 만에 일본에 추월당할 것이라는 점은 심상치 않은 징조다. 축구 한일전에서 이기고 지는 것과는 차원이 다른 문제다.

이 책을 쓰면서 일본 경제를 찬양하지도, 왜곡하지도 않기 위해 노력했다. 일본이 희망이 없다고 손가락질하는 사이, 정작 한국이 그 길을 따라가고 있다는 걸 망각할 수 있다. 지독한 디플레 탈출을 위해 10년간 돈을 무제한으로 푼 일본을 따라가겠다며 비슷한 처방을 내는 것도 아직은 적절하지 않다. 아직 한국 사회와 한국 경제 곳곳에는 발전을 저해하고 효율을 방해하는 수많은 방해물과 규제가 겹겹이 쌓여 있다. 돈을 풀 땐 풀더라도 지금은 이런 비효율적인 낭비를 타파할 때다. 반도체 공장을 짓겠다는 기업에 공업용수, 전력 공급 문제조차 원활하게 해결해 주지 않는 나라에서 돈만 풀어봤자 일본이 1980년대 버블을 조장했던 것처럼 잘못된 정책으로 이어질 수 있다.

잃어버린 30년을 겪은 일본은 세계 경제에서 자신의 옛 지위를 잃었지만, 적어도 일본 국민은 선진국 국민으로서 삶의 수준이 떨어지지 않았다. 일본을 여행한 많은 한국인들이 느끼겠지만, 이 나라는 지루할 정도로 안정적이고 예측 가능성이 있다. 한국과 같은 역동성이 없다고 비웃는 사람도 있지만 일본은 자신들에게 가장 적확한 불황 적응력과 탈출법을 찾았다. 바로 그것을 배우자는 취지로 이 책을 만들었다. 일본의 다양한 절약술과 한국과 다른 부동산 시장 흐름 등을 '세상에 이런 일이' 정도의 남의 나라 일로만 보지 말자는 거다. 최근 30년 사이 최악의 디플레이션을 겪은 나라의 국민들은 왜 그런 선택을 하게 됐는지, 그 안에서 우리가 배울 것은 없는지를 모색해 보자는 게 이 책의 취지다.

　최근의 일본 경제에서 나타나는 불황 탈출의 조짐은 일본이라는 나라가 여전히 저력을 갖고 재도약할 힘이 있다는 걸 보여준다. 일본이 좋고 싫고를 떠나 지난 수십 년간 일본 경제 발전의 전철을 상당 부분 밟아 온 한국에게 최근의 상황은 시사점이 크다고 생각한다. 한편으로는 일본처럼 오랜 불황에 빠지지 않기 위해 정부와 기업, 개인이 각자 자기가 맡은 분야에서 최선을 다해 새로운 성장 동력을 찾는 게 한국의 미래 세대를 위해서는 최선이다. 일본 경제가 밟아 온 길에 대한 소개와 분석이 불확실한 장기 불황 터널의 입구에 발을 내딛고 있는 독자들에게 조금이나마 향후 경제 활동의 길잡이가 된다면 필자로서는 이 책을 집필한 큰 보람이 될 것이다.

브로큰
레버리지

초판 1쇄 발행 · 2024년 1월 31일

지은이 · 이상훈
펴낸이 · 김동하
펴낸곳 · 책들의정원

출판신고 · 2015년 1월 14일 제2016-000120호
주소 · (10881) 경기도 파주시 산남로 5-86
문의 · (070) 7853-8600
팩스 · (02) 6020-8601
이메일 · books-garden1@naver.com

ISBN 979-11-6416-194-2 (03320)